Historias Secretas de la Historia

Historias Secretas de la Historia

Carlos Fisas

Intimidades de la Historia

PLAZA & JANÉS EDITORES, S.A.

Diseño de la portada: Next
Ilustraciones interiores: Archivo Antonio Padilla

Primera edición: marzo, 1996

Editado por Plaza & Janés Editores, S. A.
Enric Granados, 86-88. 08008 Barcelona

Printed in Spain – Impreso en España

ISBN: 84-01-53003-2
Depósito legal: B. 7.926 - 1996

Fotocomposición: Víctor Igual, S. L.

Impreso en Hurope, S. L.
Recared, 2-4. Barcelona

L 530032

A Rafael Borràs Betriu
con fiel amistad

ÍNDICE

PRÓLOGO

Desde pequeño he tenido lo que Valery Larbaud llamaba el vicio impune de la lectura. Cuando aún creía en los Reyes Magos mis cartas a Sus Majestades eran muy cortas: «Queridos Reyes Magos: Quiero libros, libros y libros», lo que irritaba a mi padre, hombre de acción y de negocios, que me repetía siempre: «Lo que no son cuentas son cuentos.» Poco podía pensar en que al final yo viviría gracias a lo que él llamaba cuentos y yo llamo historias.

Pero lo que más me ha interesado de la Historia no ha sido tanto ésta con mayúscula como las historias con minúscula. Es interesante saber qué fue la Armada Invencible, pero para mí siempre ha sido más interesante saber cómo vivían los navegantes, fuesen soldados o galeotes, en las naves que la formaban. Me enteré de ello gracias al magnífico estudio de Gregorio Marañón.

Esta curiosidad, que empezó de pequeño, continuó ya de mocito cuando, viendo las primeras películas de Tarzán, me preguntaba cómo hacía el protagonista para afeitarse cada día, y luego he seguido con la misma curiosidad a lo largo de mi ya larga vida.

He coleccionado algunos millares de libros de Historia, sobre todo de Pequeña Historia, libros que he llenado de crucecitas y notas, siempre con lápiz blando como es natural, y de los que he sacado infinidad de fichas.

Fruto de este husmeo han sido mis anteriores libros y éste que tienes en las manos, amigo lector, y que es un centón o colección de datos entresacados de los libros que se citan en la bibliografía, todos ellos antiguos o agotados, por lo que no pueden encontrarse en las librerías.

He reunido curiosidades de la vida y las costumbres de diversas épocas y personajes junto con anécdotas que nos muestran la cara íntima de personalidades que, por una causa u otra, han figurado en los libros de Historia. No pretende este libro ser original y confieso paladinamente las fuentes en que he bebido.

Deseo que esta colección agrade al lector que prefiera a los hechos heroicos y a las frases grandilocuentes la visión de la vida íntima de sus protagonistas. Cómo vestían, qué comían, cómo se divertían, cuál era su ropa, la exterior e incluso la interior. Creo que ello interesará a quienes quieran ver el lado menos frecuentado de los hombres, y los hechos.

La condesa D'Aulnoy

María Catalina Le Jumel de Barneville nació en el castillo normando de Barneville en 1650 y contaba dieciséis años cuando, el ocho de marzo de 1666, casó con Francisco de la Motte barón de Aulnoy. Ignoro por qué razones su esposa firmó como condesa sus obras y no como baronesa.

El matrimonio no fue feliz, era una unión de intereses, el marido era treinta años mayor que su esposa y, por si fuera poco, era mujeriego, jugador y derrochador, amén de otros vicios. Después de tres años de matrimonio María Catalina se separó de su marido.

En 1691 se publicó su *Relación del viaje de España a su Alteza Real Monseñor el Duque de Chartres*, que tuvo mucho éxito. Poco después publicó sus *Memorias de la Corte en España* y varios libros más, entre ellos unos cuentos de hadas que le dieron gran popularidad.

El primer libro citado lo publicó en castellano en 1891 la *Revista Contemporánea*, y en 1946, es decir, hace medio siglo, apareció otra edición cuyo traductor fue Luis Ruiz Contreras, que ignoro si es el mismo de la *Revista Contemporánea*, puesto que J. García Mercadal, en el volumen segundo de su colección *Viajes de extranjeros por España y Portugal*, habla de esta segunda edición sin aclarar si es una traducción nueva. La de García Mercadal es la única edición completa que conozco. Me he servido de la traducción de Ruiz Contreras, para reproducir los episodios y anécdotas que he creído más interesantes para mis lectores.

El viaje de la condesa D'Aulnoy a España ha sido muy discutido. Alfred Morel-Fatio afirma que el libro fue escrito antes de la visita de la condesa a España basándose en obras anteriores, pero la opinión generalizada no lo cree así.

El duque de Maura y Agustín González de Amezúa publicaron, también por los años cuarenta, un interesantísimo libro titulado *Fantasías y realidades del viaje a Madrid de la condesa D'Aulnoy* que recomiendo a mis lectores, si lo encuentran, porque tanto éste como los otros libros y traducciones citados están agotados.

La condesa llegó a Madrid (porque más que de un viaje a España el libro trata de un viaje a la corte madrileña) con ocasión, según parece, del matrimonio de Carlos II con María Luisa de Orleáns y debido al pleito que sostuvo contra su marido, al que llegó a acusar de alta traición.

Cuando las cosas se aclararon un poco, pues también ella fue procesada, de España volvió a París, donde murió en 1704.

En los textos que siguen el lector sin duda sabrá distinguir los que pertenecen a la condesa. No he querido por tanto indicar expresamente el origen de algunos capitulillos.

Un espectáculo teatral

La condesa D'Aulnoy, a su paso por Vitoria presenció un espectáculo teatral del que da curiosas noticias:

«El decorado no era muy lucido. El escenario, formado por unas tablas desunidas y mal seguras, se alzaba sobre unos toneles; las ventanas abiertas de par en par, dejaban paso a la luz, pues allí no había ni antorchas ni teas que aumentaran la ilusión del espectáculo. Se representaba *La vida de San Antonio*, y cuando los cómicos declamaban algo agradable para el público, éste repetía: "¡Vítor, vítor!" Es la costumbre aquí. El encargado de representar al diablo iba vestido como los demás, y sólo se distinguía de todos por llevar medias coloradas y cuernos en la frente. La comedia tenía tres actos y en los intermedios representaban bailes y sainetes, acompañados aquéllos de arpas y guitarras, salpicados éstos de chistes, algunas veces insubstanciales, del gracioso. Las cómicas danzan con la cabeza cubierta con un sombrerillo y tocan las castañuelas; en la zarabanda corren velozmente; su estilo no se parece ni poco ni mucho al francés; las bailadoras agitan los brazos y pasan con frecuencia la mano por encima del sombrero y delante del rostro, con una gracia muy singular y atractiva. Tocan las castañuelas primorosamente.

»No imaginéis a esas cómicas de que hablo inferiores a las de Madrid. Las que figuran en los espectáculos que para el Rey se celebran son algo más elegantes, pero en su mayoría, aun cuando intervienen en comedias famosas, son algo ridículas. El público también se muestra inconveniente con frecuencia;

por ejemplo: cuando San Antonio reza un *confíteor* (y lo hace varias veces), los espectadores se arrodillan y acompañan los *mea culpa* con tan fuertes golpes como si trataran de hundirse el pecho.»

Alejandro Dumas, padre (I)

¿Quién no ha oído nombrar a Dumas? ¿Quién no ha leído o ha oído nombrar *Los tres mosqueteros* o *El conde de Montecristo*? Se ha hablado mucho en contra de la novela folletinesca sin darse cuenta de que Balzac, Dickens o el propio Dumas escribieron novelas que aparecieron en folletín en muchos periódicos europeos. Las obras de Alejandro Dumas padre a pesar del tiempo transcurrido desde su publicación continúan vivas y pimpantes, sus ediciones se multiplican y el cine y la televisión se encargan de que su obra no desaparezca de la memoria de multitud de lectores y espectadores de todo el mundo.

No menos folletinesca que sus obras es la vida de Alejandro Dumas, nacido en Villers-Cotterêts el 28 de julio de 1802 y muerto en París el 5 de diciembre de 1870. En los sesenta y siete años de su vida Dumas publicó infinidad de novelas, relatos de viajes, críticas y obras teatrales.

Cuando era todavía un niño habitaba en Villers-Cotterêts y un día de junio de 1815 corrió la voz en el pueblo que pasaría por allí el emperador Napoleón para reunirse con su ejército en la frontera septentrional. Dumas, que tenía trece años, fue a la posta donde se cambiaban los caballos. Llegó la berlina imperial y mientras los palafreneros cambiaban los tiros del carruaje apareció en la ventanilla del mismo la grave cara de Napoleón.

—¿Dónde estamos? —preguntó.

—En Villers-Cotterêts, señor.

—¿A cuántas leguas de París?

—A veinte leguas, señor.

—¿A cuántas leguas de Soissons?

—A seis leguas, señor.

—¡Id aprisa!

Y Napoleón se acomodó en su asiento.

Ocho días después el emperador, volviendo a París, se paró

nuevamente en la posta de Villers-Cotterêts. Alejandro Dumas se encontraba allí. Napoleón preguntó:

—¿Dónde estamos?

—En Villers-Cotterêts, señor.

—¿A cuántas leguas de Soissons?

—A seis leguas, señor.

—¿A cuántas leguas de París?

—A veinte leguas, señor.

—¡Id aprisa!

Entre estos dos diálogos estaba Waterloo y se había hundido el mundo.

Alejandro Dumas no había combatido nunca en las barricadas, pero pertenecía al partido democrático, y cuando en 1832 estallaron en París frecuentes revueltas, corrió el rumor de que había sido arrestado y fusilado. Carlos Nodier, uno de sus más íntimos amigos, le escribió: «Se dice que has sido arrestado y fusilado. Si la noticia no es verdadera ven esta noche a cenar conmigo, pero si lo es y has sido fusilado ven igualmente.»

Dumas quería publicar un periódico, *El Mosquetero*. Con su gran fantasía describía a sus amigos y a los futuros colaboradores los beneficios que había de tener el periódico. Colaborarían en él los mejores escritores de Francia y él mismo escribiría por lo menos la mitad. Como cajero había escogido a Michel, su viejo jardinero, un hombre que no sabía ni leer ni escribir pero que poseía mucho sentido común. Un día que Dumas magnificaba el futuro de su periódico Michel exclamó:

—¡Estupendo, si todos los acreedores del señor se suscriben será un inmenso éxito!

Un imbécil le preguntó una vez si era verdad lo que se decía, que su padre era un negro.

—Es verdad —respondió—, mi abuelo era un mono.

En realidad él era hijo de un general francés y de una mulata.

Dumas tenía muchos colaboradores y se rumoreaba que la mayor parte de sus novelas no habían sido escritas por él. Uno de estos colaboradores era Maquet, del cual se decía que era el verdadero autor de *Los tres mosqueteros*. En una cena Dumas había estado ingenioso como nunca y todos celebraban la brillantez de su conversación.

—Un momento —dijo—, ¿creéis que todo lo que he dicho me lo he inventado yo? Pues no. Todo ha sido dicho por Maquet.

En realidad Maquet escribía novelas que luego eran rehechas por Dumas y a las que éste daba el garbo que las han hecho célebres. El propio Maquet lo admitía y en ocasión de elevarse un monumento a Alejandro Dumas, y en cuyo pedestal figuraban los tres mosqueteros, Maquet dijo:

—Me hubiese gustado que por lo menos mi nombre figurase en la escuela de d'Artagnan.

En una reunión una señora le preguntó:

—Maestro, usted que lo sabe todo, qué diferencia existe entre la amistad y el amor.

—Hay una gran diferencia, como entre el día y la noche.

Que cada uno interprete la respuesta como quiera.

Salía un día de casa de un ministro que le había invitado a cenar cuando encontró a un amigo que le preguntó cómo lo había pasado.

—Si yo no hubiese estado allí me habría aburrido mortalmente.

Había participado con entusiasmo y valor en la revolución de Julio, que estableció en Francia la monarquía de Luis Felipe. Esta experiencia política le sugirió más tarde la siguiente observación: «Después de una revolución no se puede más que odiar a los hombres, pero después de dos revoluciones es forzoso que se los desprecie.»

La mesa de Dumas estaba abierta a todo el mundo; su generosidad era proverbial, lo que aprovechaban unos para comer gratis y otros para deleitarse con su conversación.

Un día su cocinero le preguntó para cuántas personas debía preparar la cena.

—He invitado a ocho personas. De modo que prepara para treinta.

Un individuo que se decía amigo suyo le había injuriado ferozmente. Tras diez años le encontró por la calle y Dumas continuó su camino como si no hubiera reparado en él. Pero el otro, impertérrito, le detuvo.

—¿No me reconoces? Soy B...

—Ah, sí —respondió Dumas—, has cambiado tan poco que nunca te habría reconocido.

A sus veintitrés años Dumas hijo era célebre por su *Dama de las camelias* y alguien dijo a Dumas padre que él seguramente había colaborado en aquel drama.

—Claro que sí, fíjese usted que soy el autor del autor.

Una mañana encontró a su amigo el banquero Salvador, que pasaba con su coche.

—Querido amigo —le dijo—, me persigue el juzgado, y si este mediodía no pago una letra me embargarán todo lo que tengo. ¿Puedes ayudarme?

El generoso banquero le dio dos mil francos.

—Gracias. ¿Puedes acompañarme al juzgado? Pero antes debes parar un momento ante la casa de una linda señorita que habita en la calle Vivienne.

Se pusieron en camino. En un momento dado Dumas hizo parar el coche. Había visto en el escaparate de una tienda una bella estatuilla y quería saber cuánto costaba. Eran quinientos francos; Dumas dio un billete de mil y la dependienta le dijo:

—Señor Dumas, no le doy el cambio porque usted nos debe quinientos francos.

—Está bien, no lo recordaba.

Se detuvieron ante la casa de la hermosa señorita. Cuando Dumas volvió al coche no llevaba la estatuilla: la señorita la había encontrado bellísima y Dumas se la había regalado. No podía hacer otra cosa. Cuando se disponía a subir al coche apareció un amigo y empezó a hablar con él. Dumas alzó los brazos al cielo y luego metió la mano en el bolsillo, sacó la cartera y dio mil francos a su amigo.

—Ahora —dijo Dumas subiendo al coche— llévame a casa.

—¿Y el juzgado?

—Para el juzgado no tengo ni un franco. Les pagaré con otros dos mil francos que me prestarás.

En el ensayo general de un drama suyo había visto que entre bambalinas estaba un bombero muy atento a lo que se decía. Pero en el tercer acto el bombero había desaparecido. Dumas le buscó y lo encontró sentado en un rincón.

—¿Por qué se ha ido?

—Porque me aburría.

Dumas no quiso oír más. Volvió al escenario, se quitó la chaqueta, hizo que le diesen el original del drama, cogió el tercer acto y lo hizo pedazos no obstante las protestas del director del teatro.

—Yo sé lo que hago —exclamó Dumas—. ¿No ha visto que el bombero se aburría?

Y con habilidad prodigiosa reescribió todo el tercer acto rápidamente y lo entregó a los actores, que quedaron admirados de la facilidad de Dumas.

El drama fue un éxito, y el tercer acto muy alabado.

Dumas era polifacético. Un día admiró a un arqueólogo reconociendo en el acto una efigie de Julio César en una moneda antigua.

—¿Cómo lo ha hecho? ¿Por ventura es usted también arqueólogo? —le preguntó el sabio.

—Nada de eso. He reconocido la efigie de César porque sobre él he escrito un libro.

—¿Ha escrito un libro sobre César? No lo sabía, no lo he oído citar nunca.

—Lo sé. En el mundo científico no se cita nunca mi nombre. Los señores intelectuales considerarían una humillación tomarme en serio. Mi historia de Julio César no ha sido mencionada nunca por ninguno de ellos, pero todos la han leído. Las que se citan en el mundo científico son las historias ilegibles. Son como las comidas indigeribles. Las que se digieren fácilmente son prontamente olvidadas y al día siguiente ya no se habla de ellas.

Numancia

Cuando estudiaba bachillerato, al hablar de la conquista romana de España salía a relucir siempre el nombre de Numancia, que durante veinte años desafió al poderío de Roma. Se hablaba entonces, y se ha hablado después, de la resistencia numantina, frase que se aplica tanto a un episodio guerrero como a la resistencia a abandonar el poder por parte del Presidente del Consejo de Ministros. Fuera de esta frase poco más se nos explicaba: que los numantinos habían muerto sin rendirse ante las legiones romanas, incendiando la ciudad. Poca cosa era para una lucha que duró doscientos cuarenta meses.

Un historiador francés, Robert Courau, en su interesante *Histoire Pittoresque de l'Espagne* nos narra con pintorescos detalles, como era de esperar, dado el título de su obra, la historia menuda del suceso.

«Ya a su llegada a la región, cortada por estrechos desfiladeros, la primera columna romana cae en una emboscada; sufre tantas pérdidas que el aniversario de ese desastre será en adelante "día nefasto" en el calendario de Roma. Pero reemprendiendo la ofensiva, con un cuerpo expedicionario reforzado, los romanos llegan hasta Numancia, precedidos de un grupo de elefantes; los numantinos, impresionados por el aspecto insólito de los gigantescos animales, retroceden a refugiarse tras sus murallas; pero muy pronto las duras bolas de barro cocido lanzadas por sus catapultas siembran el pánico entre los elefantes, que en su huida aplastan a los romanos; una salida de los numantinos pone término a la degollina. Pasan los años sin acciones decisivas; no habiendo logrado tomar por asalto la pequeña ciudadela que se levanta como activo centro de la resistencia regional, los romanos, para reducirla a la impotencia, deciden circundarla de una zona inundada; la situación de Numancia, próxima a la confluencia de los dos ríos que la rodean, facilita la ejecución del plan; y ya se han iniciado importantes trabajos cuando unas vigorosas salidas de la guarnición sitiada obligan a los romanos a abandonarlos. Llega el invierno; contrariamente a la costumbre de la época, las tropas romanas, en vez de instalar sus cuarteles de invierno bajo un cielo más clemente, se mantienen en sus posiciones; van a conocer el rigor de los inviernos a más de mil metros de altura, en un lugar desolado de la nevada meseta; muchos legionarios mueren de frío; otros fallecen de hambre en aquella región sin recursos, porque el enemigo captura más de una vez las columnas de avituallamiento. Diezmados además por los ataques constantes de inasibles salteadores, desmoralizados por la incesante "guerra de fuego" de las guerrillas, los soldados romanos se disgregan; el reclutamiento de reemplazos para aquella guerra impopular se manifiesta cada vez más difícil; Numancia se ha convertido para los romanos en "terror de la República".

»Un nuevo desastre va a acentuar la incapacidad del mando romano en España. Una vez más cae en una emboscada un cónsul con su cuerpo expedicionario; en un desfiladero tan estrecho que toda maniobra de huida es imposible, no puede evitar un total aniquilamiento sino mediante la firma de un humillante tratado, que obliga a Roma a deponer las armas y respetar en lo sucesivo la independencia de los numantinos. Pero no se contó con la irreductible voluntad del Senado romano; que negándose a ratificar el tratado manifiesta su desaprobación haciendo colocar al general vencido completamente desnudo ante los muros de Numancia y decide enviar contra los celtíberos al más ilustre de sus generales, Escipión Emiliano, que acaba de inmortalizarse con el aniquilamiento de los cartagineses y la total destrucción de su orgullosa capital.

»Hijo de Paulo Emilio, que había sido procónsul en España y destacó por la conquista de Macedonia, Escipión Emiliano (185-129 a.C.) entró por adopción en la ilustre familia de los Escipiones. Hombre estudioso y reservado, afirmó su valor en España, venciendo en combate singular a un jefe indígena que desafiaba a los romanos. Nombrado cónsul (antes de la edad legal, en el 147), al principio de la tercera guerra púnica dio por terminada con la caída de Numancia la conquista romana de España. Pero poco después de su regreso a Roma, mezclado en intrigas políticas, fue asesinado en 129.

»Cuando Escipión llega a España, el ejército romano, vencido y desmoralizado, ha abandonado ya las altas mesetas hispanas para replegarse hacia el litoral mediterráneo; la ociosidad, el juego, el libertinaje y la indisciplina reinan en los campamentos. Escipión introduce de nuevo el orden, arrastrando a las tropas a grandes marchas y a la práctica del atrincheramiento. "Acabaré con los numantinos mediante el pico y la pala", decía. Y enseguida, recuperando mediante una brillante ofensiva el terreno perdido, conduce a los romanos ante Numancia. Él, que había sitiado y destruido a Cartago, una de las ciudades más opulentas del mundo antiguo, se extraña al no encontrar en Numancia, llamada el "terror de la República", más que una aldea de casas de adobe, cubiertas con tejados hechos de ramas y tierra; el cerro sobre el que se levanta tampoco es tan escarpado como pretendía la leyenda, y sus murallas, mal edificadas, aparecen reemplazadas en algunos puntos por simples empalizadas; por si fuera poco, la guarnición numantina es muy reducida: apenas unos millares de hombres frente a las decenas de miles de soldados del ejército romano. Escipión, sin embargo, renuncia por adelantado a lanzar a sus tropas al asalto de la ciudadela española; sabe perfectamente cómo podría ser el ensañamiento de su defensa; espera reducirla por el hambre, sometiendo a los numantinos a uno de los sitios más sabiamente herméticos que haya registrado la historia.

»Numancia contaba con unos 10.000 habitantes, de los que aproximadamente 4.000 eran combatientes. Las fuerzas romanas a las órdenes de Escipión eran de 60.000 hombres, 20.000 romanos apoyados (sobre todo la caballería) por 40.000 iberos.

»Tras haber establecido campos atrincherados al norte y al sur de Numancia, Escipión los une por una sólida empalizada que rodea totalmente la pequeña ciudad; y al abrigo de ese valladar harán los legionarios, con ayuda de todo un ejército de obreros, los trabajos definitivos del bloqueo. Los dos campos atrincherados en las extremidades del dispositivo se transforman en verdaderas fortalezas (de las que se han encontrado importantes vestigios) y su instalación se realiza en previsión de varias invernadas, en el caso de que fueran necesarias: cuarteles de albañilería para las legiones, pretorio de justicia militar, espaciosos alojamientos del estado mayor, precedidos de un elegante peristilo a la manera griega. Desde lo alto de las atalayas que dominan todos los accesos a la ciudad, los vigías darían la voz de alerta al menor intento de salida por parte de los sitiados. Entre esas dos plazas fuertes principales, siete fortalezas secundarias se escalonan alrededor de la ciudad, unidas unas a otras por una gruesa muralla de alabañilería, continua y sin puertas, de unos diez kilómetros de longitud; en los diversos ríos sobre los que cabalga esa muralla se colocan rastrillos para impedir todo paso de nadadores clandestinos.

»El dispositivo de bloqueo, en su conjunto, es bastante hermético para impedir toda penetración de avituallamiento en Numancia; aún es necesario prevenir eventuales tentativas de la reducida guarnición para abrirse paso. Para ello, la larga muralla está jalonada por unas trescientas torres "de artillería" cuyas catapultas lanzarían sus pesadas flechas y sus "bombas" de piedra con un alcance suficiente (unos doscientos metros) para cruzar eficazmente sus disparos: otros proyectiles de piedra más gruesos, capaces de aplastar todo material de asalto del enemigo, pueden ser lanzados por unas cuarenta potentes balistas, levantadas sobre las nueve fortalezas del dispositivo de bloqueo.

»En caso de ataque, la coordinación de las operaciones a todo lo largo del dispositivo está asegurada por un sistema apropiado de señales: banderas rojas durante el día y hogueras durante la noche para la transmisión de órdenes a distancia, cornetas para su repetición local. Era necesaria una vigilancia constante y se cuenta que Escipión cada día y cada noche hacía un recorrido completo de todas las obras; es bastante inverosímil, si se tiene en cuenta su longitud, pero no hay duda de que la leyenda fue suscitada por las frecuentes inspecciones, efectuadas tanto de noche como de día, de un jefe de ejército que pensaba en todo.

»Después de algunos meses de riguroso aislamiento, la inquietud fue creciendo en Numancia, donde los víveres son estrictamente racionados. El establecimiento de un enlace con el exterior para solicitar ayuda militar parece imposible; cinco valientes jinetes numantinos lo intentan y lo logran. En una noche muy oscura, habiendo establecido con largas vigas un plano inclinado sobre el muro romano, pasaron con sus caballos, cuyos cascos iban envueltos en paja; cuando se dio la alarma en el campamento romano los jinetes galopaban ya lejos. Pero su audaz tentativa no tendría resultado; los pueblos cercanos, sometidos ya a los romanos, no desean volver a la lucha; sólo en una de las aldeas los jóvenes guerreros responden favorablemente a la llamada de los numantinos; pero al día siguiente son rodeados por la caballería romana y cientos de ellos acaban con la mano cortada; los ancianos de su propia tribu los habían denunciado.

»Acosados por el hambre, sin número suficiente para abrirse paso y sin esperanza de ayuda militar alguna, los defensores de Numancia parecen dispuestos a la capitulación, siempre que ésta sea honrosa. Cinco de ellos, revestidos con pieles de lobos, que entre los celtíberos (como entre nosotros la bandera blanca) identificaban a los parlamentarios, se presentan a Escipión, apelando a su magnanimidad con un enemigo valeroso; pero lo que exige el cónsul romano es la entrega de todas las armas en un lugar designado por él; después, la rendición sin condiciones de toda la guarnición desarmada.

»Sabedores de tales condiciones, los numantinos las rechazan con indignación y en su furor llegan a acuchillar a sus propios parlamentarios. Pero el hambre se agrava; agotados todos sus recursos en ganado, los numantinos se alimentan aún por algún tiempo con la piel de los animales sacrificados y con paja; después organizan para los combatientes un abastecimiento de carne humana, acabando primero con los moribundos y matando después a los enfermos y débiles. Cuando ya no queda literalmente nada que comer, la guarnición —que ya no se compone sino de demacrados fantasmas— hace una nueva llamada a la clemencia de Escipión; éste mantiene sus humillantes condiciones. Entonces, los sitiados, tras haberse embriagado con su cerveza local, incendian la ciudad, echando en el fuego sus bienes y sus armas; después se da muerte allí mismo la casi totalidad de los supervivientes, a fin de no presenciar la caída de su ciudad. De la asolada ciudadela los romanos no verán salir más que a unos pocos supervivientes y en tal estado de miseria que un testigo —escritor griego, amigo de Escipión, Polibio— nos los describe así: cabellos y barbas hirsutas, uñas convertidas en garras, cuerpos esqueléticos cubiertos de harapos, pero la mirada altiva y llena de odio. Escipión guarda a cincuenta de ellos para que, encadenados, precedan en Roma su carro de triunfo; los otros son vendidos como esclavos. De la heroica Numancia nada queda y Escipión, pronunciando sobre sus escombros la antigua sentencia de maldición, prohíbe que sea reconstruida.»

Cómo veía a sus compatriotas un español del siglo XVII

«Los españoles siempre tuvieron fama de soberbios y presuntuosos, y revestido de gravedad su orgullo es tan grande que puede considerarse como una soberbia desmedida. Son valientes sin temeridad, y es tanta en este punto su cordura que no falta quien los crea poco animosos. Coléricos y vengativos, cuidan sin embargo de ocultar sus arrebatos. Generosos sin ostentación, sobrios en la comida, tan altivos en la suerte próspera como humildes en la suerte adversa, adoran a las mujeres y son tan amantes de la belleza que sus pasiones pocas veces cuentan con el talento de sus elegidas. Sufridos en exceso, tenaces, perezosos, independientes, honrados hasta el punto de arriesgar la vida por sostener una palabra empeñada. La Naturaleza les dotó de atractivo, ingenio y clara inteligencia; comprenden fácilmente y expresan con sencillez y precisión sus ideas. Son, además, prudentes, celosos en exceso, desinteresados, derrochadores, reservados, supersticiosos y muy católicos, al menos en apariencia. Versifican sin trabajo y podrían fácilmente abarcar los conocimientos científicos más difíciles e interesantes si decidieran aplicarse a su estudio, que, por regla general, desatienden. Muestran grandeza de alma y elevación de miras, firmeza, seriedad y un respeto hacia las damas a ningún otro comparable. Sus maneras son estudiadas, rebosantes de afectación; cada español está convencido de que su propio mérito es mucho, y raras veces hacen justicia cuando se trata del mérito de los demás. Su bravura consiste en sostenerse valerosamente a la defensiva, sin retroceder y sin temor al peligro; pero así como no lo temen cuando en él se hallan, no lo buscan por afán de arriesgarse, y esta buena cualidad, que algunos juzgan timidez, proviene de su sereno entendimiento. Cuando adivinan el riesgo procuran evitarlo con noble cordura; sólo cuando quieren vengarse no perdonan medios ni excusan razones; sus máximas en este particular son absolutamente contrarias al cristianismo y al honor. Cuando reciben afrentas mandan asesinar al que se las infiere, y, advertidos por esta costumbre, muchas veces asesinan traidoramente al ofendido para librarse de su venganza, seguro el ofensor de que si no mata será muerto. Para justificar estos abusos dicen que si nuestro enemigo logró por malos medios una ventaja, es lícito que nos procuremos otra por medios peores. La impunidad lo autoriza todo, y se abusa del privilegio de que gozan las iglesias y los conventos en España, donde la Justicia no tiene derecho contra un hombre que se acoge a lugar sagrado. Los criminales procuran cometer siempre sus fechorías a poca distancia de esos lugares, para tener cerca el altar que los redime; y se ha visto alguna vez abrazado a una imagen a un malhechor que aún empuñaba el acero manchado con la sangre de la víctima.

»Acerca de la figura de las gentes, para designar sus trazos más comunes hay que suponer un tipo de poca talla, flaco, la cintura estrecha, la frente despejada, las facciones regulares, los ojos hermosos, los dientes iguales, el color pálido y moreno. Es distinguida condición andar velozmente y tener la pierna gruesa y pequeño el pie, ir calzado sin tacones, peinarse con raya sobre un lado de la cabeza y recoger detrás de las orejas el pelo, cortado por igual. No empolvarlo; cubrirse con un sombrero forrado de seda negra, usar golilla, más fea y más incómoda que la gorguera, y vestir siempre traje negro; en vez de camisa, ponerse mangas de seda o de tabí, ceñir espada desmesuradamente larga, cubrir el cuerpo con una capa de pañete negro y las piernas con calzas ajustadas. Al cinto, un puñal. En verdad, todo esto desluce mucho a quien lo viste, aunque sea gallarda figura; parece que han escogido las prendas más desagradables para engalanarse.»

Los funerales de un jefe vikingo

A comienzos del siglo X Ahmad Ibn Fadlan, enviado como embajador del califa de Bagdad, tuvo ocasión de contemplar los ritos funerarios celebrados por los vikingos que habían llegado en sus incursiones hasta el río Volga. Su relato es realmente interesante.

«Un día murió uno de los jefes de la expedición vikinga y el embajador pudo seguir los ritos funerarios desde su comienzo hasta su final. Para empezar colocaron el cadáver en una tumba provisional sobre la que instalaron un tosco tejado y allí estuvo durante diez días mientras le confeccionaban el vestuario mortuorio.

»Si el difunto era un hombre pobre construían una rudimentaria barca en la que le colocaban y le quemaban después. Pero si era un hombre rico, de su fortuna hacían tres partes: una para su familia, otra para los vestidos mortuorios y otra para preparar una bebida muy fuerte, llamada *nabidh*, que los deudos y amistades del difunto bebían sin descanso hasta el día de la incineración del cadáver.

»Cuando un gran personaje muere los familiares preguntan a sus esclavos, hombres y mujeres, quién quiere morir con él y acompañar al difunto a ultratumba. Si alguien dice "yo", ya no puede volverse atrás. La esclava, porque generalmente son mujeres las que se ofrecen para el sacrificio, se ve separada de la familia y confiada a dos jóvenes muchachas que cuidan de ella, la acompañan adondequiera que va y la lavan cuidadosamente.

»Mientras tanto se confeccionan los vestidos que ha de llevar el cadáver y la esclava bebe y canta continuamente sin perder la alegría.

»Cuando llegó el día en que el hombre tenía que ser incinerado y la muchacha con él, los asistentes cogieron una barca, la colocaron sobre las arenas de la playa y a su alrededor pusieron gran cantidad de madera.

»Sobre la barca depositaron la cama en que había dormido el difunto y la cubrieron con colchones y almohadas de brocado. Llegó en esto una vieja, a la que llamaban el Ángel de la Muerte, encargada de arreglar todo el paramento que se había preparado y de matar a la esclava.

»Fueron luego todos a la tumba en que habían sepultado al muerto, al que desenterraron junto con unas botellas de *nabidh*, frutas y otros alimentos. Vistieron el cadáver con pantalones, botas, una túnica y un caftán de brocado con botones de oro y colocaron sobre su cabeza una gorra de brocado y pieles de marta. Le llevaron a la barca, le sentaron sobre el colchón y lo sostuvieron con cojines y almohadas. Colocaron junto a él el imprescindible *nabidh*, frutas, plantas olorosas, pan, carne y cebolla. Después partieron en dos a un perro y lo dejaron a sus pies. Mataron dos caballos a los que previamente habían hecho correr hasta que estuvieron sudados, los cortaron a trozos con los sables y su carne fue colocada sobre la barca; lo mismo hicieron con dos vacas, un gallo y una gallina.

»Mientras esto sucedía la esclava que debía morir visitaba a los diversos jefes del campamento y se unía sexualmente con ellos, que, cuando terminaban la agradable ceremonia, le decían: "Di a tu amo que lo hemos hecho por amor a él."

»Cuando llegó el momento de la oración del viernes pusieron los hombres a la esclava sobre una ancha tabla y la levantaron tres veces lo más arriba que podían mientras ella pronunciaba unas palabras. Cuando terminó la ceremonia le presentaron una gallina a la que cortó la cabeza y que fue depositada en la barca como se había hecho con los otros animales.»

El viajero que narra esta ceremonia preguntó a un intérprete qué había dicho la muchacha mientras la elevaban sobre la tabla. La primera vez había dicho: «He aquí que veo a mi padre y a mi madre.» La segunda vez: «He aquí que veo sentados a todos mis parientes muertos.» Y la tercera: «He aquí que veo a mi amo sentado en el paraíso y el paraíso es hermoso y verde. Con él hay hombres y muchachas y me llama. Llevadme hacia él.»

«La llevaron a la barca, en donde ella se quitó dos brazaletes y los entregó a la mujer llamada el Ángel de la Muerte. Dio otras joyas a las muchachas y subió inmediatamente a la barca funeraria.

»Después los hombres la rodearon con escudos y bastones. Le entregaron una copa de *nabidh* que bebió de un trago. Después cantó la joven unas estrofas con las que se despedía de sus compañeras. Le entregaron una segunda copa y varias más, tras lo cual entró en el lugar que ocupaba el cadáver de su amo.

»Los hombres golpeaban sus escudos para que no se oyesen los gritos de la esclava y uno tras otro, hasta seis, cohabitaron con ella. A continuación la acostaron al lado de su amo. Dos la cogieron por los pies y otros dos por las manos. El Ángel de la Muerte le colocó una cuerda en el cuello dándole una vuelta y entregó las extremidades a dos hombres para que tirasen de ella. Se acercó a la muchacha y con un puñal le atravesó el corazón mientras los dos hombres la estrangulaban.

»A continuación el más joven de los parientes del muerto cogió una antorcha y completamente desnudo, con una mano cubriendo el orificio de su ano, prendió fuego a los maderos que rodeaban la barca. Después todos, con teas y leños, ayudaron a propagar el incendio, que destruyó la barca y todo lo que contenía.»

La vida en las posadas

La inevitable condesa D'Aulnoy dice:

«Me parece oportuno describir de qué modo vivimos en estas posadas, y hago cuenta de que muy poco irá de unas a otras. Cuando se llega, mohíno y maltrecho, abrasado por los ardores del sol o convertido en témpano de nieve (porque no hay temperatura media entre dos bien extremas), ni se halla puchero en la lumbre ni un plato fregado. Se entra por el patio y se sube al piso por una escalera tan estrecha y difícil como una escalerilla de mano.

»El patio está lleno de mulas y arrieros que hacen servir las albardas de mesa por el día y de almohada por la noche. Comen y duermen en amistosa compañía con las bestias, que comparten con ellos el trabajo. La señora de la casa, mal pergeñada, con un vestido viejo y desabrochado, corre a ponerse su traje de los días de fiesta mientras el viajero se apea, y no falta jamás a este requisito, porque son tales mujeres tan presuntuosas como pobres.

»El huésped es guiado a un aposento cuyas paredes son bastante blancas y están cubiertas de cuadros devotos muy mal pintados. Las camas no tienen colgaduras; las colchas, bastante decentes, son de algodón con flecos; las sábanas, del tamaño de una toalla; las toallas, poco mayores que un pañuelo de sonar; y es preciso alojarse en una posada importante para disponer de media docena de servilletas, pues en la mayoría no se ve una sola servilleta ni tampoco tenedores. No hay más que un vaso en toda la casa, y cuando los arrieros lo cogen primero, cosa que suele acontecer, es preciso esperar con paciencia a que se hayan servido, si no se prefiere beber con el jarro. Es imposible calentarse junto al fuego de las cocinas, porque como éstas no tienen chimenea, el humo ahoga. El hogar está en el centro y se pone a la lumbre sobre una teja lo que se quiere asar, cuando está quemado por una parte le dan la vuelta. Si es grande la pieza, se ata de un cordel pendiente de una viga del techo y recibe el calor de la lumbre; la hacen girar con la mano y el humo la pone tan negra que sólo su vista ya repugna.

»No creo que pueda hallarse más exacta representación del infierno que la ofrecida por estas cocinas con la gente agrupada en ellas; porque, sin temor al humo terrible que ciega y sofoca, se reúnen al amor de la lumbre una docena de hombres y otras tantas mujeres, todos más negros que el diablo, apestosos y sucios como cerdos, vestidos como pordioseros. No falta nunca uno que rasguee torpemente la guitarra y cante como un gato enronquecido. Las mujeres, desmelenadas, llevan gargantillas cuyos granos de cristal son del tamaño de avellanas, dan seis o siete vueltas al cuello y sirven para ocultar la piel más ruin del mundo. Todos son más ladrones que las urracas, y sólo se apresuran a servirnos para hurtarnos algo, aunque sólo sea un alfiler, y lo consideran ganado como un botín de guerra cuando pertenece a un francés.

»Apenas llegamos, la dueña de la casa nos presenta sus hijos, que van con la cabeza descubierta, en invierno como en verano, desde que nacen, y les hacen tocar nuestros vestidos, frotándoles con ellos los ojos, las mejillas, el cuello y las manos, como si el viajero fuese reliquia que curase todos los males con el solo contacto de sus vestiduras. Acabada esta ceremonia, nos preguntan si queremos comer, y aunque haya pasado ya la medianoche, como no hay nada en la casa, es necesario acudir a la carnicería y al mercado, a la taberna y al horno del pan; en una palabra, a todas partes donde puedan proporcionar comestibles para reunir los aprestos de una mala cena. Por muy tierno que sea el cordero, la manera de freírlo, con aceite (pues aquí se usa poco la manteca), no es del gusto de todos. Las perdices abundan bastante y son grandes; pero a la sequedad propia de su carne se añade otra peor, porque las asan hasta carbonizarlas. Los pichones son excelentes y en muchas partes abunda el pescado, sobre todo los besugos, que tienen un sabor parecido al de la trucha, y con los cuales se hacen pasteles que serían muy sabrosos cuando no estuvieran cargados de ajo, pimienta y azafrán.

»Se amasa pan con trigo de las Indias, el que llamamos en Francia trigo de Turquía. Es muy blanco y tan dulce como si tuviese azúcar; está poco sobado y muy crudo; el pan aquí es plano como una torta. El vino es agradable, deliciosas las frutas, y en el mes de septiembre se toma un moscatel muy exquisito; los higos son excelentes y se aliñan ensaladas hechas con una lechuga tan dulce y refrescante como no tiene igual.

»No creáis que basta decir: "Traedme tal o cual cosa" para que os la sirvan. Con frecuencia no hay lo que se pide; pero si lo hay en alguna parte será preciso adelantar el dinero para que vayan a comprarlo. De manera que antes de comer se ha pagado ya la comida, pues no se le consiente al dueño de la posada ofrecer más que sus habitaciones. Dicen, para probar la razón de tal extrañeza, que no es justo que sólo el posadero se lucre con la llegada de los huéspedes, y que vale más repartir entre varios la ganancia.

»Cuando van de jornada, los viajeros no entran a comer en los mesones: llevan comida y se detienen para satisfacer su apetito en alguna pradera, junto a un arroyo, mientras los arrieros dan a los mulos un pienso de cebada o avena mezclada con paja recortada que llevan en grandes sacos; estos animales no prueban el heno. A una mujer no se le permite hospedarse más de dos días en una posada de las que se hallan en los caminos, si no expresa las razones que a más larga permanencia la obligan.»

Anécdotas musicales (I)

En 1958 mi amigo Miquel Arimany, eminente lexicógrafo, publicó un libro de Bernard Grun titulado *Vida privada de grandes músicos*.* Es una colección de anécdotas referentes a compositores, ejecutantes, directores y público melómano recogida de una importante bibliografía que ocupa cinco páginas del libro, del que yo extraigo unas cuantas que me parecen muy curiosas y pueden agradar a mis lectores.

Hay una plétora de singularidades desde Tomás Luis de Victoria, el poderoso maestro del siglo XVI que nunca escribió una sola nota de música profana, hasta Étienne Méhul, el gran francés que compuso una ópera, *Uthal*, toda ella sin violines; y hasta Anton von Webern, discípulo de Schoenberg, que compuso la pieza para orquesta más breve que existe; siete compases, cuya ejecución dura quince segundos.

Christian Urhan, amigo de Berlioz y de Meyerbeer, fue durante treinta años concertino de la Ópera de París. Era de un natural profundamente religioso; nunca hablaba más de lo estrictamente necesario y vestía siempre un traje oscuro y sencillo de apariencia clerical. Su contrato con la Ópera contenía una cláusula desacostumbrada; en ella se estipulaba explícitamente que el asiento del señor Urhan debía estar dispuesto dando la espalda al escenario y que, para evitar que sus sentimientos religiosos se sintieran ofendidos, en ningún caso se le obligaría a dirigir la mirada hacia el impío espectáculo que tenía lugar a su espalda. De ello resulta que el hombre que tomó parte en cerca de diez mil representaciones de la Ópera de París, nunca vio lo que ocurría sobre el escenario.

* Este libro merece una reedición, acompañada, eso sí, de un índice onomástico, que le hace mucha falta.

Alejandro Porfirievitch Borodín, hijo natural del príncipe de Imeretia, no solamente fue el brillante compositor de *En las estepas del Asia Central*, sino también renombrado hombre de ciencia, médico y general del ejército ruso. Tantas ocupaciones y actividades pesaron de forma grave en su mente, por lo que era extremadamente olvidadizo y distraído. Salió de su casa una mañana, radiante en su uniforme de general, con su casco y todas sus condecoraciones. Pero había olvidado ponerse el pantalón.

En otra ocasión se levantó durante una reunión, tomó su abrigo y su sombrero y se dispuso a marcharse.

—¿A dónde vas, Alejandro? —inquirió un amigo.

—A casa, chico, a casa —replicó Borodín—. Tengo un buen rato de camino hasta allí.

Los amigos mirándose estupefactos unos a otros; la reunión tenía lugar en la propia casa de Borodín...

Un anochecer de 1890 Claude Debussy se fijó, en un café de Montmartre, en un pianista cuyo aire solemne y ascético contrastaba extrañamente con la alegría superficial y populachera del resto de la concurrencia. Debussy le dirigió la palabra y así empezó una amistad que influenció no solamente la propia obra de Debussy, sino también todo el desarrollo de la música francesa. Aquella noche, Erik Satie, la más fantástica de todas las figuras de Montmartre, hizo su entrada en la historia de la música. Aun cuando la originalidad de las creaciones musicales de Satie puede ser discutida por algunos, nadie se atreverá a negar nunca la singularidad de su manera de vivir.

Con su barba encrespada, su traje de pana gris, cuello duro muy alto, corbata inmensa, el inevitable paraguas en la mano, *pince-nez* sobre la nariz y un sombrero de copa del cual nadie le vio nunca desprenderse (y que según algunas referencias llevaba puesto incluso en la cama), era el compendio de la vida bohemia. Las historias que aún hoy, pasados tres cuartos de siglo de su muerte, se cuentan de él son innumerables...

Durante treinta años, Satie vivió en la barriada de Arcueil en un pequeño cuartito en el que, aparte de él, nadie pudo entrar durante toda su vida. Detestaba los medios habituales de transporte, por lo que cada día iba a pie desde Arcueil a Montmartre, regresando cada noche con el mismo procedimiento, hecho que, según palabras de su amigo Jean Cocteau, «no podía explicarse a menos que lo transportaran los ángeles».

Del dinero y de su valor, Satie no sabía prácticamente nada: en una ocasión se sintió profundamente ofendido porque un editor le ofreció dinero por una serie de piezas para piano. Le increpó furiosamente y se marchó de su despacho; sólo con grandes dificultades y asegurándole formalmente que no había intención de ofenderle, pudo persuadírsele de volver a entrar. Después de un prolongado regateo, se llegó a un acuerdo a base de honorarios suficientemente bajos para que Satie no se sintiera vejado y pudo firmarse un contrato en regla.

Era uno de los escasísimos seres que practicaban el verdadero comunismo, y la pobreza constituía para él una religión. Nunca deseó conocer el bienestar; detestaba el dinero y todo lo que con él pudiera comprarse. El único título u honor oficial que aceptó en su vida, fue el de miembro del «Soviet d'Arcueil».

Parecida actitud observaba respecto a las mujeres. Lo más ínfimo, en este terreno, le parecía más que suficiente para él. Nunca se casó y la brevedad de sus relaciones amorosas dio lugar a sucesos singulares e inverosímiles. Pero el método que empleó una vez para despedir una amante cuando consideró terminado el «reinado» de la misma, parece algo brusco, incluso tratándose de él. Cuando la señora trató de visitar a Satie para una *heure Bleue* previamente concertada, encontróse, con la mayor sorpresa de su parte, con un grupo de policías apostados frente a la vivienda del compositor. La pobre señora, lejos de toda sospecha, trató de entrar en la casa, pero la policía le impidió brutalmente la entrada y la conminó severamente a no volver a intentar en lo futuro ninguna perturbación de la paz doméstica del señor Satie. Éste fue, si no el más tierno, el más seguro sistema que el honorable miembro del «Soviet d'Arcueil» pudo encontrar para convencer a su amante de que sus pasadas ternuras habían concluido.

En 1917 Satie cayó en las garras de la justicia. Un crítico que asistió al estreno de su ballet *Parade* escribió a propósito de la obra una crítica muy adversa. El compositor replicó enviándole cada día tarjetas postales llenas de los insultos más obscenos e irreproducibles y continuó así hasta que el crítico no tuvo más remedio que dirigirse al juzgado. La sentencia de ocho días de cárcel fue anulada posteriormente, por circunstancias atenuantes.

Erik Satie murió en 1925. Cuando se abrió su habitación se encontraron en ella montones (que llegaban al techo) de trajes de pana gris sin estrenar, pero completamente destrozados por la polilla. Además, grandes cantidades de camisas, chalecos y varios centenares de cuellos duros...

Picaresca en las posadas

Un episodio curioso de la picaresca que se ejercía en los alojamientos del camino nos lo cuenta nuestra conocida condesa en los siguientes términos:

«Cuando quise acostarme, una criada me condujo a una galería llena de camas como si fuera un hospital. Yo sólo había pedido cuatro camas y consideré ridículo que me diese treinta, colocadas en lugar tan espacioso y ventilado, donde iba a helarme. Dijeron que aquél era el sitio más decente de la casa, por lo cual me conformé.

»Hice disponer mi cama, y cuando acababa de acostarme llamaron suavemente a la puerta. Mis doncellas abrieron y quedaron desagradablemente sorprendidas al ver entrar al posadero y a la posadera seguidos por una docena de miserables, tan andrajosos que casi iban desnudos. Aparté las colgaduras al oír el ruido para observar lo que pasaba, y mis ojos descubrieron asombrados tan ilustre compañía. La posadera se me acercó para decirme que aquellas buenas gentes iban a dormir en las camas sobrantes.

»—¡Cómo! ¿Dormir aquí? —le dije—. Debéis hablar en broma.

»—Caro me costará —respondió— si dejase tantas camas vacías. Es indispensable, señora, si no queréis que mis nuevos huéspedes las ocupen, que os comprometáis a pagarlas.

»Podéis imaginar cuál sería mi despecho al verme de tal manera burlada. Estuve a punto de llamar a don Fernando y a los otros caballeros que me acompañaban, y que a una sola indicación mía hubieran echado por la ventana a los traficantes de aquel abuso; pero me apacigüé, para evitar las consecuencias de un escandaloso altercado, resignada a pagar lo que se me pedía. Aquellos nobles castellanos, o por mejor decir aquellos canallas que habían tenido el atrevimiento de entrar en la galería, se retiraron con los posaderos después de hacer muchas reverencias.

»Al día siguiente me reí de buena gana cuando supe que los viajeros no eran tales, sino vecinos de la posada que prestaban aquel servicio cada vez que se ofrecía ocasión para esquilmar a un extranjero. Cuando quise que se contasen las camas para el ajuste de cuentas, las arrastraron hasta el centro de la galería y quedaron al descubierto varios nichos en la pared, llenos de paja, donde malamente podría dormir un perro; contados a veinte sueldos cada uno, pagué sin incomodarme, porque me pareció el suceso muy original.»

Un traje de viuda a finales del siglo XVII

He aquí cómo se describe a una marquesa que acababa de enviudar:

«Es preciso que una mujer sea tan hermosa como la marquesa de los Ríos para conservar algún encanto envuelta en aquellas negruras. Negra era la toca; negro el vestido; negra la batista sin pliegues que caía más abajo de la rodilla; negra la muselina que le envolvía el rostro y le cubría la garganta, ocultando su cabellera; negro el manto de tafetán que la tapaba hasta los pies; negro el sombrero de anchas alas, sujeto en la barbilla por cintas de seda negra. Me han dicho que el sombrero sólo se usa en viaje. Así visten las viudas y las dueñas, cuya envoltura es bastante para imponer miedo al más valiente y les da un extraño aspecto, a pesar de lo cual la joven marquesa estaba muy hermosa con su incómodo luto, que las damas españolas visten hasta que vuelven a casarse; y entre las muchas cosas que las viudas se ven precisadas a tener en cuenta en este país, está el llorar a lágrima viva la muerte del marido, a quien algunas veces no habrán amado mucho. He sabido también que pasan el primer año de luto en una habitación tapizada de negro, donde no se deja entrar un solo rayo de sol, y se sientan con las piernas cruzadas sobre un pequeño almohadón de tela de Holanda. Terminado el año se retiran a otra habitación cuyas paredes tienen tapices algo más claros, pero sin pinturas ni espejos, de los que no hacen uso las viudas, como tampoco de los servicios de plata ni de los muebles de lujo; es preciso que vivan tan retiradas como si perteneciesen a otro mundo. Estas contrariedades son muchas veces ocasión para que las damas ricas vuelvan a casarse sin más objeto que disfrutar libremente de su riqueza.»

Anecdotario (I)

Orlando Ranuccio Bandinelli fue proclamado papa en 1159 y reinó hasta 1181. Durante su pontificado combatió a Federico Barbarroja. Una vez, cuando ya era el papa Alejandro III, fue llamado para que decidiese quién tenía razón: si un fraile generoso hasta el punto de regalar sus propios hábitos para cubrir a un mendigo o a su abad que lo castigaba por tal generosidad. Su sentencia fue:

—Tú, hermano, cada vez que la caridad te diga que des da, y tu, abad, cada vez que constates una desobediencia, castiga.

Alejandro V, papa de 1409 a 1410, se llamaba Pietro Filargi di Candía y decía a sus amigos:

—Cuando era arzobispo era rico, cuando fui cardenal fui pobre, y ahora soy un papa que mendiga.

El gran actor y empresario francés André Antoine muchas veces no tenía tiempo de aprenderse los papeles que representaba, y así en una pieza dramática titulada *Al teléfono* tenía que recitar un largo y terrible monólogo telefónico mientras, entre bastidores, el apuntador lo auxiliaba desde otro teléfono. Un día el modesto apuntador dijo a Antoine:

—Director, quisiera un aumento de quince francos.

—Bueno, bueno, ya hablaremos de eso más tarde.

El actor entra en escena y llegado el momento descuelga el teléfono:

—Diga, diga...

—Señor Antoine —susurra una voz desde el otro extremo de la línea—, le pido quince francos de aumento...

—Diga —exclamó Antoine espantado—, ¿qué dice...?

—Señor Antoine, le pido quince francos de aumento...

—Diga, diga. No entiendo...

(La sala tiembla de emoción.)

—Señor Antoine, mis quince francos o no le apunto nada...

—Sí, comprendido, los tendrá... pero diga...

El apuntador, satisfecho, le telefonea su parte... pero poco después fue despedido.

Ésta es una historia que contaba Tristan Bernard, lo cual indica que debemos cogerla con reservas; pero Tristan decía que era auténtica y se la había contado el propio protagonista, el general ruso Apraxin.

A la muerte de su padre, el futuro general Apraxin y su hermana querían un retrato del difunto. El pintor que aceptó el encargo pidió una fotografía, y los dos jóvenes le dijeron:

—No sólo no tenemos ningún retrato sino que ni siquiera podemos describírselo, porque no lo veíamos desde hace años. ¿Le bastará la descripción que consta en su pasaporte?

El pintor aseguró que con ello tenía bastante, y cuando terminó el retrato lo enseñó a los jóvenes, que entre sollozos exclamaron:

—¡Pobrecito, cómo ha cambiado! ¡Cómo ha cambiado en estos últimos años!

Cuando don Pedro Abarca de Bolea, conde de Aranda, era embajador del rey de España en París, le preguntaron si el monarca tenía gran poder, y el conde respondió:

—En cada asunto el *sí* o el *no* dependen de los ministros; el *cuándo* y el *cómo*, de los empleados que extienden el decreto; el papel y la mesa los pone la nación; el rey sólo pone la pluma y la tinta para firmar.

No se olvide que en aquel tiempo el rey de España era Carlos III.

Se cuenta de un célebre catedrático de derecho constitucional de la Universidad de Nápoles, llamado Giorgio Arcoleo, que una vez un amigo le recomendó a un estudiante por el que tenía gran interés y Arcoleo le prometió:

—Bueno, si tanto insistes te lo aprobaré aunque sea un animal.

El estudiante fue suspendido y a los reproches del amigo, Arcoleo observó:

—Te había prometido que lo aprobaría aunque fuese un animal, pero, amigo mío, ese chico no es ni siquiera un animal, es un vegetal, una calabaza.

Arcoleo decía:

—Dios nos guarde del frío de los climas cálidos, de la soberbia de las personas modestas, de la furia de las almas dulces, de la violencia de los espíritus débiles, de la lujuria de las solteronas menopáusicas y del dogmatismo de los ateos.

El famoso organista inglés Frederick Bridge, nacido en Oldbury en 1844 y muerto en Londres en 1916, se encontraba en Rusia junto con su amigo el novelista Player. Habían visitado Moscú y debían tomar el tren para San Petersburgo, donde sir Frederick debía dar un concierto. Como ya fuese tarde pidieron a un cochero que rápidamente les llevase a la estación; pero éste no entendía una palabra de inglés y ellos ni una palabra de ruso; pero tuvieron una idea. Uno de los dos se puso a imitar el ruido de un tren y el otro silbaba como un endemoniado. El cochero ruso comenzó a sonreír y con un gesto invitó a los dos amigos a montar en el coche y salió deprisa.

—Ha sido una buena idea; si no llega a ser por ella perdemos el tren.

—Bueno, la cosa era sencilla.

Diez minutos después se hallaban en la puerta del manicomio.

El mariscal duque de Brissac cada mañana, cuando se disponía a afeitarse, decía:

—Timoleón de Cossé, duque de Brissac, Dios te hizo gentilhombre, el rey te hizo duque y mariscal; aféitate la barba para que tú mismo hagas alguna cosa por ti.

Brissac no podía sufrir la hipocresía. Había notado que todas las damas de la corte iban a la iglesia sólo los jueves y los domingos por la tarde, que era cuando acudía el rey. Un día les jugó una mala pasada. Un jueves, cuando las vio a todas reunidas para ir a la iglesia, gritó a los guardias que podían retirarse porque el rey aquel día no estaría presente en la bendición. Guardias y damas se fueron todos, sólo que los guardias al poco rato volvieron mandados por sus oficiales. El rey, poco después, fue a la iglesia y se maravilló de no ver ni siquiera una dama, y Brissac le explicó lo que había hecho, lo que provocó la risa del rey.

—Salid —dijo el conde de Charolais al duque de Brissac, a quien había sorprendido con su amante.

—Vuestros antepasados —respondió el duque— habrían dicho «salgamos».

Carlos Luis, hermano del emperador austriaco Francisco José, era extraordinariamente beato y más de una vez fue de rodillas desde Viena hasta Roma, pero sólo en la imaginación. La peregrinación se desarrollaba a lo largo de las enormes salas de su palacio y cada día apuntaba en un dietario el recorrido efectuado. Su esposa se encargaba de redactar una especie de boletín que, entre veras y bromas, era repartido entre los amigos y conocidos. «Su Alteza Imperial —escribía, por ejemplo, el boletín— ha llegado a Florencia, donde pasará la noche.»

Carlomagno sellaba sus decretos con el pomo de su espada diciendo:

—Éstas son las órdenes que doy.

Mostrando después la espada con la que las había sellado añadía:

—Y he aquí la espada con la que las haré respetar si es necesario.

William Carleton, escritor irlandés muerto en 1869 en Dublín, decía:

—Hay dos especies de mujeres; casarse con una de ellas es una locura y casarse con las otras es un delito.

Y también:

—No pidáis nunca el corazón a una mujer, pudiera darse que tuviese uno y os lo diese.

Y otra vez:

—Las mujeres que aman la media luz no gustan de medias tintas.

El célebre millonario Andrés Carnegie ayudaba cordialmente a los que se presentaban ante él mientras demostrasen buena voluntad y real mérito, de modo que entre sus colaboradores varios consiguieron ser millonarios. Carnegie estaba satisfecho de ello porque significaba que sabía escogerlos bien. Atribuía todo el mérito de su fortuna a ellos y decía que sobre su tumba desearía ver escrito: «Aquí yace un hombre que supo rodearse de hombres más inteligentes que él.»

Quizá la mejor definición de un arqueólogo es la que dio uno de ellos, Ciriaco di Ancona, en el siglo XV:

—Resucito a los muertos.

Zaragoza en 1679

«La tierra es allí tan estéril que si se exceptúan algunos valles regados por canales que toman al Ebro sus aguas, todo lo demás es terreno arcilloso, rocoso, arenoso, infecundo. La ciudad de Zaragoza es grande; sus casas, mayores que las de Madrid; sus plazas públicas tienen alrededor anchos soportales. La calle Santa, que sirve de paseo, es tan ancha y tan larga que parece una gran plaza prolongada. Adórnanla muchos palacios de señores y es el de Castel-Morato uno de los más bellos. La bóveda de San Francisco sorprende, porque, a pesar de su amplitud extraordinaria, no está sostenida por ninguna columna.

»La ciudad carece de murallas; pero son de tal naturaleza los habitantes, que bastaría su valor para defenderla. Por falta de fuentes hay que servirse del agua del Ebro, en un gran trecho del cual no transitan las embarcaciones, temerosas de sufrir averías en los múltiples y peligrosos escollos que allí existen. Disfruta el Arzobispo sesenta mil escudos, y el virreinato es puesto de honor, que no disfruta de renta, desempeñado por señores de la grandeza, que a costa de su bolsillo sostienen el rango de su empleo para someter a pueblos de natural imperioso, poco afables con los extraños y tan poco expresivos que cada uno de sus habitantes preferiría estar solo en su casa toda la vida antes que dar los primeros pasos para contraer nuevas relaciones. Hay una Inquisición severa, cuyo establecimiento es magnífico, y unas Cortes muy rigurosas; lo cual no impide que aparezcan en este reino cuadrillas de bandidos, dispuestos a extenderse por toda España, y que no dan cuartel a los viajeros. Esos bandidos roban algunas veces mujeres jóvenes de buenas familias para obtener de sus padres pingües rescates, y cuando son hermosas las conservan en su poder, lo cual es para ellas la mayor desdicha que podía sucederles, pues ya siempre se ven obligadas a vivir entre gentuza ladrona, que las hospedan en guaridas espantables o las llevan sobre la grupa de un caballo, víctimas del amor o de los celos de sus amantes. Se cuenta de uno de tales hombres que llevaba una vez consigo a su querida, y perseguido por los soldados cayó al fin acribillado por los balazos de sus perseguidores. La dama, que por cierto era hija del marqués de Camarasa, Grande de España, intentó escapar en aquel instante, pero el moribundo asióla por los cabellos y le clavó un puñal en el pecho, para que nadie gozara de la belleza que adoró con frenesí.»

Sobre la palabra «flamenco»

Flamenco significa habitante de Flandes, en la actual Bélgica, de eso no hay ninguna duda. Pero ¿cómo diablos se ha llegado a llamar flamenco al cante gitano y flamencos a los propios gitanos?

Mi amigo, ya desaparecido, Carlos Almendros, en su magnífico libro *Todo lo básico sobre el flamenco* sostiene una original teoría.

«Con respecto a la explicación filológica de la palabra "flamenco", mucho se ha escrito, y también, fantaseado.

»Empeñados, desde hace tiempo, en buscar un motivo fundamentado y serio, que avalara la adopción del indicado término para designar el folklore de Andalucía, podemos ofrecer al lector el fruto de nuestro esfuerzo, con la exposición de cuanto sigue:

»En la Corte de Carlos V, nuestro rey flamenco (de Flandes), los cantores de su Capilla eran todos de Flandes. Nos lo dice la Historia de la Música.

»Tanto de las Casas de la Nobleza como de las diversas Catedrales, se acudía a los cantores flamencos, para nutrir sus respectivas Capillas.

»Pues bien: sucediendo que sólo se cantaba de modo solemne y, por así decirlo, profesional, en los ámbitos referidos, resultaba lógico y natural que el pueblo acostumbrara a considerar al flamenco (de Flandes) como sinónimo de "cantor".

»Y es de destacar que el Emperador llevaba siempre consigo, en sus diversos desplazamientos por España, a sus cantores flamencos para recrearse con su música y para que, con la misma, realzasen su presencia. Ello cooperó a que entre las gentes se extendiera la fama del flamenco-cantor; y el sinónimo se hubo de hacer, por fuerza, del dominio público. Queda avalado todo ello por la realidad incontestable siguiente:

»En los libros de Coro de la Casa de Medinaceli aparece consignada la palabra "flamenco" y "flamenco primero" al principio del pentagrama, y precisamente en el lugar destinado a las "voces" o cantores.

»Y es de señalar que, en razón de la parte que en la pieza musical se asigna a los "flamencos", éstos desempeñaban la voz más aguda: lo que vulgarmente se llama la "voz cantante".

»Queda así patentizado que el término "flamenco" llegó a tomar tal carta de naturaleza como sinónimo de "cantor" que el uso de tal denominación o sinónimo se empleaba de modo corriente en las partituras musicales.

»Luego vendrían a sustituir esta denominación los términos de "soprano" y "contralto", por influencia de la música italiana. Pero la realidad palmaria del término "flamenco" —ya en el siglo XVI— ahí queda, de modo inconfundible y significativo.

»Y fácil fue ya el paso o aplicación de la denominación "flamenco" a los cantores populares, por parte de las gentes. Tenemos un testimonio muy interesante, también del siglo XVI, que nos demuestra que los cantores populares, que amenizaban las fiestas profanas, eran asimismo empleados en las ceremonias y solemnidades religiosas. Las agrupaciones de tales cantores eran denominadas "Zambras".

»En su obra sobre los moriscos del Reino de Granada, pone el escritor Mármol Carvajal estas palabras en boca del paje del Arzobispo Talavera, al hablar de los gustos de su señor: "Nuestras bodas, zambras y regocijos no impiden en nada al ser cristianos. El Arzobispo se preciaba mucho de las zambras y holgaba que acompañasen al Santísimo Sacramento en las procesiones del día del Corpus Christi, y de otras solemnidades, donde concurrían todos los pueblos, a porfía unos de otros, cuál mejor zambra sacaban. Y en la Alpuxarra, andando en la visita, cuando decía Misa cantada, en lugar de órganos, que no los había, respondían las zambras; y le acompañaban de su posada a la iglesia. Acuérdome que cuando en la Misa se volvía al pueblo, en lugar de *Dominus vobiscum* decían en árabe *baraficum*, y luego respondía la zambra."

»Los cantores que de la forma antes descrita intervenían en las solemnidades religiosas, emplearían, sin duda, en ellas, melodías más o menos disfrazadas, parecidas a las que usaban fuera de las iglesias. Es un fenómeno que siempre se ha producido en toda clase de folklores nacionales.

»Y no hay que olvidar, por otra parte, la influencia que, forzosamente, hubo de ejercer el canto gregoriano interpretado en las iglesias por los eclesiásticos. Los cantores de las zambras, que en ellas lo aprendieron y en ellas lo interpretaban de modo habitual, acudirían a tal fuente de inspiración para enriquecer y dar variedad, a su manera, a su repertorio profano.

»Desde luego, por pocos conocimientos musicales que se tengan, se echa de ver al punto la gran semejanza que guardan las melodías gregorianas con los cantes flamencos primitivos, en particular con las "tonás", de un marcado sabor litúrgico.

»Partiendo de lo que antecede, habremos de insistir en que era lógico, por no decir obligado, el que a los cantores populares de las zambras les aplicase el pueblo la denominación de "flamencos", por analogía con los cantores por excelencia: los flamencos de Flandes.

»El que los textos de nuestros escritores costumbristas sean tan pobres en cuanto a consignar o explicar el término "flamenco" para aplicarlo a los cantores andaluces, no es óbice para admitir que el pueblo así los vendría designando, por el motivo antes señalado; motivo, insistimos, avalado por el importantísimo documento que hemos reproducido. Es más: cabe pensar que, por ser ello tan natural y del uso común, no tuvieran los escritores necesidad de extenderse sobre el particular.

»No desconocemos la realidad de que, por lo general, se considera al "gitano" como sinónimo de "flamenco". Esto, lejos de contradecir la teoría expuesta, viene a confirmarla. En efecto: Es cosa notoria la gran disposición que los gitanos tienen para el cante, y lo dado que son a exteriorizarlo. Para calificar esta especie de afán cantador, el pueblo les vendría aplicando la denominación del cantor en boga: el flamenco-cantor. Cosa lógica y natural.

»Es sabido que al gitano se le suele llamar, asimismo, "flamenco", por ser poseedor de un "garbo" y un "desplante" especiales.

»Se admite comúnmente que ello obedecería al hecho de que los flamencos que vinieron con Carlos V a España se conducían con el pueblo con cierto tono de superioridad y altanería; y las gentes, al constatar la actitud de arrogancia y garbo que los gitanos imprimen al arte (y que muestran hasta en su "marchoso" modo de caminar) los llamarían "flamencos" por su semejanza, en tal aspecto, con los flamencos dominantes.

»También por este camino (según hemos dicho) se corrobora nuestra teoría, por así decirlo, "musical"; ya que, si lo folklórico fue siempre el distintivo principal de lo gitano, también es cierto que en el folklore, o por mejor decir, a consecuencia del folklore, evidenció el gitano su tono de garbo y arrogancia. Podemos decir: el gitano es "dos veces flamenco"; por cantor, en primer lugar, y por rumboso, después.

»Fácil será deducir de todo lo expuesto que, por ser Andalucía donde siempre hubo mayor número de gitanos, se vino normalmente aplicando el término de "flamencos", con que se les designaba, a los cantaores, en general, que practicaban el folklore andaluz en sus diversas manifestaciones.»

El convento de Lerma

El convento de Lerma estaba cerca del castillo o, mejor dicho, del palacio ducal, y la condesa D'Aulnoy y sus acompañantes quisieron visitarlo. Un conserje los guió.

«Nos hizo atravesar una galería, al fin de la cual descubrimos una reja, en la que aparecieron luego varias religiosas bellas como soles, amables, regocijadas y jóvenes, que discurrían acerca de todo con sumo acierto.

»Hablaba yo con la abadesa cuando una niña entró a decirle algo en voz baja, y, hecho el recado, supe que una dama de alta calidad, hija de don Manrique de Lara, duque de Valencia, y viuda de don Francisco Fernández de Castro, conde de Lemos y Grande de España, vivía retirada en aquel convento, y cuando averiguaba que alguna dama francesa se detenía en Lerma le rogaba que la visitase. Prometí hacerlo y la niña le llevó mi respuesta.

»La dama se acercó a la reja poco rato después, vestida como las españolas de cien años ha. Llevaba chapines, que son una especie de sandalias que no aguantan mucho el pie, y con las cuales no es posible andar sin el apoyo de otra persona; sostenían a la condesa las dos hijas del marqués del Carpio, una rubia, cosa poco frecuente en España, y la otra con los cabellos negros como el azabache. Su hermosura me sorprendió, y para mi gusto sólo las encontré algo delgadas; pero esto no es un defecto en un país donde agrada ver los huesos dibujados a través de la piel.[1] El traje de la condesa de Lemos me pareció tan extraño que me impuso cierta preocupación. Aquella señora vestía una especie de corpiño de raso negro, abrochado con gruesos rubíes de un valor considerable, y tan subido el cuello como un ajusta-

1. Los españoles del siglo XIX y de comienzos del XX gustaban de mujeres rollizas y metidas en carnes. Ahora se ha impuesto el estilo de las *top-models*.

dor, con mangas estrechas rematadas en altas hombreras. Un espantoso guardainfante, que no le permitía sentarse como no fuera en el suelo, ahuecaba una falda bastante corta de raso negro, acuchillado profundamente con brocado de oro. Llevaba un cuello alechugado y un collar de magníficas perlas y diamantes. Sus cabellos eran blancos, pero los ocultaba cuidadosamente bajo una blonda negra. Tenía setenta y cinco años, y juzgué que había sido extraordinariamente bella; sus ojos brillaban aún y su piel estaba tersa, libre de la más insignificante arruga. Fuera difícil encontrar un carácter más delicado y más vehemente que el de la anciana condesa. Su talento chispeante y su hermosa figura, según me refirieron, habían lucido mucho entre la sociedad de su tiempo. Yo la contemplaba como se contempla una interesante antigüedad.»

Cómo se veía a la reina Cristina de Suecia en su tiempo

«El Rey de España envió a don Antonio Pimentel en calidad de Embajador a Estocolmo, para descubrir las intenciones de los suecos en cuanto le fuera posible. Desde mucho tiempo atrás se mostraban hostiles a la Casa de Austria, y no era dudoso que realizarían todo lo posible para contrariarla en su deseo de conseguir que fuera elegido Rey de romanos el hijo del Emperador. Encargóse Pimentel de realizar este propósito sutilmente, y, en efecto, con los atractivos de su figura, de su carácter y de su talento, llevó a término sus negociaciones mejor de lo que todos pudieran imaginar; y como conocía de antemano el caprichoso carácter de la Reina, ganó su confianza, seguro de que la novedad tenía para ella poderoso encanto, por lo cual, entre los muchos extranjeros que acudían a su Corte, siempre el último llegado era el más favorecido. Así formó un plan con objeto de agradarla y conquistó sus complacencias hasta el punto de lograr que la misma Reina le informase de asuntos muy secretos que no era prudente descubrir; pero se consiguen muchas ventajas y se adelanta muy rápidamente cuando se ha logrado interesar al corazón. El de la Reina se había sometido de tal modo a la voluntad de Pimentel, que lo gobernaba éste como un soberano, por lo cual pudo escribir al Emperador y a los electores en breve plazo noticias tan positivas y tan agradables que bastaban para suponer al Consejo de la Reina de Suecia extraño a la declaración que se había hecho en favor del Rey de Hungría. Consumada esta intriga, se creyó que el Rey ordenaría luego el regreso de don Antonio, porque ya no se ofrecía ningún asunto que reclamase la presencia de un Embajador; pero si era ya innecesario para el Rey que don Antonio residiera en Estocolmo, no era indiferente para la Reina, que trabajaba sin cesar, con la intención de conservarle a su lado. Siguióla desde entonces a todas partes el enviado del Emperador, y muchas gentes que se dejan engañar fácilmente por las apariencias creyeron que la Reina cedería gustosa el trono a su primo, porque no asomaron lágrimas a sus ojos ni temblaba su voz cuando arengó a sus vasallos con valentía y elocuencia. La muchedumbre no pudo traslucir los íntimos sentimientos de la Reina, que al hablar enérgicamente sentía penetrada su alma por vivo dolor, al resignarse a compartir con un príncipe palatino el cetro que había heredado legítimamente y sostenido con dignidad.

»El príncipe tuvo la precaución de hacer declarar que si la Reina debiera casarse le elegiría por esposo. Desde entonces ella empezó a sufrir las trabas y sujeciones que se la impusieron; por otra parte, no estaban satisfechos los vasallos de que los gobernara una joven soltera, y se preocupaban más de sus defectos que de sus buenas cualidades; el príncipe, solapadamente, fomentaba el disgusto de los vasallos, hasta que la Reina, no muy perspicaz en sus desconfianzas, lo advirtió, y al descubrir el afecto que mostraba su pueblo al príncipe, sintió celos, que pronto se transformaron en odio implacable. La compañía del príncipe se le hizo insufrible, y al notarlo él se retiró a una isla que le había tocado en herencia; pero no tomó esta resolución hasta que hubo sembrado entre sus adeptos fecunda semilla contra el proceder de la Reina.

»Cuando ésta se vio libre de aquél, cuya sola presencia le disgustaba, no se consagró a gobernar su reino, sino que, atraída por el cultivo de las buenas letras, se dedicó por completo al estudio. Su maravilloso talento hacía progresos admirables, pero seguramente le serían menos necesarios que un proceder atinado para salvar su gloria y sus intereses. Ocurrió con frecuencia que, después de haber transcurrido algunos días retirada en sus habitaciones, se mostraba displicente y decía que los autores eran unos ignorantes, porque su imaginación entumecida entumece la de los demás, y cuando los caballeros de la Corte la veían en tal disposición, se acercaban a ella con más confianza, y sólo se trataba ya de procurarse distracciones con el amor, las comedias, los bailes, los torneos, las cabalgatas y las cacerías. La Reina se entregaba en absoluto a placenteras voluntades; nada podía apartarla de aquellos fascinadores juegos; y a este defecto unió otro mayor, que consistía en enriquecer a los extranjeros a costa del Estado.

»Los suecos empezaron a murmurar; la Reina fue advertida; le parecieron las quejas injustas y poco respetuosas; quiso vengarse de los que la hostigaban, y lo hizo tan descaradamente que se castigó a sí misma. En efecto, cuando menos lo esperaba nadie, y cuando aún era tiempo de buscar remedio menos violento, abandonó de pronto la Corona y el reino a su primo, a quien no amaba, para quien deseó tanto mal y a quien hizo tanto bien. Ella no creyó que pudieran conocerse los motivos de su resolución, y quiso, con tan singular arranque de generosidad, distinguirse entre las heroínas más famosas de todos los siglos; pero, en efecto, su conducta no la distinguió en lo sucesivo más que para perjudicarla.

»Se la vio partir de Suecia vestida de bien extraño modo, con una especie de casaca, una falda corta, botas altas, un pañuelo atado al cuello, un sombrero con plumas y peluca, detrás de la cual los cabellos trenzados formaban un moño como se lo hacen las damas en Francia para preparar su tocado, y que producía un efecto ridículo. Prohibió a todas sus damas que la siguieran y escogió algunos hombres para servirla y acompañarla. De ordinario solía decir que no le gustaban los hombres porque fueran hombres, sino porque no eran mujeres. Pareció que abandonaba su sexo al abandonar sus Estados, pero no dejó de mostrar alguna vez debilidades amorosas de las que se avergonzara la más débil de las criaturas.

»Constante, Pimentel fue a Flandes tras ella, y como entonces estaba yo[1] en Flandes los vi llegar. Don Antonio me procuró

1. La condesa D'Aulnoy.

el honor de besar la mano de la Reina, y fue necesaria toda su influencia para conseguir tal merced, pues de antemano había hecho advertir Doña Cristina a todas las damas de Bruselas y de Amberes que no deseaba ni consentiría que fueran a visitarla; pero a pesar de tales rarezas me recibió con suma cortesía, y lo poquito que habló conmigo fue donoso y extraordinariamente oportuno; a cada momento juraba como un soldado; sus palabras y actitudes eran tan libres que casi podrían considerarse deshonestas; a tal punto que sin el respeto debido a su rango nadie las tolerara.

»A todos comunicaba su deseo apasionado por conocer al príncipe de Condé, al que admiró como a su héroe favorito, atraída por sus heroicas acciones, y se obstinaba en practicar bajo sus órdenes el arte de la guerra. No sentía el príncipe menores deseos de tratarla; pero en esta impaciencia de ambos, la Reina se detuvo un momento al tropezar en algunas formalidades y conveniencias que no quería tener presentes cuando el príncipe la visitase; y por este motivo no fue posible que se viesen con las acostumbradas ceremonias. Pero un día, cuando las habitaciones de la Reina estaban rebosantes de cortesanos, el príncipe se presentó sin hacerse anunciar. Ya porque hubiese visto un retrato suyo, bien porque su gallardía le distinguiera entre todos, lo cierto es que bastó a la Reina mirarle para estar segura de que era príncipe, y quiso probárselo con asiduas y extraordinarias atenciones.

»Él se retiró pronto; ella le siguió para despedirle, y entonces él se detuvo, y dijo: "Nada o todo." Poco después tuvieron una entrevista en Mail, que es el parque de Bruselas, donde una y otro hablaron con suma indiferencia y no escasa frialdad.

»Por lo que a don Antonio Pimentel se refiere, la afición que le manifestó la Reina es bastante conocida para que no haya llegado hasta vos, y creo no deba referírosla en detalle.»

El ingenio en la historia y en la literatura (I)

Ahora que el feminismo está más o menos de moda, pues por lo que veo las feministas ya no son tan exaltadas como antes y se muestran más sensatas y efectivas, bueno será recordar la anécdota contada por la feminista francesa Louise Weiss en su libro *Combats pour les femmes*: «Una morena de brillantes ojos entró un día en nuestra oficina, sede de la asociación La Mujer Nueva y se ofreció para ayudarnos. "Espero que mis referencias serán suficientes —dijo—, he matado a mi marido."

Y es que la mujer en el bien y en el mal supera siempre al hombre. Recuérdese lo sucedido en nuestra guerra civil.

En un libro sobre insectos se lee que, como entre los humanos, las hembras son más fuertes que los machos y si no se encuentran en estado de recibir un macho simplemente lo devoran.

Jules Renard decía que el feminismo consiste en no creer en el Príncipe Azul y Françoise Giroud sostiene que la mujer no será verdaderamente la igual del hombre hasta el día en que para un cargo importante se designe a una mujer incompetente.

Quizá ningún tema como el de la mujer ha hecho escribir tantos libros y ha sido origen de tantas reflexiones, y es que, bien o mal, el hombre, que en nuestra civilización machista ha llevado siempre la batuta, no encuentra tema más interesante, absorbente e importante que el de la mujer. Leyendo la historia uno se da cuenta de que las mujeres reflejan más claramente una época que los hombres, y si se ha dicho que detrás de un gran hombre hay siempre una mujer, la lectura de las crónicas de tiempos idos o de relatos de nuestros días nos confirman la verdad del aserto.

En el siglo XVIII un escritor, Drouet de Maupertuis, decía que las mujeres no aman ni a sus maridos, ni a sus hijos, ni a sus amantes, sino que se aman a sí mismas, y otro autor del mismo siglo afirmaba que la mujer había sido sacada de una costilla de Adán cerca de su brazo para ser protegida y cerca de su corazón para ser amada.

Se ha hablado mucho de la mujer objeto, pero no es en brazos de los hombres cuando ellas se sienten objeto sino ante los ojos del médico.

La humanidad masculina se reparte en dos grupos: arena o acantilado. La mujer es siempre el océano.

«Las mujeres y los diablos caminan por una senda», escribió Ruiz de Alarcón, pero un autor anónimo dice que ni siquiera el diablo puede atar la lengua de una mujer, y es que en realidad el hombre no habla con el mismo vocabulario que la mujer, y especialmente cuando se trata de sentimientos las mujeres dan a las palabras otro valor y otro significado.

La vida de las mujeres puede ser repartida en tres fases: sueñan con el amor, practican el amor y añoran el amor.

No hay como las mujeres feas para encontrar defectos en las mujeres hermosas.

Una dama francesa del refinado siglo XVIII decía que los hombres admiran la virtud femenina pero les subyuga la coquetería.

Dos amigas hablando de una tercera decían:

—Fulana ha muerto.

—Ahora, ¿de quién hablaremos mal?

Un autor francés recordaba haber oído hablar de dos mujeres que se amaban sinceramente y vivían en paz sin hablar mal la una de la otra aunque eran jóvenes: una era sorda y la otra ciega.

Como sostenía un autor inglés, el amor de la mujer está escrito en el agua, y la fidelidad de la mujer está escrita sobre la arena.

El lector podrá pensar que quien recoge estas frases es un misógino; todo lo contrario, soy un entusiasta de las mujeres y siento por ellas un gran cariño y respeto. Como la palabra feminista ha tomado un cariz especial diré que soy mulierista. Creo en la igualdad de derechos entre el hombre y la mujer, pero sólo creo en esta igualdad, pues los dos sexos no son iguales sino complementarios. Si en las frases recogidas se constata un indiscutible machismo cúlpese a cinco mil años de civilización que han considerado a la mujer como un ser adorable pero peligroso.

Un hombre que gustó siempre de las mujeres fue Honoré de Balzac; de sus obras extraigo los siguientes pensamientos:

«El instinto en las mujeres equivale a la perspicacia de los grandes hombres.»

«Ninguna mujer gusta de oír el elogio de otra mujer; en este caso se reservan la palabra final a fin de avinagrar el elogio.»

«Sentir, amar, sufrir, sacrificarse será siempre el texto de la vida de las mujeres.»

«Los errores de la mujer derivan casi siempre de su fe en el bien o de su confianza en la verdad.»

«La mujer tiene de común con el ángel que los seres que sufren le pertenecen.»

«Un hombre por malicioso que sea no dirá nunca de las mujeres tanto bien ni tanto mal como ellas mismas.»

«La mujer es la reina del mundo y la esclava del deseo.»

«Una mujer virtuosa tiene en el corazón una fibra de menos o de más que las otras mujeres: o es estúpida o es sublime.»

«Quien sabe gobernar una mujer sabe gobernar un estado.»

Muy acertada visión de los hombres que se las dan de don Juan es la de un autor italiano, Baretti: «Muy equivocados en cuestión de mujeres están aquellos hombres que no saben que ellas aprecian más ser alabadas por sus cualidades mentales que por las corpóreas.»

Alejandro Dumas, padre, en su drama *Los mohicanos de París*, representado por primera vez en 1864, hizo popular una frase que generalmente se pronuncia en francés: «*Cherchez la femme*» (Buscad a la mujer). En el acto tercero, cuadro quinto, escena séptima, un policía dice: «En todos los asuntos hay una mujer; en cuanto leo el expediente digo: ¡Buscad a la mujer! Se busca a la mujer y cuando se la ha encontrado no se tarda en encontrar al hombre.»

Esta frase ha sido atribuida a muchos personajes, pero el original puede encontrarse nada menos que en Juvenal, el cual, en una de sus sátiras, escribió: «No hay causa alguna que una mujer no la mueva.»

Digan lo que digan los hombres es siempre la mujer la que les gobierna.

La compañía habitual de las mujeres es tan peligrosa como el uso inmoderado del vino: mata moralmente.

Hay siempre un rincón de silencio en las más sinceras confesiones de las mujeres.

Físicamente, ¿cómo debe ser la mujer? Las modelos de hoy en día hubiesen parecido flacas y sin interés a nuestros abuelos o bisabuelos, que gustaban de rotundas formas. Una vez se pidió a diversos modistas franceses que imaginasen un vestido para la Venus de Milo. Lo intentaron y al final decidieron por unanimidad que sus formas no correspondían a los cánones de belleza actual.

He aquí lo que hace siglos Brantôme consideraba perfecto:

«Para que una mujer sea hermosa y perfecta debe tener treinta bellezas. Tres cosas blancas: la piel, los dientes y las manos; tres negras: los ojos, las cejas y las pestañas; tres rojas: los labios, las mejillas y las uñas; tres largas: el cuerpo, los cabellos y las manos; tres cortas: los dientes, las orejas y los pies; tres anchas: el pecho, la frente y el espacio entre las cejas; tres estrechas: la boca, la cintura y los tobillos; tres gruesas: el brazo, los muslos y las pantorrillas; tres sutiles: los dedos, los cabellos y los labios; y tres pequeñas: los pezones, la nariz y la cabeza.»

Como dice una amiga mía, Brantôme era un tanto exigente. ¿Estarían de acuerdo los hombres de hoy con esta descripción?

Lord Byron, que vivió siempre buscando el amor de las mujeres, afirmaba que en su primera pasión la mujer ama al amante y en las otras lo que ama es el amor.

He aquí unos versos de Calderón:

Que entre ingenio y hermosura
el que puede elegir, debe,
si para dama la hermosa,
para mujer la prudente.

Y del mismo Calderón dos citas más:

Venciste mujer venciste
con no dejarte vencer.

Y

El que va a decir mujer
empiece a decir mudanza.

Y por su parte Chamfort escribe: «Es necesario escoger: amar a las mujeres o conocerlas, no hay término medio.» La frase que sigue, del mismo autor, irritará a las feministas: «Las mujeres en el cerebro tienen una célula de menos; en cambio tienen una fibra de más en el corazón.» Y para rematar opina que por mal que un hombre pueda pensar de las mujeres no hay mujer que no piense todavía peor.

Anecdotario (II)

Un joven amigo de Francis de Croisset estaba a punto de casarse y el escritor le dijo:

—No sé si tu mujer es hermosa o fea, pero escucha bien. Si es hermosa no se lo digas pues es inútil, ya que lo sabe antes que tú. Dile en cambio: «Eres muy inteligente.» Y ella lo creerá porque lo espera. Si, en cambio, es fea entonces debes decirle frecuentemente: «Oh, qué hermosa eres», y ella pensará: «Me he casado con un alma de artista.»

Una señora le dijo a Francis de Croisset:

—Lo que amo sobre todo es la sinceridad.

A lo que el escritor respondió:

—Eso debería decirlo sin maquillaje.

El gran jurisconsulto Cujas tenía una hija preciosa, a la que gustaban mucho los hombres, y los alumnos de su padre se dedicaban a cortejarla diciendo:

—Vamos a consultar las obras de Cujas.

Andrés Dacier fue un gran filólogo francés que editó los clásicos griegos y romanos expurgándolos de los pasajes que juzgaba no aptos para la educación del delfín de Francia, y por eso llamadas *ad usum Delphini*, nombre que conservan todavía en bibliografía las obras expurgadas. Le preguntaron un día si prefería Homero o Virgilio, y respondió:

—Homero es más hermoso al menos de mil años.

El emperador Enrique V de Alemania declaró la guerra al rey de Polonia, y queriendo asustarle le mandó embajadores para decirle que si no cedía por las buenas enviaría contra él tantos soldados que no cabrían todos juntos en Polonia. El rey Venceslao respondió simplemente:

—Mandad los soldados que queráis, encontraremos tierra para enterrarlos a todos.

Enrique VIII de Inglaterra, que hizo decapitar a dos de sus esposas, después de la ejecución de Ana Bolena pidió la mano de la duquesa Cristina de Milán, sobrina del emperador Carlos V, que por aquel entonces había quedado viuda. A la duquesa no le agradaba afrontar una unión tan peligrosa, y en respuesta al enviado del rey dijo que solamente poseía una cabeza y le era absolutamente necesaria.

Un día que el rey Enrique III de Francia pasaba por la calle de Saint Honoré hacia la Croix du Trahoir donde se ejecutaba a los condenados a muerte, uno de éstos, a quien el verdugo se disponía a ahorcar, al ver al rey empezó a gritar:

—Perdón, Señor, tened piedad de mí, perdón.

Enrique III se informó de lo que había hecho aquel desgraciado y viendo que no merecía compasión dijo, antes de proseguir su camino:

—Esperad que haya rezado sus oraciones. No lo ejecutéis hasta que haya pronunciado su *in manus*.

Al oír esto el condenado juró que no diría nunca esa oración, y se obstinó tanto que el verdugo y sus ayudantes no sabían qué hacer.

—No, es demasiado difícil. No puedo pronunciar esas palabras.

—Te las diremos nosotros, miserable, no tienes más que repetirlas.

—Imposible, no sé pronunciarlas, son demasiado difíciles.

Fue preciso recurrir al rey, el cual se echó a reír, divertido por la astucia.

—No imaginaba que con aquel pícaro se tuviesen que medir las palabras. Me ha cogido en la trampa y es necesario tener paciencia. Palabra de rey no puede retirarse. Mantengo lo que he dicho y le concedo el perdón, esta vez sin condiciones.

Quizá el mejor elogio que puede recibir un actor teatral se resume en las palabras que una mujer del pueblo dirigió al actor italiano Ferravilla, cuando le encontró por la calle mientras se dirigía al teatro y le preguntó:

—Dígame la verdad, ¿nos hará reír?

—Sí, sí, esté segura.

—Ay, gracias, si supiese... Este año hemos tenido tantas desgracias en la familia.

El famoso autor teatral francés Bernstein era judío, y discutiendo un día con el gran dibujante también francés Forain, sobre semitismo y antisemitismo, exclamó:

—Al fin y al cabo vuestro Jesucristo era hebreo.

Y Forain respondió con calma:

—Sí, por humildad.

Cuando el pintor Degas se abonó al teléfono, Forain, que era enemigo de esta novedad, hablando de su amigo decía con desprecio:

—Figuraos que ahora le llaman con una campanilla y él va como si fuese un criado.

Una anécdota italiana del siglo pasado que hoy, cuando escribo —octubre de 1995—, tiene actualidad en nuestro país.

Un individuo perteneciente a una sociedad provinciana fue encargado de pedir al presidente del Consejo de Ministros, que era entonces Alessandro Fortis, una ayuda económica para que la sociedad subsistiera.

—¿Y de dónde quiere usted que saque el dinero para este subsidio?

—De los fondos secretos —sugirió el otro.

—Bueno, se lo diré —respondió el ministro—, son tan secretos que ni siquiera yo he llegado a saber dónde se encuentran.

Un día san Francisco de Sales había conversado largamente con una señora de la corte y un amigo le preguntó si la señora era hermosa.

—¿Hermosa? —respondió el santo prelado—. No lo sé.

—¿Cómo es posible? ¿No la habéis visto?

—La he visto, pero no la he mirado.

Anatole France decía de su amiga la señora De Caillavet:

—En todos los reinos de la naturaleza el cuerpo más pesado es el de la mujer que ya no se ama.

Carlos I de Inglaterra, perseguido por las tropas de Cromwell, se refugió en Escocia, pero los escoceses le vendieron al enemigo por dos millones. Cuando lo supo el rey prisionero, exclamó:

—Es mejor estar con los que me han comprado que con aquellos que me han vendido.

Una marquesa, convencida feminista, decía en su salón:

—Día llegará en que los países serán gobernados por las mujeres.

En aquel momento entraba José Chamberlain, el célebre político inglés, que se inclinó para besar la mano de la marquesa y replicó:

—Lo que no será nada nuevo.

Se hablaba del público en presencia de Nicolás Sebastián Roch, llamado Chamfort, un literato francés nacido en 1741 y muerto en 1794, que señaló:

—Un momento, antes hay que establecer cuántos tontos son necesarios para hacer un público.

Lo cual me recuerda una anécdota de Aristides Briand, que al ver un gran rebaño de ovejas exclamó:

—¡Qué maravilloso electorado!

Alguien decía a Chamfort que no había hecho más que una sola tontería en su vida.

—¿Y cuándo terminará? —preguntó Chamfort.

Chateaubriand opinaba que en el matrimonio era necesario que tanto el marido como la mujer hiciesen concesiones mutuas, y recordaba:

—Mi mujer quiere cenar a las cinco de la tarde, yo a las siete, así que cenemos a las seis... y nos fastidiamos mutuamente.

El mismo escritor afirmaba:

—Soy borbónico por sentimientos de honor, monárquico por convicción razonada y republicano por temperamento.

Gabriela Emilia Le Tonnelier de Breteuil, marquesa du Châtelet, fue durante muchos años la amiga íntima de Voltaire. Era mujer muy culta y de muy buenos sentimientos. Un día le entregaron un opúsculo en que se hablaba mal de ella, y no quiso leerlo.

—Si el autor ha perdido su tiempo escribiendo tonterías —dijo— no quiero perder el mío leyéndolas.

Después supo que el autor había sido condenado a prisión por deudas; las pagó y no quiso que él se enterase de su buena acción.

Legendaria historia de la muerte de Felipe III

Un cortesano de la corte de Carlos II narra lo que sigue:

«El Rey murió víctima de las etiquetas extremadas de nuestra Corte. Figuraos que Don Felipe III despachaba su correspondencia, y como hacía bastante frío, le pusieron un brasero a corta distancia, de manera que todo el calor le daba en el rostro, por lo cual sudaba copiosamente, como si le hubieran echado agua sobre la cabeza. La dulzura de su carácter no le permitió quejarse de aquella incomodidad, de la que no habló siquiera, porque nunca le parecía mal ordenada ninguna cosa; pero, advertido el marqués de Tovar de la molestia que tan intenso calor causaba al Rey, se lo comunicó al duque de Alba, gentilhombre de cámara, para que mandase retirar el brasero; el duque de Alba dijo que aquel cuidado no le correspondía, por depender de otro destino, y añadió que era necesario hacérselo presente al duque de Uceda. El marqués de Tovar, inquieto al ver sufrir al Rey, tampoco se atrevió a favorecerle, temeroso de que se le reprocharan por el ejercicio de un cargo que no era el suyo, y, sin tocar el brasero, mandó que avisasen al duque de Uceda, quien, desgraciadamente, no estaba en Madrid, porque había ido a ver las obras de una magnífica residencia que tenía en construcción a poca distancia de la villa. Recibido este recado, el marqués propuso nuevamente al duque de Alba que apartase el brasero, pero hallóle inflexible: creía conveniente, antes de resolver nada, enviar un recado al duque de Uceda; y cuando éste llegó apresuradísimo, el Rey, a fuerza de sudar, estaba casi extenuado. Aquella noche tuvo fiebre alta y se presentó una erisipela que, agravándose por momentos, ocasionó la muerte del Rey.»

¿Verdad? ¿Mentira? Lo más probable es que se trate simplemente de una exageración.

El conde de Villamediana

Cuando a la condesa D'Aulnoy le hablan del conde de Villamediana dice a su interlocutora, la condesa de Lemos:

«—Este nombre, señora, no me puede ser desconocido, y oí referir que una vez, al dar el conde una moneda de oro en la iglesia de Nuestra Señora de Atocha a un fraile que pedía para las almas, éste le dijo: "¡Ah!, señor, habréis sacado un alma del Purgatorio.»" El conde puso entonces otra moneda en el plato. "Ya librasteis a otra infeliz alma de sus penas", dijo el reverendo, y así sucesivamente depositó el conde, una tras otra, seis monedas de oro en el plato, mientras a cada una el fraile decía: "¡Otra infeliz alma sale del purgatorio!" "¿Me lo aseguráis?", dijo el conde. "¡Oh!, señor —le respondió sin vacilar el fraile—. Puedo aseguraros que ya están seis almas en el cielo." "Pues devolvedme las monedas —añadió el de Villamediana—, que de nada pueden ya servir, porque si las almas entraron en el cielo es muy seguro que no volverán al purgatorio."

»—El suceso aconteció como acabáis de referirlo —dijo la condesa—; pero mi pariente no retiró su dinero, pues tal acción entre nosotros no es concebible. La devoción que consagramos a las almas del Purgatorio nos parece la más recomendable, y en ocasiones se toma tan a pecho que recuerdo a un hombre de noble alcurnia quien, a pesar de hallarse bastante atrasado de intereses, ordenó al morir que se le dijeran 15.000 misas. Su postrera voluntad fue realizada, y se pagó aquel sufragio con el dinero que honradamente correspondía a los desdichados acreedores; pues por muy legítimas que sean las deudas, no se cuenta con ellas hasta que las misas indicadas en el testamento están satisfechas; y esto ha dado lugar a la conocida frase: "Fulano dejó a su ánima por heredera."

»Felipe IV ordenó que se le dijeran 100.000 misas, y quiso que si no le fuesen todas necesarias, pudieran aplicarse por sus padres, y si éstos gozaran ya de la gloria celestial, por las almas de los muertos en las guerras de España.

»Pero lo ya referido del conde de Villamediana me recuerda que, hallándose otro día en la iglesia con la Reina Isabel, vio sobre un altar mucho dinero ofrecido a las almas del purgatorio; acercóse, y dijo al tomarlo: "Mi amor será eterno; mis penas también serán eternas; las de las almas del purgatorio tienen fin y las mías no acabarán; a ellas las alienta una esperanza y a mí no hay esperanza que me aliente; por lo tanto, limosnas como estas que se les destinan, mejor ganadas las tengo yo." Y puede suponerse que volvió a dejar el dinero que le había dado fácil ocasión para referirse a sus desventurados amores en presencia de la hermosa Reina. Tan enamorado estaba de ella el conde, que si no mediara su virtud austera para garantizarla contra los méritos del pretendiente, sin duda le hubiera correspondido. El de Villamediana era joven, hermoso, valiente, arrogante, galanteador y genial; nadie ignora que, por desdicha suya, en un torneo se atrevió a presentarse vestido con un traje bordado con reales de plata y esta divisa: "Mis amores son reales", con lo que aludía desenfadadamente a la pasión que le inspiraba la Reina.

»El conde-duque de Olivares, favorito del Rey y encubierto enemigo de la Reina y del conde, hizo notar a su señor la temeridad del caballero, que se atrevía en su presencia, y públicamente, a declarar su pasión desatinada, y desde aquel momento aconsejó al Rey la venganza. Tratóse de aprovechar una oportunidad para no infundir sospechas, pero nuevas declaraciones apresuraron los acontecimientos. Como el de Villamediana dedicaba todo su ingenio y sus aptitudes a complacer y agradar a la Reina, compuso una comedia, que todos alabaron, pero especialmente a Doña Isabel parecióle tan hermosa, y descubría en sus versos tal sentimentalismo y tanta delicadeza, que se propuso representarla para celebrar el aniversario del Rey. El enamorado conde dirigía la fiesta y mandó hacer los trajes y construir maquinaria, que le costaron 30.000 escudos. Había hecho pintar una gran nube, y cuando la Reina estaba debajo de la tela, escondida en una máquina, no lejos de allí, el conde hizo una señal, bien entendida por aquel a quien se dirigía, y la nube ardió, corriéndose pronto el fuego a toda la casa, que valía 100.000 escudos. Pero al conde no le importaban las pérdidas una vez conseguido su objetivo: salvar a la Reina en sus brazos, conducirla por una escalera interior y obtener algunos favores. Un paje lo vio y lo refirió al conde-duque, que no dudaba de lo que sucedería desde que se produjo el incendio; y atenido a muy arteras pesquisas, pudo presentar al Rey pruebas indudables, las cuales de tal modo enfurecieron su cólera que, según dicen, mandó asesinar a Villamediana de un pistoletazo una tarde,[1] cuando iba en su carroza con don Luis de Haro. Puede asegurarse que ha sido el conde de Villamediana el caballero de más gallarda figura y de más briosa inteligencia de la Corte; su memoria es todavía reverenciada por los amantes desventurados.

»—¡Muy lamentable fue su muerte —dije—; pero no creía yo que un mandato del Rey la causara, y siempre oí decir que tuvo parte la familia de doña Francisca de Tavara, portuguesa muy amada por el conde y dama de Palacio.

»—No —prosiguió la condesa de Lemos—, no dudéis que se produjo aquella desgracia como acabo de referiros, y, pues os hablo de Felipe IV, me parece oportuno añadir que una de las mujeres a quien el Rey amó con más apasionamiento fue la duquesa de Alburquerque. La tenía su marido muy bien guardada, pero las dificultades aumentaban la afición del Rey en lugar de vencerla, y de día en día eran sus deseos más ardientes. En una ocasión, mientras jugaba, y en lo más interesante de la partida,

1. En realidad el conde de Villamediana murió de resultas de un disparo de ballesta.

fingió acordarse de un asunto urgentísimo que sin demora debía despachar, y encargó al duque de Alburquerque que le reemplazase mientras él se ausentaba. Salió precipitado, tomó una capa y, por una escalera secreta, fuese a ver a la joven duquesa, acompañado por el conde-duque de Olivares. El duque de Alburquerque, más cuidadoso de sus propios intereses que del juego del Rey, vio en aquello motivo para sospechar y temer una sorpresa, por lo cual se fingió acometido por dolores horribles, entregó a otro las cartas que tenía en la mano y se retiró a su casa. Acababa el Rey de llegar sin acompañamiento; cuando aún estaba en el patio, vio que se acercaba el duque y se ocultó, pero no hay ojos más penetrantes que los de un marido celoso. Éste imaginó hacia qué parte andaba el Rey, y sin pedir luces, para no verse obligado a reconocerle, llegóse con el bastón levantado, a la vez que gritaba: "¡Ladrón! Vienes a robar mis carrozas." Y sin más explicaciones le sacudió lindamente. El conde-duque no se libró tampoco de sufrir tan vil trato, y temeroso de que tomara peor giro el suceso, repetía que allí estaba el Rey, para refrenar al duque su furia; pero el duque redoblaba los golpes en las costillas del Rey y del ministro, y a la vez repetía que ya era el colmo de la insolencia emplear el nombre del Rey y su favorito en tal ocasión, y que ganas le daban de llevarlos a palacio para que Su Majestad el Rey los mandara inmediatamente ahorcar. Al fin de tanto alboroto pudo huir el Rey, furioso por haber sufrido tan inesperada paliza, sin recibir de la dama el más insignificante favor. Todo ello, con ser tan grave, no hizo caer en desgracia al duque de Alburquerque; muy al contrario, sirvió para que desistiera el Rey de sus propósitos, y olvidado ya de sus pretensiones amorosas hiciera del duro lance motivo de risa.»

El ingenio en la historia y en la literatura (II)

No hay duda de que el matrimonio ha dado, como la mujer, quebraderos de cabeza a todos los hombres del mundo, unos porque se han casado, otros porque permanecen solteros; y no recuerdo en este momento quién dijo que el matrimonio era como una casa en la cual los que están fuera quieren entrar y los que están dentro quieren salir.

Es frase popular decir que el patrimonio es el conjunto de bienes y el matrimonio el conjunto de males, pero como cada uno habla de la feria según le fue en ella, es de suponer que unos por haberles salido mal y muchos otros por no confesar que les ha salido bien hablan del matrimonio con cierto cinismo y amargura. Creo que en realidad hay más comedia que realidad en las frases antimatrimoniales.

Como decía un autor italiano al saber que un amigo suyo se había casado: «¿Cómo, se ha casado? ¡Y yo que le había dejado en perfecta salud!»

Bacon recordaba que fue reputado por sabio aquel que a la pregunta de cuándo un hombre debía casarse respondió: «De joven todavía no, viejo ni en sueños.» Y el mismo autor, en otro pasaje de sus ensayos, escribió que las mujeres son amantes de los jóvenes maridos, compañeras en la virilidad y enfermeras para los viejos.

Balzac tiene un libro titulado *Fisiología del matrimonio* en el que afirma que el matrimonio es un combate a muerte antes del cual los esposos piden la bendición de Dios porque amarse para siempre es la más temeraria de las empresas.

El mismo Balzac añade que el matrimonio une para toda la vida a dos seres que no se conocen. Esta frase puede parecer pasada de moda porque los jóvenes de hoy creen conocerse íntimamente con facilidad, pero no saben que uno cree casarse con su novia y se casa con su mujer. Y lo mismo puede decirse de la mujer que cree casarse con su novio y se casa con su marido. Todos los casados comprenderán fácilmente la diferencia.

Del mismo Balzac es una frase que creo muy importante: «El matrimonio debe combatir sin tregua un monstruo que lo devora todo: la costumbre.» Para que ello no suceda se ha de hacer que en el matrimonio todo sea nuevo cada día.

La Biblia, en su libro de los *Proverbios*, dice que es mejor habitar en un país desierto que cohabitar con una mujer litigante y fiera.

Se habla del santo matrimonio con razón, porque cuenta con muchos mártires.

Burton afirma de uno de sus amigos que no se casó nunca y

esto fue su infierno, y de otro que se casó y eso fue su condenación.

Me gustaría saber cuántas personas se casan enamoradas y cuántas ilusionadas. Las ilusiones resisten menos tiempo que el amor, pero como recuerda Chamfort, lo más razonable que se ha dicho sobre el celibato y el matrimonio es: «Hagas lo que hagas te arrepentirás.»

Una frase de Disraeli, atribuida a multitud de autores: «He pensado siempre que todas las mujeres deberían casarse, pero no los hombres.» Alejandro Dumas, hijo, afirma que la cadena del matrimonio es tan pesada que es necesario ser dos para llevarla, y a veces tres.

¿Por qué se critica tanto a los matrimonios entre personas separadas por muchos años de edad? Los que se casan con una vieja o aquellas que se casan con un viejo simplemente en espera de sepultarlo se ahorcan esperando que alguien corte la soga. Pues nada es más despreciable que un cazador de dotes.

Nada necesita tanta ficción como un feliz matrimonio, dice un autor alemán, que añade que es feliz la unión en la que el marido es la cabeza y la esposa el corazón.

El autor alemán Heinrich Heine, tan lúcido siempre y tan escéptico muchas veces, opinaba que quien se casaba era como el Dux de Venecia, que cada año celebraba sus bodas con el mar lanzando al agua un anillo nupcial, y que no sabía que había dentro de la esposa: tesoros, perlas, monstruos ignorados, tempestades.

Es necesario escoger por esposa a la mujer que se escogería por amigo si fuese un hombre, afirma Joubert, y Alfonso Karr proclama que se llama matrimonio de conveniencia un matrimonio entre personas que no se convienen en absoluto.

El moralista francés La Bruyère afirma que pocas mujeres son tan perfectas que logren que su marido no se arrepienta por lo menos una vez al día de haberse casado o no considere feliz a aquel que no lo ha hecho. La Rochefoucauld sostiene que hay buenos matrimonios pero no hay ninguno que sea delicioso. Y es que la mayor parte de los hombres no ven en el matrimonio otra cosa que un acontecimiento más de la vida y no piensan que se trata del acontecimiento de toda la vida.

Como máximo vive en el mundo una sola mujer desagradable; lástima que todos los hombres crean que es la suya.

¿Queréis saber lo que hace un buen matrimonio? La sensualidad en la juventud, la costumbre en la madurez y la necesidad recíproca en la vejez.

El amor es un arpa eolia que suena por sí sola; el matrimonio es un armonio que suena sólo pedaleando.

El inefable, y para mí indiscutible Montaigne, escribe: «El encuentro poco ventajoso que un hombre busque una mujer que le aporte una gran dote: no hay deuda extraña que lleve más ruinas a la casa.» Ya el viejo Horacio decía que una mujer con dote es ama de su marido, y Ovidio: «Si quieres casarte bien cásate con una igual.» Y un autor moderno proclama: «No te cases con una mujer por su dinero, sale más a cuenta pedirlo prestado.»

Tienen razón aquellos que llaman a su esposa «mi mitad», porque un hombre casado no es más que la mitad de un hombre. Este pensamiento es de Romain Rolland.

Un autor alemán, Saphir, afirma que el aburrimiento es más viejo que el amor. Cuando Adán estaba solo en el Paraíso, sin la mujer, y no conocía el amor, se aburría y se durmió. El sueño provocado por el aburrimiento es poco higiénico y Adán lo comprendió, pues durante su sueño le nació la mujer y cuando despertó se encontró casado. El mismo autor, en otro libro, insiste sobre el tema diciendo que el primer sueño tranquilo de Adán fue también el último: se despertó y encontró a una mujer a su lado.

Este autor es bastante cínico al hablar del matrimonio, del que dice que es la tumba del amor y la mujer la cruz que lo proclama. Afirma también que todo el mundo debe casarse pues no es lícito sustraerse egoísticamente a una calamidad general. Más todavía: en el matrimonio la mujer adopta el nombre del marido como un vencedor el nombre de la batalla ganada. Y también: las mujeres consideran el matrimonio como una comedia que empieza con el casamiento; los hombres como una tragedia que cesa con la muerte.

El anillo da fe del matrimonio y son los anillos los que forman una cadena. Así escribe Schiller en su drama *María Estuardo.*

«De todas las acciones de la vida de un hombre su matrimonio es la que debe importar menos a los demás, pero entre todas las acciones de nuestra vida donde los demás meten más la nariz es en el matrimonio.» La frase es de un autor de lengua inglesa llamado Selden del que desconozco más detalles.

Es curioso hacer notar que un viudo cuando se casa busca en general una mujer parecida a la difunta, mientras que una viuda busca un hombre distinto a su primer marido.

Hipólito Taine, en su poco conocida obra *Vida y opiniones de M. Graindorge*, afirma que los hombres y las mujeres se estudian tres semanas, se aman tres meses, se pelean tres años, se toleran treinta años y sus hijos vuelven a empezar. Y también que en todo matrimonio hay una llaga que es como un gusano en una manzana, y que el niño guía a la mujer, que guía al hombre, que guía los negocios.

Es curiosa la comparación que hace Tolstoi a propósito del matrimonio: la vida conyugal es una barca que lleva a dos personas en un mar tormentoso; si uno de los dos hace un movimiento brusco la barca se hundirá.

El matrimonio es como la muerte: pocos llegan a ella preparados.

La única solución para un matrimonio sin amor es el amor sin el matrimonio.

En el matrimonio se ha de procurar hacer feliz al otro, porque si se espera que el otro te haga feliz puede fácilmente resultar que ambos se encuentren solos e infelices.

Anécdotas musicales (II)

¿Quién se acuerda hoy de Raimondi, el gran Pietro Raimondi, maestro *di capella* en San Pedro de Roma, amigo y protegido de Franz Liszt? Raimondi legó al mundo un catálogo de obras insuperado en extensión y extravagancia. Componer óperas u oratorios, aunque fueran supercolosales, no bastaba para satisfacerle. Durante su vida escribió 62 grandes óperas, 20 ballets, 8 oratorios, 4 misas, varios Réquiems, Tedéums, Misereres, Stábat Máters, Tántum Ergos y puso música al libro completo de los *Salmos*. Como contrapuntista escribía con tan fácil naturalidad que provocaba la envidia de cualquier estudiante de música. Entre sus 50 Fugas, hay una (Riemann la llama «el non plus ultra en cantidad de voces») a 64 partes, para coro de 16 voces; una combinación que da vértigo nada más de verla.

Su *piéce de resistence*, sin embargo, era una trilogía de oratorios: *Putifar, Faraón* y *Jacob*. Aunque cada uno de ellos constituye una obra separada, Raimondi consideraba que la culminación de su carrera consistía en ejecutar los tres en una sola sesión. Después de una labor titánica para reunir no sólo un ejército de solistas, coristas e instrumentistas, sino también un auditorio benovelente y lleno de paciencia, consiguió su glorioso objeto; las tres obras, bajo el título *José*, fueron presentadas juntas en el teatro Argentina de Roma. Fue un formidable éxito para el compositor; su último éxito.

Exhausto después de concebir, organizar y dirigir la ejecución de tan vasta obra, Raimondi fue languideciendo lentamente hasta morir en la paz del Señor.

También Lorenzo Perossi fue maestro *di capella* en San Pedro de Roma y la mayoría de sus obras han caído en el olvido. Pero no ha desaparecido todavía una generación que le consideró como uno de los más grandes de la música. Se escribieron libros sobre su personalidad, se dedicaron análisis didáctidos a sus obras, y Romain Rolland saludó en él el advenimiento de un genio musical de primera magnitud.

En los años del último cambio de siglo no hubo seguramente otra personalidad musical que provocara más sorpresa e interés que este joven sacerdote, modesto e inteligente. Tenía veintiséis años y era delgado, moreno y elegante, cuando en 1899 sus primeros oratorios fueron publicados y acogidos con entusiasmo en Milán, Londres, Viena y París. El papa León XIII le encargó, insistentemente, la organización de toda la liturgia musical; viose colmado de honores y fue recibido cordialmente por todos los monarcas europeos.

Empezó a producir una enorme cantidad de música. Oratorios, todos sobre textos latinos; sinfonías, obras corales y para órgano fluían incesantemente de su pluma, hasta que un día, en

1917, el mundo se enteró, por una breve noticia periodística, que Lorenzo Perossi había sufrido un trastorno mental y había sido necesario recluirlo en una institución... Y así, inesperada y sorprendentemente como había aparecido, Perossi pasó al olvido, arrastrando con él la obra de su vida. En 1952 el mundo musical se enteró, con sorpresa y complacencia, de que continuaba viviendo y, con motivo de cumplir los ochenta años de edad, había recibido la bendición del Papa.

Fue necesario que pasaran más de tres siglos para que Carlo Gesualdo, príncipe de Venosa, fuera reconocido como una de las más grandes figuras de la música. Sólo la aparición de pianistas intrépidos como Liszt, Wagner, Debussy y Strauss, y las investigaciones fascinantes de Cecil Gray y Philip Heseltine, hicieron que el mundo tomara conciencia de que muchos años antes, alrededor de 1600, había vivido en Nápoles un hombre que fue un compositor de los que hacen época, pero al mismo tiempo un sanguinario asesino por partida doble.

A los veintiséis años Gesualdo se casó con doña Ana de Ávalos, la mujer más hermosa del reino de las Dos Sicilias, quien, a pesar de su extrema juventud (tenía sólo veintiún años), había ya enviudado dos veces. Un día, a los cuatro años de su matrimonio, doña Ana conoció en un baile al joven duque de Andría, descrito como un Adonis por sus contemporáneos. El hecho de que él también fuera casado, no impidió que la pareja cayera en las redes del amor y se lanzara a una aventura apasionada.

Mientras en el suntuoso Palazzo Sansevero Gesualdo, en compañía de su amigo y libretista Torcuato Tasso, trabajaba en sus elegantes y melancólicos madrigales, los amantes se reunieron secretamente en la alcoba de la señora. Pero, horrorizados, viéronse descubiertos por don Giulio, tío de Gesualdo, quien estaba también perdidamente enamorado de la bella Ana. Giulio fuese directamente a contar a su sobrino lo que había sucedido. Gesualdo no le creyó: necesitaba pruebas de la infidelidad de su mujer, y para obtenerlas recurrió a la más vieja de las argucias. En la tarde del 16 de octubre de 1590 informó a su mujer de que aquella noche no regresaría a casa, pues se proponía ir de cacería. Seguidamente partió y escondiéndose en una casa vecina vigiló la llegada del Adonis adúltero. Esperó luego un tiempo prudencial, regresó a su palacio y sorprendió a los amantes. Fuera de sí, desenvainó su daga, se lanzó sobre la pareja y dio muerte a ambos, hundiendo repetida e inexorablemente el arma en sus carnes.

Habiendo vengado así su honor, el príncipe declaró abiertamente las razones de su acción y ordenó que los cuerpos de los amantes fueran expuestos a la pública vergüenza. Durante los cuatro años siguientes vivió en su bien fortificado castillo, fuera de la ciudad, con el temor constante de que algún pariente o amigo intentara vengar a la pareja asesinada. Dedicó todo ese tiempo únicamente a la composición musical.

En 1594 conoció a Eleonora d'Este, una bella muchacha de la famosa familia d'Este. Declaróle su amor y, hecho sorprendente, esta intrépida dama le aceptó y el matrimonio vivió relativamente feliz durante veinte años, hasta el fin de los días del príncipe.

Setenta años después de su muerte el gran terremoto de Nápoles detruyó el Palazzo Sansevero y su suntuosa tumba. Pero el seísmo no pudo destruir la noble belleza de sus madrigales inmortales, ni la memoria de su crimen monstruoso.

La más preciosa pieza de todo el gabinete de curiosidades es aquel voluble Don Quijote del piano: Vladimir de Pachmann. Alexander Woollcott le adoraba, Lawrence Gilman calificaba sus recitales de «vaudevilles de un solo personaje» y James Hunoker le llamaba «el gran Chopincé».

Cuenta Harold Bauer que siendo muchacho asistió a un recital de Pachmann en el St. James Hall de Londres. Su localidad estaba junto a la de un crítico musical, joven mal vestido, de luenga barba rojiza, cuyo nombre era George Bernard Shaw. Cuando Pachmann empezó sus cabriolas en el piano, Shaw meneó la cabeza y profirió una sola palabra: «¡Macaco!» Al día siguiente escribió: «Anoche Pachmann ejecutó su conocida pantomima con acompañamiento de Chopin, un compositor cuya música quisiera escuchar toda mi vida interpretada por el señor de Pachmann, si de antemano se quitaran cuidadosamente todas las teclas del piano.»

El principio de la carrera de Pachmann en Rusia fue la de un pianista estupendo y avasallador, intérprete de Liszt y de Chopin, de virtuosismo sin precedentes; pero gradualmente su manera de tocar degeneró hasta que por fin la música se convirtió en un pretexto para sus caprichosas payasadas. Durante sesenta años mantuvo en vilo al público de conciertos en todo el mundo, y hasta hoy no ha sido posible aclarar si sus excentricidades fueron válvula de escape de un carácter inocente e infantil o torpes impertinencias, simplemente.

Pachmann aparecía en el estrado, avanzaba hasta el centro del mismo y después de una reverencia extremadamente solemne, anunciaba: «Empezaré con la *Toccata y Fuga* de Bach, una pieza muy difícil; y espero hacerlo muy bien.» Después de una nueva reverencia se dirigía al piano. En una ocasión la obra fue premiada con aplausos frenéticos, en vista de lo cual Pachmann gritó al auditorio: «¡No, no, no! ¡No aplaudan! No entienden ustedes nada de música; he tocado muy mal. Ahora la tocaré de nuevo, y quizá salga mejor.» Y repitió enteramente la *Toccata y Fuga*.

El público aún no se había recobrado de una sorpresa cuando les anunciaba: «Tocaré ahora el *Scherzo en si bemol menor* de Chopin, el mejor de todos los que escribió.» Mientras lo interpretaba, hacía comentarios marginales: «¡Escuchen el "tumultuoso" de mi mano izquierda! Bonito, ¿verdad? ¡Ya lo creo, ja, ja, ja! Liszt lo tocaba más rápido, pero, ja, ja, ja... Rubinstein lo tocaba más lento.» Al final de la pieza, antes de abandonar el escenario, declaraba: «Sí, señoras y señores, hubo dos grandes pianistas en el mundo: Liszt y Pachmann... ¡Liszt está muerto!» Y desaparecía, muy satisfecho. Mientras el público aplaudía, él echaba besos al piano y lo abrazaba tiernamente.

En otra ocasión, después de una feliz interpretación de la *Invitación al vals* de Weber, riendo cordialmente y frotándose las manos, aseguró al público: «Godowsky ha arreglado esta pieza. Es tan difícil que él no la puede tocar, ja, ja, ja... pero Pachmann sí. ¡Pachmann puede tocarla!»

Una noche, Ferruccio Busoni daba un recital en el Wigmore Hall; había acabado de interpretar Bach en la primera parte cuando con extrema sorpresa del artista y gran regocijo del auditorio, una figura portentosa se encaramó al escenario, besó con vehemencia los faldones del frac del pianista y vociferó: «Busoni, el más gran intérprete de Bach en el mundo! Yo, Vladimir de Pachmann, el más gran intérprete de Chopin!»

Con ocasión de un concierto en Chicago, Pachmann se permitió una de sus chifladuras más absurdas. A su llegada encontró la sala con la mitad escasa de las localidades ocupadas. «¡Oh, oh! —se lamentó—. ¡Esto es una vergüenza! ¡Tan poca gente para Pachmann! ¡No quiero tocar!» Y abandonó el escenario muy disgustado. En el camerino su empresario le suplicaba que desistiese de aquella locura. «Vladimir, no puede hacer eso; me costará una fortuna y ambos estaremos desacreditados. ¡Por favor, no me abandone!» Por fin, el virtuoso se dignó tocar. «Muy bien; pero sólo por consideración a usted, y con la condición de que tocaré sólo para usted y no para ese puñado de imbéciles.» Y así no le quedó otro remedio al paciente empresario que salir al escenario y sentarse en una silla solitaria cerca del piano. Pachmann ignoró al público durante todo el concierto, tocó únicamente para el empresario, haciéndole, después de cada pieza, una profunda reverencia.

Una vez empezó un recital de Chopin, en Nueva York, sacando del bolsillo dos calcetines viejos que colocó reverentemente sobre el piano mientras anunciaba al sorprendido auditorio del Carnegie Hall: «Éstos, señoras y señores, son calcetines que usaba el maestro Fréderic Chopin.» Más tarde, un amigo de Pachmann examinó la reliquia y diagnosticó: «Sin ninguna duda, son viejos calcetines de Pachmann, agujereados... y sin lavar.»

Después de cada concierto su camerino rebosaba de admiradores y amigos, y cuando alguno de ellos le decía: «Vladimir, ¡esta noche has tocado como un dios!», reventaba de risa, hasta que se le saltaban las lágrimas. «¡Como un dios, dices! ¡Estás loco! Pachmann no toca nunca como un dios! ¡No! ¡Yo toco como dos dioses, como tres, cuatro, cinco dioses, ja, ja, ja...!»

Los *ricos homes* y los Grandes de España

He oído siempre decir que los primeros reyes de Galicia y Asturias eran elegidos por los prelados del reino y por los *ricos homes*. Dichos señores no poseían aún los títulos de duque, marqués o conde que hoy los distinguen de los hidalgos: se llamaban *ricos homes*, como se llaman ahora Grandes de España. Estaba mandado que la elección del nuevo rey se hiciera entre los individuos de la familia del rey difunto; pero esta costumbre sólo fue observada desde Pelayo a Ramiro, a quien sucedió el año 843 Alfonso el Casto, rey de Asturias, bajo cuyo reinado quedó fijada la sucesión de la Corona de padre a hijo por línea directa, o de hermano a hermano por línea colateral. Esta ley se observa desde entonces en España.

Notad que la expresión *ricos homes* no quiere decir lo mismo que hombres ricos. Los *ricos homes* se cubrían delante del rey, y, a su vez, gobernaban cada uno sus estados. El rey les otorgaba todas esas prerrogativas, y los títulos de ahora son los herederos de los que se llamaron *ricos homes*, pero sus privilegios quedaron sólo conferidos a los que gozan, además, la prerrogativa de Grandes de España. Los titulados pueden tener un dosel en su cama y usar en Madrid una carroza con cuatro caballos y tiros largos de seda, que mantienen a distancia de los caballos de varas, los delanteros. Cuando hay fiestas de toros se les reservan balcones en la plaza Mayor, donde las damas de sus familias reciben obsequios y regalos, como guantes, cintas, abanicos, medias de seda y dulces, además de una espléndida colación costeada por el rey o por la villa, según quién sea el que ofrece al pueblo las diversiones de aquel día. Tienen, además, un banco reservado en las ceremonias, y cuando el rey hace a un titulado marqués de Castilla, de Aragón o de Granada, el favorecido entra desde luego a formar parte de los estados de aquel reino.

Los Grandes pueden serlo de tres clases diferentes, que se distinguen según la manera como los nombra el rey:

Son unos aquellos a quienes manda cubrirse, sin añadir nada más; la grandeza, en este caso, se refiere sólo a la persona y no se continúa en la familia. Otros, aquellos a quienes el rey califica con el título de uno de sus estados, en esta forma: «Duque o marqués de tal sitio, cubríos para vos y para los vuestros.» Son Grandes, con más ventaja que los primeros, porque su grandeza, unida con el título y el territorio, es hereditaria. Esto explica de qué modo pueden reunirse varias grandezas en una sola familia, y que algunas herederas lleven seis o siete a su marido, Grande por las tierras y los títulos de su esposa. Éstos no se cubren hasta después de haber hablado con el rey; pero hay otra clase más elevada que las dos anteriores, a quienes el rey, antes que hablen, dice: «Cubríos», y se dirigen y oyen al rey con la cabeza cubierta. Otros no se cubren más que después de hablar y ser contestados; pero cuando todos están juntos en alguna ceremonia, no hay diferencia entre los unos y los otros, y se cubren y se sientan delante del rey, que al dirigirse a ellos por escrito los trata como príncipes y los llama Excelencia. Cuando sus esposas visitan a la reina, ésta las recibe de pie y, en lugar de invitarlas a sentarse sobre un tapiz, les ofrece una almohada.

Los mayorazgos están formados por la mayor parte de las posesiones correspondientes a una persona de alto nacimiento. Cuando un hombre de calidad goza de un mayorazgo, por muchas deudas que tenga, no pueden los acreedores embargarle las tierras que lo constituyen, y se ven limitados a cobrarse con la renta, cuando se les permite disponer de ella, porque muchas veces, antes de que vean algún dinero, los jueces señalan una pensión conveniente, según el rango del deudor: tanto para sus hijos, tanto para la mesa, para trajes, para caballos y hasta para los más superfluos entretenimientos de su vida. Generalmente, la renta total se distribuye de tal modo, que los acreedores no pueden reclamar justicia por muchas que sean sus razones.

Un remedio singular: los polvos de momia

Ambrosio Paré fue un célebre médico considerado el padre de la medicina moderna que sustituyó en las amputaciones el método de cauterización con aceite hirviendo que se usaba hasta entonces por el de ligar las arterias. Había nacido en 1517 en Bourg-Hersent, cerca de Laval, y murió en París el 20 de diciembre de 1590. En 1529 ingresó como barbero cirujano en el hospital de París e implantó su nuevo método durante la guerra del Piamonte, al ver que freír los muñones de aquellos que sufrían la amputación de un brazo o de una pierna no daba resultado. En 1550 ingresó en la corporación de barberos y debido a sus nuevas ideas sobre la medicina tuvo conflictos con los médicos de la Sorbona. Fue después cirujano real de Francisco II, Carlos IX y Enrique III de Francia, y en 1572 publicó su célebre libro *Cinq Livres de Chirurgie*, que causó sensación, pues entre otras cosas ofrecía nuevos sistemas en la obstetricia y el tratamiento del labio leporino.

En aquella época un remedio se puso de moda. Se trataba del polvo de momia fabricado en Egipto. Se presentaba en forma de trozos de cadáver, como pasta negruzca o en polvo. Ambrosio Paré denunció este medicamento, pero sus contemporáneos no le hicieron caso. Su colega Gui de la Fontaine conoció, por boca de sus fabricantes, que los cuerpos utilizados no eran como se creía en Europa los de las antiguas momias faraónicas sino la de cadáveres absolutamente recientes. He aquí cómo lo explica Ambrosio Paré.

«Un día, hablando con Gui de la Fontaine, médico célebre del rey de Navarra, y sabiendo que había viajado por Egipto y la Berbería, le rogué que me explicase lo que había aprendido sobre la momia y me dijo que, estando el año 1564 en la ciudad de Alejandría de Egipto, se había enterado que había un judío que traficaba en momias; fue a su casa y le suplicó que le enseñase los cuerpos momificados. De buena gana lo hizo y abrió un almacén donde había varios cuerpos colocados unos encima de otros. Le rogó que le dijese dónde había encontrado esos cuerpos y si se hallaban, como habían escrito los antiguos, en los sepulcros del país, pero el judío se burló de esta impostura; se echó a reír asegurándole y afirmando que no hacía ni cuatro años que aquellos cuerpos, que eran unos treinta o cuarenta, estaban en su poder, que los preparaba él mismo y que eran cuerpos de esclavos y otras personas. Le preguntó de qué nación eran y si habían muerto de una mala enfermedad, como lepra, viruela o peste, y el hombre respondió que no se preocupara de ello fuesen de la nación que fuesen y hubiesen muerto de cualquier muerte imaginable ni tampoco si eran viejos o jóvenes, varones o hembras, mientras los pudiese tener y no se les pudiese reconocer cuando los tenía embalsamados. También dijo que se maravillaba grandemente de ver cómo los cristianos apetecían tanto comer los cuerpos de los muertos. Como De la Fontaine insistiese en que le explicase cómo lo hacía para embalsamarlos, dijo que extraía el cerebro y las entrañas y hacía grandes incisiones en los músculos; después los llenaba de pez de Judea, llamada asfaltites, y con viejas tiras de ropa mojadas en dicho licor las colocaba en las incisiones y vendaba separadamente cada parte y cuando esto se había hecho envolvía todo el cuerpo en un trapo impregnado del mismo licor. Una vez efectuado todo esto los metía en cierto sitio y les dejaba que se "confitasen" dos o tres meses. Finalmente De la Fontaine le dijo que los cristianos estaban bien engañados al creer que los cuerpos momificados fuesen extraídos de sepulcros antiguos y el judío respondió que era imposible que Egipto pudiese proporcionar tantos millares de cuerpos como eran pedidos por los cristianos, pues es falso que en aquellos días se embalsamase a nadie, pues el país estaba habitado por turcos, judíos y cristianos, que no acostumbraban a usar tal tipo de embalsamamiento, como era habitual en los tiempos en que reinaban los faraones.»

Un joven fanfarrón del Siglo de Oro

«Es un joven que parece tener un alto concepto de sí mismo: un verdadero *guapo*,[1] lo cual quiere decir valiente, galante y hasta fanfarrón. Lleva el cabello dividido por una raya en medio de la cabeza y atado por detrás con una cinta azul de cuatro dedos de ancha y dos varas de larga, hecha una lazada que cae hasta la cintura; lleva calzas de terciopelo negro hasta la rodilla, muy estrechas, como se usan en nuestro país.[2] Viste chupa corta y jubón de largos faldones de terciopelo negro labrado, con sobremangas colgantes. Las mangas del jubón, de raso blanco bordadas con azabache, y en lugar de mangas de camisa de tela las lleva de negro tafetán, muy abolladas y con puño de lo mismo; terciada al brazo, la negra capa, y empuñando un broquel (pequeño escudo con acerada punta en el centro). Los guapos lo llevan cuando salen de noche a caza de buenas fortunas. Ciñen una espada larga, con cuya empuñadura se pudiera fabricar una coraza. Como el uso de tales armas reclamaría un brazo de gigante para sacar de un solo tirón la hoja de la vaina, ésta se abre por un resorte donde se apoya

1. En francés, *gouape* equivale a achulado.
2. Francia; no se olvide que la escritora es francesa.

el dedo. Pendiente de la cintura, un puñal delgado; acartonada la golilla de fino lienzo, le mantiene muy estirado el cuello y le imposibilita cualquier movimiento: no puede volver la cabeza ni agacharla.

»Nada tan ridículo como el alzacuello, que no es gorguera, ni valona, ni corbata. Es golilla; en fin, no se parece a nada; incomoda mucho y desfigura bastante. El sombrero, de ala exageradamente ancha y de copa baja, está forrado de tafetán negro con una gasa muy grande alrededor, como lo llevaría un casado por la muerte de su esposa. Me han dicho que la gasa es una señal incontrastable de la más fina galantería. Los que se precian de ser elegantes no llevan sombreros bordados, ni plumas, ni lazos de cintas de oro y plata; adornan su sencillo chambergo con una gasa muy ancha y negra, que los hace irresistibles ante los más duros corazones. Los zapatos, de un cordobán tan fino como piel de guante, abiertos a pesar del frío, ajustados y sin tacón. Al entrar el *guapo* me saludó con una reverencia a la española, con las piernas cruzadas y ceremoniosamente inclinado el cuerpo. Iba muy perfumado. Su visita no fue larga ni dejó de ser cortés; me dijo que iba frecuentemente a Madrid y que no se daba una sola corrida de toros en que no tomara parte. Como yo no podía olvidar el abandono del correo, le hablé del peatón,[1] a quien mis criados encontraron dormido en la escalera, y me respondió que tales abandonos procedían del inaudito descuido, cuando no procaz avaricia, del gran señor de postas; pero que si el Rey lo averiguara no lo consentiría. Le pregunté si en España se viaja en postas, y me dijo que sí, con permiso del Rey o del gran señor de las mismas, el cual siempre es una persona de preclaro nacimiento, y que no daban caballos a quien no presentara una orden firmada en toda regla.

»—Pero —le objeté—, un hombre que se ha batido en duelo y huye, o que tiene otras razones para ir de prisa, ¿qué hace?

»—Nada, señora —me contestó—; si tiene caballos propios los utiliza, y si no, sale del paso como se le alcance. Cuando se quiere viajar en postas desde cualquier pueblo donde ni la Corte ni el gran señor residen, basta tener un permiso del alcalde.»

1. Encargado de la correspondencia.

Pendencia por una olla

Estaba la condesa D'Aulnoy en una posada cuando, después de hablar con un arzobispo, entre otras cosas le dijo que en la posada donde residía se comía muy mal:

«Al retirarse el señor Arzobispo, me rogó que le permitiera enviarme su olla, que ya estaba preparada, porque sin duda mi cena sería peor, y algo iría yo ganando. Le dije, al darle las gracias, que la misma razón me obligaba a rechazar el ofrecimiento, pues yo no podía consentir que cenara él peor que nosotros.

»Poco después, don Federico de Cardona, que había salido a enterarse de cómo andaban las cosas, entró cargado con un gran puchero de plata, cuya tapadera estaba cerrada con llave, como en España se acostumbra. Fue a pedir la llave al cocinero, y éste, que sin duda no quiso repartir entre todos la comida de su amo, le respondió que la había perdido y no sabía dónde buscarla. Don Federico, irritado, quiso, a pesar mío, quejarse al Arzobispo, amenazó al cocinero, y tuvo con él una escena desagradable, que desde mi cuarto pude oír. Chocóme, sobre todo, la respuesta del cocinero, que decía: "No puedo sufrir querella, porque soy cristiano viejo tan hidalgo como el Rey y un poco más."

»Así hablan los españoles cuando se consideran obligados a defender su orgullo; pero aquel cocinero no sólo era jactancioso y blasonador, sino terco también y obstinado, y por mucho que se le dijera, estaba resuelto a no entregar la llave, de modo que allí quedó la olla sin que pudiéramos probarla.»

Anécdotas musicales (III)

Los muchachos y muchachas que escogen la música como vocación de su vida no pueden permitirse el lujo de ser holgazanes, ni aun antes de cumplir los seis años.

La música es una ocupación que empieza en los años juveniles y, aunque hay muy pocos poetas, pintores u hombres de ciencia que hayan realizado obras maestras antes de los veinticinco años, apenas si se encuentra un músico notable que no haya producido obras importantes antes de llegar a esa edad.

—Escribía como un diablo, en aquellos días —dijo una vez

Haendel hablando de sus años mozos. Y era verdad: entre los diez y los trece años de edad, compuso más de cien obras religiosas, y a los veinte años, tenía en su haber las representaciones públicas de tres óperas.

La mitad de las obras de Mozart fueron compuestas antes de cumplir los veintiún años; Beethoven era director de ópera a los dieciocho; y Schubert escribió dos sinfonías, tres óperas, gran cantidad de música de cámara, obras religiosas y ciento cuarenta y seis canciones a los dieciocho años.

La obertura de Mendelssohn *Sueño de una noche de verano* fue compuesta cuando su autor tenía diecisiete años; a los nueve Meyerbeer gozaba de fama de virtuoso del piano y el padre de Bellini decía repetidamente que su pequeño Vincenzo había estado escribiendo música mucho antes de la edad en que Mozart había aprendido el Padrenuestro.

A los nueve años, Liszt dio su primer concierto; y a los doce se estrenó su ópera *Don Sancho* en París. Cuando Hermann Levi dirigió la primera sinfonía de Ricardo Strauss, éste acababa de cumplir los diecisiete.

Todo esto constituye un récord espléndido y deslumbrante, pero la otra cara de la medalla es horrible. A la edad en que Shakespeare escribió el *Hamlet*, Schubert hacía ya cinco años que descansaba en su tumba; cuando Leonardo da Vinci empezó a trabajar en *La última cena*, se encontraba en una edad en que Mozart hacía más de siete años que estaba muerto; y Beethoven había sido enterrado quince años antes de cumplir la edad que contaba Galileo Galilei cuando concluyó sus *Dialoghi delle nuove scienze*.

Parece una necesidad física que los chicos con talento musical descubran su arte a una edad extremadamente tierna. Habiendo encontrado el objetivo de su vida, tienen que aprender un oficio rudo y exigente y deben lanzarse sin titubeos a la conquista del mundo. Para alcanzar el éxito, estas tres circunstancias deben producirse pronto y en sucesión rápida e ininterrumpida.

En 1851 se cometió un terrible crimen en la provincia italiana de Calabria. Un cómico de la legua había sorprendido a su mujer con un amante y aquella misma noche, durante la representación y a la vista del público, mató a la infeliz mujer a puñaladas. Después de un juicio sensacional, durante el cual el asesino interrumpió al Tribunal gritando en tono desafiante: «¡No me arrepiento! ¡Volvería a hacerlo!», fue sentenciado a treinta años de reclusión. El presidente del Tribunal era uno de los jueces de mayor reputación en Italia, el señor Vincenzo Leoncavallo. Aquella noche el magistrado habló con su mujer e hijos, durante la cena, sobre el aspecto humano del caso, sobre el pobre marido traicionado, quien, cegado por una fuerza invisible, mató a su mujer, que constituía el único tesoro que poseía en el mundo.

Un hijo del magistrado, Ruggiero, de siete años de edad, no podía comprender aquello de que estaban hablando los mayores, pero escuchaba atentamente y con la respiración contenida, y la simiente de una gran obra maestra musical fue así sembrada en su joven corazón.

Chaikovski tenía seis años cuando una noche, después que se le hubo permitido escuchar una sesión de música, su institutriz entró en su cuarto encontrándole en una violenta crisis de llanto. «¡La música! —gemía y se lamentaba—, ¡la música! La tengo en la cabeza. No me dejará descansar. ¡Por caridad, libradme de ella!»

George Gershwin, a los seis años, permaneció cuatro horas descalzo frente a un parque de atracciones. Con los ojos desmesuradamente abiertos, escuchaba una y otra vez el retintín de una pianola que tocaba la *Melodía en fa mayor* de Rubinstein.

Edward Elgar, a la edad de diez años, yacía, soñando, sobre la hierba, junto al río. Había dibujado cinco líneas paralelas sobre un pedazo de papel. Todos sus nervios estaban en tensión; estaba intentando transcribir la canción que el viento hacía cantar a los juncos.

Un buen día, la época de las lágrimas y del soñar despierto, el tiempo de la pura y auténtica devoción musical, toca a su fin y el adolescente se encuentra cara a cara con los fundamentos de la técnica. A veces tiene suerte, como la tuvo Schubert, y encuentra un maestro que, reconociendo el genio del muchacho después de pocas lecciones, dice: «No puedo enseñarle nada. Todo lo ha aprendido ya de Nuestro Señor.» O puede tener la fortuna de que gozó Brahms, encontrando un tutor que le admiraba, quien, cuando se enteró de la muerte de Mendelssohn, exclamó: «Ha desaparecido un gran maestro, pero Brahms, que tiene ahora catorce años, se convertirá en uno más grande todavía.»

El mal de ojo

«Los españoles arrastran su indigencia con un aire de gravedad que impone; hasta los labriegos parece que al andar cuentan los pasos. La curiosidad es aquí tan grande, que la mayor dicha para esas gentes consiste sólo en averiguar novedades. Muchos han entrado sin ceremonia en mi habitación; la mayoría lleva, en vez de zapatos, un trozo de fieltro sujeto con cuerdas a los pies, y me han rogado que les dijera lo que sabía de la Corte de Francia. Cuando les he dicho lo que me parece conveniente, lo han examinado y discutido con buen criterio y agudeza. En todo descubre la nación española instintos que la declaran superior a casi todas las naciones. Entre mujeres, me ha visitado una especie de burguesa, muy hermosa, con una criaturita en brazos, cubierta con más de cien manecillas de hueso que le colgaban del cuello por todas partes. Pregunté a la madre para qué ponía todo aquello al niño, y me contestó que para librarle del mal de ojo.

»—¡Cómo! —le dije—. ¿Será cierto que todas esas manecillas libran de la ceguera!

»—Seguramente, señora —replicó—; estos objetos curan, pero no de la enfermedad que decís. Hay aquí gentes, y tenedlo en cuenta si os place, con tal veneno en los ojos, que les basta mirar fijamente a una persona, sobre todo a un niño, para encanijarle. Un hombre a quien conocí causaba tantos maleficios con su mirada, que le obligaron a taparse un ojo con un gran parche. Con el ojo libre no producía daño; pero sucedió muchas veces que, de paseo con amigos, al ver algunas gallinas, decía: "Escoged la que os guste"; y cuando ellos habían señalado una, levantaba el parche, la miraba fijamente y poco después la gallina, presa de un vértigo, daba unos brincos rápidos y caía muerta.

»La mujer que así hablaba también daba crédito a la existencia de los hechiceros, los cuales, con sólo mirar a uno malamente, le hacen languidecer, hasta el punto de convertirle casi en esqueleto. Sirven de remedio contra estos males las manecillas, que generalmente vienen de Portugal, semejantes a las que cubrían al enteco niño, cuya madre me dijo, además, que cuando una persona mira fijamente y es bastante malcarada, para suponerse que pueda producir mal de ojo, basta sacar una manecilla o presentarle el puño cerrado para librarse del maleficio, y decir: "Toma la mano", a cuya expresión es necesario que responda el sospechoso: "Dios te bendiga"; cuando no lo dice, se le considera hechicero, y como tal se le puede buenamente delatar a la Inquisición, y también, cuando el maleficiado confía en sus fuerzas, puede golpearle hasta que pronuncie las palabras "Dios te bendiga".

»No aseguro que sea verdad el cuento de la gallina, pero sí que estas gentes no dudan de tales cosas, y el mal de ojo es tan abundante, que se forman peregrinaciones para ir a determinadas iglesias donde tales males se curan.

»Pregunté a la joven madre si se notaba en los ojos capaces de producir maleficio algo extraordinario, y ella me dijo que sólo se distinguían por su viveza y brillantez, que disparaban como flechas miradas penetrantes. Añadió que pocos días antes de mi llegada, la Inquisición había mandado prender a una vieja tenida por bruja. Pregunté la clase de castigo que la impondrían, y contestó que, si se corroborasen los augurios con pruebas irrefutables, la bruja moriría en la hoguera, y si no, lo menos que podía sucederle consistiría en ser azotada por las calles. Las brujas condenadas van atadas a la cola de un asno, cuando no se las monta en él, cubiertas con una mitra de papel de colores en la cual van escritos sus crímenes, y así se las pasea por el pueblo, donde todos tienen derecho a golpearlas y echarlas pellas de barro.

»—En ese caso —le dije—, mejor sería para ellas la reclusión en un calabozo.

»—¡Ah, señora! —repuso—. No sabéis todavía cómo actúa la Inquisición. Cuanto se diga es poco acerca de los rigores del Tribunal. Os detienen. Os encierran en una mazmorra, y allí estáis dos o tres meses, y algunas veces ignorante de todo y sin que nadie os diga una palabra. Después, un día os presentan a los jueces, que con mucha severidad os preguntan por qué os halláis en aquel sitio. Como es natural, contestáis que no lo sabéis. Nada os dicen, y os vuelven a la mazmorra, donde se sufren penas más atroces que la muerte. A veces pasa un año en tal estado. Al fin os conducen de nuevo ante un Tribunal, y volvéis a ser interrogada con la misma pregunta. Contestáis que os mandaron prender, pero que no conocéis la causa de vuestro martirio. Y sin hablar más del asunto mandan que os conduzcan de nuevo a la mazmorra. Hay quien así pasa una larga vida.

»Pregunté a la mujer que tales noticias me daba si había quien se denunciase y acriminase a sí mismo ante el Tribunal de la Inquisición, y contestó que para muchos era el camino más recto. Luego me refirió particularidades y suplicios múltiples y espantosos, que no relato por no avivar en mi memoria recuerdos horribles. Dijo, además, que había conocido a un judío llamado Ismael, que fue preso en la Inquisición de Sevilla con su padre, el cual Ismael, durante cuatro años de molesto encierro, logró hacer un agujero, por el que pudo salir y bajar luego por una pared con grandes peligros; pero al verse libre reflexionó que dejaba solo y abandonado a su padre; y sin considerar lo que arriesgaba (pues uno y otro, juzgados ya, debían ser conducidos a Madrid para sufrir el último suplicio), encaramóse por la pared, volvió al calabozo, advirtió a su padre, ayudóle a huir y huyó de nuevo al verle salvado. Considero este rasgo muy admirable y digno de ser ofrecido como ejemplo, en un siglo que revela torpemente los corazones contra los deberes más atendibles y honrados de la Naturaleza.»

Anecdotario (III)

El célebre médico holandés Hermann Boerhaave, fundador de la enseñanza de la química para la medicina, era conocido en todo el mundo y se cuenta que su fama era tal que un mandarín chino le escribió una carta que llevaba una sola dirección: «Al señor Boerhaave, médico, Europa», y la carta llegó a su destino.

Esta anécdota me cuesta mucho creerla, pues Boerhaave nació en 1668 y murió en 1738 y es difícil creer que en aquella época un mandarín chino tuviese conocimientos tan precisos de la ciencia occidental, así como uno se pregunta con qué caracteres fue escrita la misiva. Si con caracteres chinos, ¿cómo fue comprendida en Europa?; y si con caracteres occidentales, ¿cómo eran conocidos en China?

Cuando Boerhaave murió dejó dicho que en su biblioteca encontrarían un volumen en el cual había escrito todos los secretos médicos descubiertos por él. El libro efectivamente existía, pero contenía sólo páginas en blanco.

El poeta y dramaturgo François Boisrobert estaba casado con una mujer que tenía un amante, y cuando se lo dijeron él respondió:

—Me importa un bledo, al final se cansará de ella como me he cansado yo.

Fue Boisrobert quien popularizó una frase que se ha hecho célebre:

—Después de su Resurrección Cristo se apareció primeramente a las mujeres, porque sabía que, al poco rato, el hecho sería conocido por todo el mundo.

Un día se hablaba en presencia de lord Bolingbroke de la avaricia del duque de Marlborough, el Mambrú de la canción, que había sido enemigo suyo. Se esperaba que el estadista hablase mal de él, pero Bolingbroke, que era hombre justo y ecuánime, recordando sus gestas guerreras dijo:

—Era tan gran hombre que he olvidado sus defectos.

Cuando José Napoleón, el rey intruso de España, tuvo que huir, Napoleón creía que toda la culpa la tenía su hermano y decía:

—En mi ejército faltaba un hombre: un general que lo mandase, y había un hombre de más: mi hermano José.

La frase es injusta. En otras circunstancias José Bonaparte hubiese sido considerado como un buen rey pues tenía ánimo generoso y abierto y quería dar a España un gobierno que hoy llamaríamos progresista; lo malo fue que le impusieron por la fuerza y el pueblo español se reveló contra él. Lástima también que el rey que anhelaban los españoles era nada menos que Fernando VII, el monarca más felón, malvado, imbécil y mal nacido de todos los reyes españoles.

Una señora preguntó a Michel Philippe Bouvart, célebre médico francés del siglo XVIII, su opinión sobre cierta medicina que se había puesto de moda.

—Señora, apresúrese a tomarla mientras todavía cure.

El doctor Bouvart había llegado a los setenta años sano como si tuviese veinte, y cuando se le preguntaba cómo había hecho para conservarse tan bien, respondía:

—Siempre he vivido del producto de mis recetas sin tomar nunca su contenido.

El final de sus días fue triste. Perdió la memoria, tomaba el pulso de los sillones en que se sentaba y murmuraba diagnósticos. De vez en cuando preguntaba por qué los clientes no acudían a su consulta y el criado le respondía:

—Señor doctor, ya no hay enfermos, los habéis curado a todos.

Y el pobre enfermo sonreía satisfecho.

He aquí unas anécdotas célebres en Inglaterra y cuyo protagonista, Robert Boyle-Roche, diputado del siglo XVIII, era conocido por sus disparates.

Cierto día dijo en el parlamento:

—Señores, daría con gusto la mitad de la Constitución... ¿Qué digo la mitad? La daría toda para conservar el resto.

En una sesión del parlamento un diputado había hablado contra una ley argumentando el perjuicio que la posteridad tendría. Cuando se dio la palabra a Boyle-Roche, éste, defendiendo la ley, dijo:

—Se ha invocado los intereses de nuestros sucesores. Pero ¿es justo que nos sacrifiquemos por personas que, hasta ahora, no han hecho nada por nosotros?

Se pueden imaginar las risas de los oyentes.

En una época de inseguridad ciudadana escribió una carta a un amigo en la que le decía entre otras cosas: «Podéis fácilmente juzgar los tiempos en que vivimos cuando sepáis que escribo esta carta teniendo en una mano la espada y una pistola en la otra.»

Otra vez, en el parlamento, a propósito del *Home Rule* dijo: «Espero que este *Home Rule* sea destinado a Irlanda para convertir las más estériles colinas en fértiles valles.»

En otro discurso pronunció este aforismo: «El mejor método de evitar un peligro es enfrentarlo con valentía.»

En otra ocasión dijo: «Nosotros los irlandeses corremos tras una burbuja de jabón que, cuando estalla, nos deja en las manos solo un puñado de ceniza.»

Un día encontró por la calle a un señor y creyendo conocerlo lo saludó cordialmente, pero después reconoció su error, no lo había visto nunca. Le dijo:

—Usted perdone, caballero.

—No se preocupe. También yo le había confundido con un conocido mío.

—Ha sido un error recíproco —continuó Boyle-Roche—; yo pensaba que usted era usted, usted pensaba que yo era yo y no éramos ni uno ni otro.

Lord Chesterfield, célebre político inglés, supo que el rey Jorge II pensaba cerrar el parque londinense de Saint James y transformarlo en un jardín privado del monarca, lo que habría causado gran descontento entre la gente del pueblo. El rey le preguntó cuánto podrían costar las obras y él respondió simplemente, con concisión británica:

—Señor, sólo una corona.

El rey comprendió la indirecta y el proyecto no pasó de ahí.

Cómo se vestía un «lindo» a la moda

En el siglo XVII se llamaba *lindos* a los que más adelante se llamaron lechuguinos o simplemente elegantes. Zabaleta, en su libro *Día de fiesta por la mañana y por la tarde*, en el capítulo

«El galán», describe la difícil tarea de un lindo para vestirse a la moda. Cito según Deleito y Piñuela:

«Despierta el galán a las nueve de la mañana el día de fiesta, atado el cabello atrás con una *colonia* (cinta de dos dedos de ancha), que lo mismo la usan damas que galanes, diciéndose de las primeras que se ponían el pelo tan lleno de colonias que semejaba a un jarrón florido. Pide ropa, y dánsela limpia y perfumada. Pónese un jubón cubierto de oro, cálzase luego y pónese unas medias de pelo de seda tan sutiles que, después de habérselas puesto con grande cuidado, es menester cuidado grande para ver si las tiene puestas; ajústalas a las piernas con unos ataderos tan apretados, que no parecen que aprietan, sino que cortan. Llega el zapatero y saca de las hormas los zapatos, y, a fuerza de tirones y torturas, le pone éstos. Pónese en pie el paciente, fatigado, pero contento de que los zapatos le vengan angostos. El zapatero agujerea las orejas del zapato, pasa la cinta, ajústalos y hace fuertemente el nudo. Hace la *rosa* después con más cuidado que gracia. Sale el zapatero, dejando a su dueño de movimientos tan torpes como si le hubiesen echado unos grillos.

»Entra el barbero, pide lumbre, para los hierros, y dice que pongan el escalador en la lumbre; le pone un peinador muy plegado, que es lo mismo que ponerle unas enaguas por el cuello.

»Rodea al lindo una toalla al cuello del peinador, en forma de muceta, y ajusta bien detrás de las orejas el cabello; echa el agua en la bacía, encájasela por la muesca en la garganta, y déjale la cabeza como cabeza degollada que llevan de presente. Coge los hierros calientes, atusa el cabello, y después de muchas tenazadas los deja tan enmarañados al rostro y tan aguzados de puntas, que más parecen fingidos con un pincel que aliñados con un hierro, semejándole así a cara de retrato. Terminada esta faena, el galán se lava las manos y pónese la *golilla*, que es como meter la cabeza en un cepo. Está la *golilla* aforrada en blanco, por dejar de la valona no más de algunos visos.

»Estréchase en la ropilla, muriendo por quedar muy entallado.

»En estando en esta fuerza metido en cintura, desenlaza la colonia, que le aprisiona el cabello. Toma el peine de desenredar, y derrama en ondas por los hombros la guedeja.

»Echa la cabeza hacia atrás y ahuécase la melena en forma de espuma.

»Toma la espada; se la pone con la vaina abierta, a fin de tener más facilidad para sacarla a cualquier desafuero. Un criado le coloca la capa de bayeta, rodeada toda de puntas al aire...; tan erizada por donde quiera, que da miedo tocarla con la mano. Toma luego el sombrero de castor labrado en París, tan negro y luciente como el azabache, y de crecido precio. Ordena con las manos las puntas de humo de la toquilla. Se pone el sombrero en la cabeza y danle el espejo, en el que se hace el galán una risita al verse tan compuesto como lucido. El *lindo* deja el espejo, compone con ambas manos las faldas de la *ropilla* y empieza a caminar a la calle; vase a misa, y torna al paseo poniéndose los guantes de manopla bordados...»

Como complemento a esta descripción de Zabaleta copio del libro *La Mujer, la Casa y la Moda en la España del Rey poeta*, páginas 204 a 206, cuyo autor, José Deleito y Piñuela, es de obligada consulta para conocer las intimidades de esta época:

«El traje habitual de los hombres le formaban las siguientes prendas: un jubón, que ceñía el cuerpo desde la cabeza a la cintura, o bien un coleto o pespunte sin mangas, parecido a los chalecos actuales, pero cerrado hasta el cuello, y que solía hacerse de ante o de piel de búfalo, y llevaba forro guateado y armadura de ballenas, a fin de utilizarle como coraza defensiva contra cualquier posible golpe de arma blanca. Cubríase el coleto o el jubón con la *ropilla*; vestidura corta con mangas y con unos repliegues de tela junto a los hombros, que se llamaban *brahones*, de los cuales pendían otras mangas perdidas o sueltas. Terminaba en una especie de faldilla, que llegaba a las ingles.

»A los gregüescos (pantalones altos, cortos y tan holgados como sacos, formados por telas de ricos tejidos y diversos colores), usados en el siglo XVI y principios del XVII, sustituyeron los pantalones bombachos, más largos y estrechos, que descendían hasta más abajo de la rodilla, y llevaban en sus costuras laterales una hilera de botones.

»Hasta 1640, el calzón y las mangas de la ropilla tenían ligeras aberturas llamadas acuchillados, que dejaban ver la ropa blanca interior.

»Ceñía la cintura una banda o tahalí, para sostener al lado

derecho la daga y al izquierdo la espada toledana, de puño de cazoleta y largos gavilanes.

»En vez de las antiguas calzas, usábanse finas medias de seda negra, o de hilo, que cubrían otras blancas interiores, y eran sostenidas por ligas o lazadas de cintas visibles al exterior, formando una roseta, que sujetaban al calzón y caían en dos bandas acabadas en punta. Las medias solían ser tan transparentes que, según Zabaleta, "era preciso gran cuidado para saber si las llevaban puestas". Por su fino tejido las llamaban de pelo, y como su delgadez las hacía abrigar poco, en invierno, especialmente los ancianos, se ponían dos o tres pares, unos sobre otros, y aun algunos llevaban debajo otras armaduras llamadas pantorrilleras. También acudían a tales recursos, por presunción, los jóvenes delgados y amantes de realzar su físico.

»Las medias de algodón, lana o estambre estaban reservadas "a los tonsurados, hidalgos pobres, criados de baja estofa y a los artesanos".

»Para campo y viaje seguía llevándose la alta bota de ante con espuela de pato, tan generalizada en el siglo XVI; pero el uso cortesano daba preferencia al zapato negro de cordobán, muy flexible, con orejillas, de punta ancha y cuadrada, llamado de roseta por formar esta figura varias lazadas muy prietas de cinta de seda o colonias, que pasaban por los ojetes del calzado, sirviéndole de adorno. Debían de hacerse absolutamente iguales para los dos pies, no discrepando de uno a otro ni *el canto de un real de a dos*, según frase de la época.

»La gorra flamenca o milanesa, dominante en la primera mitad del siglo XVI, se empleaba aún en ciertas solemnidades, especialmente por la juventud cortesana; pero en el uso habitual estaba sustituida por el sombrero de fieltro o de castor, flexible y reluciente.

»El sombrero, negro la más de las veces, o de color gris con forro rojo, que rebasaba parte del ala, ancha y doblada ésta a la chamberga, con ricos cintillos y joyeles, era adornado además con abundantes plumas, careciendo de éstas en los de los criados; y ciertas clases sociales se distinguían por la cinta o toquilla del sombrero, la que a veces era una cintilla adornada de pedrería fina; y es curioso citar, a propósito del sombrero chambergo, el cortesano y elegante saludo que con él solía hacerse: al tiempo mismo de saludar, se inclinaban los hombres respetuosamente; y, asiendo con la mano diestra el ala izquierda del sombrero, se descubrían con gallardía tal, que el brazo derecho describía un arco hasta parar en el costado derecho, en tanto que la posición del sombrero se invertía de modo distinto a como se colocaba en la cabeza.

»Pero sólo para saludar se quitaba el sombrero entonces; pues aun en casa de un extraño, incluso delante de damas, se conservaba sobre la cabeza; por no ser señal de respeto el descubrirse.»

Clemenceau

Uno de los personajes con más anécdotas de la historia contemporánea de Francia es sin duda Georges Clemenceau, el célebre político y periodista que empezó su carrera como médico y que fue el alma francesa durante la Primera Guerra Mundial de 1914-1918. Nació en 1841 y murió en 1929. Durante la guerra fue llamado *el Tigre*, y terminada la misma se presentó como candidato a la Presidencia de la República, pero fue derrotado.

Desde joven militó en los partidos revolucionarios y se cuenta que durante la revolución de 1870, a la caída de Napoleón III, mientras Gambetta llamaba al pueblo a las armas Clemenceau se encontraba con algunos amigos en una subasta de porcelanas. Entraron en la sala algunos ciudadanos y le informaron de lo que sucedía en aquel momento por las calles de París. Clemenceau salió rápidamente a unirse a los revolucionarios, e invitado a hablar lo hizo con mucho ardor, pero con pocos gestos y con las manos en los bolsillos. Sus amigos, habituados a su oratoria violenta, no sabían explicarse la razón de ello. Más tarde el mismo Clemenceau explicó el misterio: había comprado unas tazas chinas y las llevaba en los bolsillos, y no había gesticulado por miedo a que se rompiesen. Muchos años después, bromeando sobre el episodio, decía:

—En una revolución lo más difícil es salvar la porcelana.

Cuando era director del periódico *La Justice* dio una lección de periodismo a un nuevo redactor:

—Mire, muchacho, escribir en un periódico es fácil: verbo, sujeto, atributo... y cuando quiera poner un adjetivo me lo consulta.

En una reunión electoral, mientras hablaba, se oyeron unos gruñidos procedentes del fondo de la sala. Los acompañantes de Clemenceau se irritaron, pero él dijo simplemente:

—Dejadlos. Incluso los cerdos tienen su modo de expresar sus pensamientos.

Como es natural los gruñidos cesaron inmediatamente.

En su juventud había hecho representar una comedia titulada *El velo de la felicidad*, que fue atacada ferozmente por Catulle Mendès. Algunos años después, cuando Clemenceau era director del periódico *L'Aurore*, se le presentó el crítico de teatro diciendo que se estrenaba una obra de Mendès y que quería saber qué debía decir de ella.

—Me parece que le he dado siempre independencia de criterio.

—Sí, pero en esta ocasión, tratándose de Catulle Mendès...

—Sí, es verdad, entre él y yo hubo una vez divergencias literarias. Bien, si la comedia es buena dirá que es bonísima y si es mala dirá simplemente que es buena.

Un día estaba en la redacción del citado periódico con su colaborador Mirbeau cuando una detonación les sorprendió y una bala de revólver, atravesando la sala, agujereó el cristal de una ventana.

Mirbeau se precipitó a la sala vecina, en la que unos periodistas espantados miraban a un hombre que llevaba un revólver en la mano.

—Es un loco —dijo Clemenceau.

—No, es un anarquista —le respondió Mirbeau.

En esto llegó la policía que se llevó al hombre que gritaba desesperadamente

—¡Viva la justicia!

—Veis cómo tenía razón yo —exclamó Clemenceau—, es un loco.

Un día, antes de ser ministro se encontraba en la Cámara de los Diputados. Debutaba un joven diputado, que con un magnífico discurso asombró a la asamblea. Al terminar, Clemenceau se acercó al joven y con entusiasmo le dijo, mientras intentaba abrazarlo:

—Bravo, muchacho, venid que os estreche sobre mi corazón.

El joven diputado, que era hombre ingenioso, le respondió:

—Colega, me asusta el vacío.

La respuesta gustó a Clemenceau, que más tarde, cuando fue llamado a ser presidente del Consejo de Ministros, le ofreció una cartera.

En 1906 accedió a la presidencia del Consejo; como siempre había sido un revolucionario, un conocido le preguntó qué pasaría si se levantasen barricadas en París.

—Lo mismo de siempre, pero ahora estaría en el otro lado.

A eso se le llama política.

Un día el prefecto de un Departamento se presentó ante Clemenceau y le dijo:

—Me han dicho que quiere destituirme. ¿Es verdad?

—Sí.

—¿Puedo saber la razón? ¿Porque soy un pillo o porque soy un imbécil?

—Una cosa no excluye la otra —respondió inexorable Clemenceau.

Se hablaba un día de periódicos y periodistas y se citó el caso del director de cierto diario.

—Por lo menos éste —dijo a Clemenceau un amigo— no ha pedido nunca nada ni ha solicitado nada de los fondos secretos.

—Es verdad —dijo Clemenceau—, pero con los periodistas pasa como con las mujeres, que las que no piden nunca nada son las más caras.

En 1909 Clemenceau debió someterse a una operación quirúrgica. Fue ingresado en una clínica y asistido por una monja, sor Luisa, que soportaba el mal humor del paciente. Al final éste, emocionado por el buen trato que había recibido de la buena monja, le dijo:

—Como agradecimiento a su bondad procuraré que le den las palmas académicas.

Las palmas son una condecoración inferior a la cruz de la Legión de Honor. La monja, con fino ingenio, contestó a Clemenceau enseñando el crucifijo que llevaba en el pecho:

—Gracias, pero sería degradarme, porque ya tengo la cruz.

Recordando que en su juventud había sido médico, un amigo le consultó:

—Siento un extraño cansancio...

—Trabajas demasiado.

—Un aburrimiento mortal...

—Te escuchas demasiado.

Un día estaba hablando mal de un ministro y un amigo le dijo:

—Me asombra que hables tan mal de él.

—Es que es un idiota.

—Pero precisamente tú le has nombrado ministro. ¿No lo sabías cuando le escogiste?

—Dime la verdad —respondió Clemenceau después de un momento—. ¿Por ventura conoces a alguien más idiota que él?

Un día Clemenceau vio al diputado Michon que en el bar de la Cámara se metía en el bolsillo de la americana algunos emparedados. Él, con extrema habilidad, se los fue sacando sin que Michon se diese cuenta de ello, y que sólo reaccionó cuando los otros parlamentarios reían a mandíbula batiente. No dijo nada, pero, naturalmente, quedó muy molesto por el hecho. Algunas semanas después tuvo lugar la elección de presidente del Congreso y uno de los candidatos era Clemenceau. Michon, que debía darle el voto, recordó la broma, y como por otra parte era demasiado honrado para dar su voto al adversario se abstuvo de votar. Hecho el escrutinio los dos candidatos tuvieron idéntico número de votos y fue elegido el candidato opuesto a Clemenceau, por razones de edad. Así, por un voto, el del devorador de emparedados, Clemenceau perdió el deseado puesto.

Su programa político era muy sencillo.

—Ante todo es necesario saber lo que se quiere. Cuando se sabe lo que se quiere es necesario tener la valentía de decirlo. Y cuando se ha dicho es necesario tener la valentía de hacerlo.

Cuando las potencias aliadas se reunieron después de la guerra en París, el delegado americano propuso que las reuniones no se prolongaran más allá de las seis de la tarde porque él, por consejo del médico, tenía que reposar algunas horas antes de la cena. El delegado italiano propuso que no se reuniesen antes de las tres porque debía reposar después del almuerzo. El delegado inglés calló.

Entonces el viejo Clemenceau, que presidía, dispuso:

—Las reuniones empezarán a las tres y terminarán a las seis. Así el delegado americano podrá dormir después de la reunión, el delegado italiano antes de la reunión y el delegado inglés durante la reunión.

Cuando Paderewski era presidente de la República de Polonia se encontró con Clemenceau, entonces presidente del Consejo de Ministros. Fueron presentados y Clemenceau dijo al maestro:

—¿Paderewski? ¿Es usted Paderewski, el célebre pianista? ¿Le han hecho presidente de la República? ¡Oh, pobre, qué decadencia!

Cuando el doctor Voronof popularizó su método de rejuvenecimiento lo ofreció a Clemenceau, el cual lo rechazó diciendo:

—No digo que no, pero hablaremos de ello cuando sea viejo.

Tenía ochenta y tres años.

Carlos II en su corte, de la que la condesa D'Aulnoy fue un testigo privilegiado. Le acompañan su esposa, María Luisa, y la reina madre. (Cuadro de Ricci.)

Cómicos y público: más inconveniencias de las acostumbradas. (El grabado reproduce la representación de una obra en El Corral de la Pacheca, de Madrid.)

La vida de Alejandro Dumas, padre, fue tan folletinesca como sus obras. (Caricatura de la época, que presenta al escritor en su faceta de viajero.)

Lápida que recuerda el nacimiento de D'Artagnan; Los tres mosqueteros *fue una de las más célebres creaciones de Dumas.*

Revolución de 1830, de la que el viejo Dumas fue destacado protagonista. (La Libertad guiando al pueblo, *óleo de Delacroix.)*

Los Dumas, padre e hijo, en Argelia, a caballo. Cuando se le mencionaba La dama de las camelias *-que catapultó a la fama a su hijo-, Dumas padre respondía que él era* el autor del autor.

El último día de Numancia, *tras 240 meses de cruel asedio.*

Escipión el Africano *a su regreso triunfal a Roma, tras acabar con la resistencia numantina.*

Los españoles del siglo XVII, siempre de negro hasta los pies vestidos.

Orgullo vikingo: morir con la barca puesta.

En las posadas españolas del siglo XVII, según la condesa D'Aulnoy, tienen preferencia los arrieros, se desconoce el uso del tenedor y las perdices, en vez de asadas, se sirven carbonizadas.

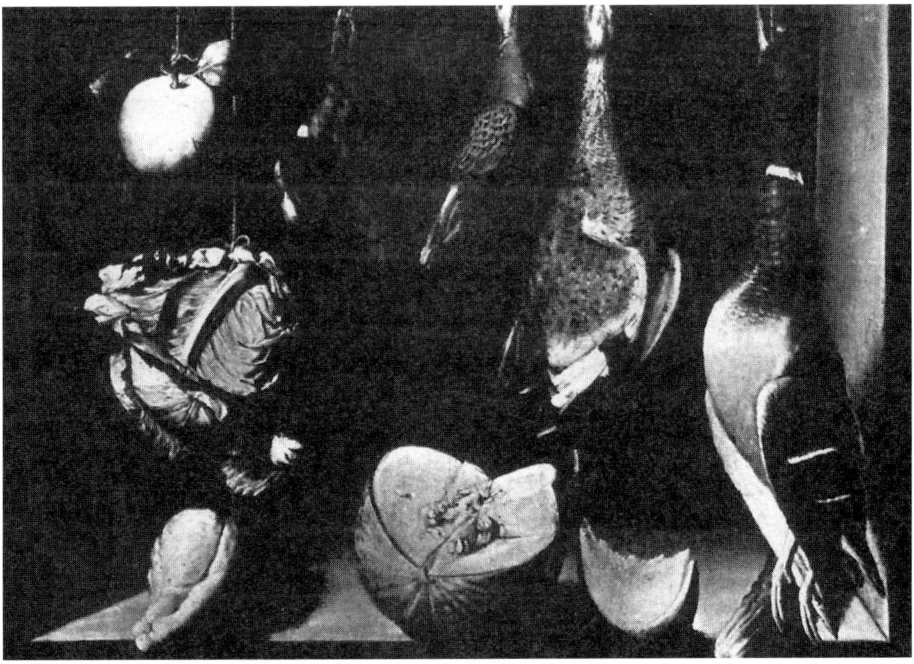

Étienne Méhul, capaz de componer Uthal *sin necesidad de violines.*

Alexander Borodin, científico competente amén de excelente compositor.

Erik Satie, el arquetipo del bohemio.

Las mujeres que aman la media luz odian las medias tintas. *(Grabado de Borel.)*

Conde de Aranda: al firmar, el Rey sólo pone pluma y tintero.

Picaresca en el mesón: ante todo, esquilmar al guiri.

Carlomagno, o la manía de sellar con el pomo de la espada.

El Ebro, alma de la pujante Zaragoza y del estéril Aragón. (Vista de Zaragoza en tiempos de Felipe IV.)

Bandoleros: guerra sin cuartel a los viajeros.

El primer flamenco, Felipe el Hermoso, *y la penúltima «flamenca», Carmen Amaya.*

La palidez y la hipocondría, rasgos destacados de las españolas del siglo XVII...

...cuyos vestidos apenas les permiten sentarse.

Dos veces «flamencos» por artistas y rumbosos.

Fue español el primero que se ligó *a la reina Cristina de Suecia, en el cine encarnada por Greta Garbo.*

Para Balzac, el instinto femenino es igual a la perspicacia varonil.

La mujer nueva*: superior al hombre en lo bueno y en lo malo.*

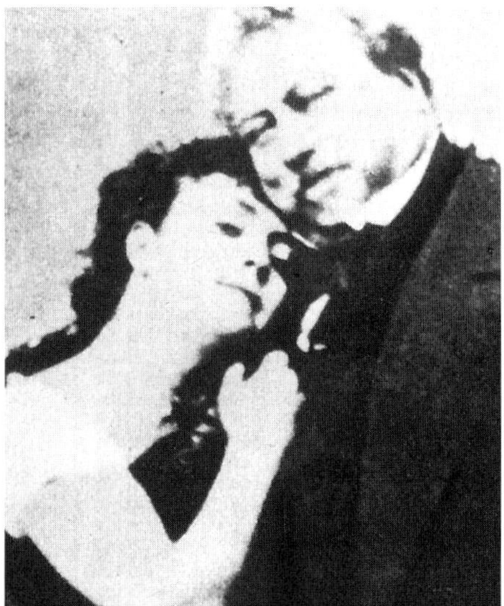

A Dumas se debe el popularísimo cherchez la femme.

Para lord Byron, la primera vez la mujer ama al Amante; la segunda, al Amor.

El que va a decir mujer / empiece a decir mudanza, *sentencia Calderón.*

El no rotundo de la duquesa prudente a Enrique VIII: Sólo tengo una cabeza, y la necesito.

Degas contra el teléfono: Te llama a campanillazos, como si fueras su criado.

Anatole France: ¿El cuerpo más pesado? El de la mujer que ya no se ama.

Carlos I, vendido *por los escoceses a los ingleses:* Prefiero a los que me compraron.

Arístides Briand ante un rebaño de ovejas: ¡Qué electorado más maravilloso!

Vizconde de Chateaubriand: Borbónico y monárquico por honor y convicción; republicano por temperamento.

La amante a Voltaire: Nada de perder el tiempo leyendo libelos...

Felipe III: la etiqueta palaciega, probable responsable de su muerte.

Felipe IV de cuerpo presente: más de cien mil misas por su alma.

Balzac y su matrimonio: Dos desconocidos unidos de por vida.

Bacon y el casarse: De joven, demasiado pronto; de mayor, ni hablar.

Todas las mujeres deberían casarse, pero no los hombres *(Disraeli)*.

Alejandro Dumas, hijo: La cadena del matrimonio es tan pesada que es necesario ser dos para llevarla, y a veces tres.

Según la Biblia, es mejor vivir en el desierto que con mujer litigante y fiera.

Lo avisa Horacio: La mujer con dote es ama de su marido.

Para Schiller, los mismos anillos que certifican el matrimonio son su cadena.

Chopin caricaturizado por Janko.

No siempre en España el rico home *es hombre rico.*

Caballero de golilla *(óleo de Murillo); con dicha prenda muchas veces era imposible agachar o volver la cabeza.*

La casa de Clemenceau daba al jardín de una residencia de jesuitas en el que había un gran árbol que impedía que Clemenceau tomase el sol. Pidió, pues, a sus vecinos si podían hacer algo podando el árbol; pero la respuesta fue más drástica, pues lo cortaron. El viejo político se apresuró a dar las gracias al superior de la residencia con una carta que empezaba:

—Padre. Permítame que le llame así pues gracias a usted he visto la luz del día...

La respuesta decía:

—Señor Presidente. Celebro haberle dado la luz del día. Desearía también haberle mostrado el camino del cielo.

Dos muestras de finísimo ingenio.

La *toilette* de una dama

Así como en Francia era costumbre de las damas encopetadas recibir visitas mientras estaban en la cama, en España a los caballeros no se les permitía entrar en sus aposentos cuando éstas no se habían levantado aún. La condesa D'Aulnoy dice que hasta los hermanos respetaban tal costumbre, que solamente rompían por enfermedad. Visita así a una señora y dice:

«Doña Teresa me recibió tan cariñosa como si fuéramos amigas; pero es necesario advertir, en favor de los españoles, que no degeneran sus confianzas en la familiaridad, que se convierte pronto en falta de respeto y mala educación, pues con mucho agrado, hasta en sus expresivos afectos, recuerdan siempre la consideración que merecen los demás y la que a sí mismos se deben. Doña Teresa estaba echada sin gorro ni papalina, con los cabellos partidos a uno y otro lado de la cabeza por una raya, y sujetos por detrás con una cinta; cubría su cuerpo una camisa muy delgada y muy larga, cuyas mangas le llegaban a las muñecas, con botones de diamantes; los puños y el cuello eran de seda, con flores bordadas. Apoyaba la cabeza entre varias almohadas pequeñas y guarnecidas con lazos de cinta y anchos encajes. Un cobertor bordado con oro y seda la cubría. La cama era de cobre dorado y tenía una cabecera muy alta labrada con bellas labores.

»Me pidió que la permitiese levantarse en mi presencia, y en cuanto puso los pies en las chinelas mandó correr el cerrojo por dentro. Pregunté a qué obedecía tanta precaución, y me contestó que por haber quedado en la sala contigua los caballeros, pues antes preferiría morir que darles ocasión de verla un pie. Reíme y la rogué que a mí no me los ocultara, por no tener el caso malicia, y vi unos pies diminutos, menores que los de muchos niños de cinco años. Luego cogió un frasco de colorete, y con un pincel se lo puso no sólo en las mejillas, en la barba, en los labios, en las orejas y en la frente, sino también en las palmas de las manos y en los hombros. Dijo que así se pintaba todas las noches al acostarse y todas las mañanas al levantarse; que no le agradaba mucho hacerlo y que de buena gana dejaría de usar el colorete, pero no era posible prescindir de una costumbre tan admitida, y por muy hermosos colores que se tuvieran, era de buen tono parecer pálida como una enferma. Una de sus doncellas la perfumó de pies a cabeza con excelentes pastillas; otra la roció con agua de azahar, tomada sorbo a sorbo y con los dientes cerrados, impelida en tenue lluvia, para refrescar el cuerpo de su señora. Dijo que nada estropeaba tanto los dientes como esa manera de rociar, pero que así el agua olía mucho mejor, lo cual dudo, y me parece muy desagradable que una vieja que desempeña tal empleo arroje a la cara de una dama el agua que tiene en la boca.»

La condesa está invitada a comer

Un caballero la invita a comer a su casa. He aquí la descripción, a mi parecer muy pintoresca:

«Me cogió de la mano y me llevó al salón, donde vi colocados en una mesa los cubiertos para los señores y en el suelo un mantel con otros tres cubiertos destinados a doña Teresa, a mi hija y a mí. Sorprendida me dejó tan extraña costumbre, y aunque me parecía difícil comer agachada, no quise decirlo antes de hacer la prueba. En mi vida estuve más incómoda que sentada en aquellos cojines. Me dolían las piernas; ya me apoyaba en el codo, ya en el brazo extendido con la mano abierta sobre el tapiz; por fin, tuve que levantarme y dejar de comer, sin que doña Teresa extrañara mi desazón, porque sin duda supuso que las francesas comemos en el suelo como las españolas.

»Pero don Fernando de Toledo, más advertido, se levantó, y otro tanto hizo don Federico de Cardona, para rogarme ambos que me sentase a la mesa. Yo me dispuse a ocupar el sitio que me ofrecían, pero era necesario que doña Teresa ocupara otro semejante, y ella no se atrevía ni levantaba los ojos. Don Agustín le rogó que se acercase y comiéramos todos juntos, para probarme la satisfacción que mi presencia les causaba; y fue cosa de risa ver cómo aquella joven española estaba no menos destrozada en la silla que yo en el suelo. Nos confesó, con incomparable ingenuidad, que hasta entonces nunca se había sentado en una silla y no había imaginado que llegara nunca ocasión de hacerlo.

»La comida fue agradable y alegre, y consideré que nada más podía pedirse a la delicada manera de tratarme que tuvieron en aquella casa. En recuerdo di a doña Teresa cintas, horquillas y un abanico; tan bien le parecieron, que hizo más extremos que si hubiera recibido un valioso regalo. Sus frases de gratitud no eran vulgares y nada se descubría en ellas de interesado ni fingido. Verdaderamente, hasta en las más triviales circunstancias brilla el singular ingenio de las personas en este país.»

El ingenio en la historia y en la literatura (III)

Muchas son las frases que, esparcidas en las obras de autores célebres o no, se han ido repitiendo hasta el punto muchas veces de no saberse el autor. Sirva como ejemplo la célebre frase de Ulpiano que deben aprender todos los estudiantes de derecho al empezar el curso de Derecho Romano y que, sea en el latín original o en su traducción, son citadas a profusión:

«Juris praecepta sunt haec: honeste vivere, alterum non laedere, suum cuique tribuere» («Éstos son los preceptos del derecho: vivir honestamente, no dañar a otro, dar a cada uno lo suyo»).

Y para seguir con más latinajos citemos el *«Summum ius summa iniuria»* («El derecho extremo es una extrema injusticia»).

La justicia o, mejor dicho, la aplicación de la justicia ha sido siempre objeto de mordaces sátiras, algunas de ellas involuntarias, como la que Alessandro Manzoni escribe en su obra maestra *Los novios*: «"No obstante hay una justicia en este mundo", murmuró Renzo. Lo que prueba que un hombre hundido por el dolor no sabe lo que dice.»

En el Talmud se lee una frase que puede aplicarse a la justicia: «Si la piedra cae sobre el cántaro desgracia para el cántaro. Si el cántaro cae sobre la piedra desgracia para el cántaro.» De todas maneras es siempre el cántaro el que sufre. Ni que decir tiene que la maldición gitana «¡Ojalá tengas pleitos y los ganes!» hace al litigante hermano del cántaro de la frase talmúdica.

Edmond About en una de sus cartas a su prima Magdalena dice:

«Hace tiempo que he observado que los jurados no tienen piedad hacia los ladrones y en cambio son indulgentes con los infanticidas. Es cuestión de intereses: el jurado tiene miedo de ser robado y en cambio ha pasado ya la edad en que podía morir víctima de un infanticidio.»

Henri Bordeaux tampoco se muerde la lengua: «Al topar con la justicia se corre siempre peligro: a veces por causa de la ley, otras por causa de los jueces.»

«Un hombre que juzga a otro hombre es un espectáculo que me haría morir de risa si no me inspirase piedad.» Esta frase es de Gustavo Flaubert.

Víctor Hugo dice que ser bueno es fácil; lo difícil es ser justo. El autor alemán Franz Grillparzer afirma: «De todas las virtudes la más difícil y rara es la justicia. Por un justo se encontrarán diez generosos.»

En esta época de eternos procesos e investigaciones interminables justo será recordar la célebre frase de La Bruyère: «Una circunstancia de la justicia que se debe a los demás es la de hacerla rápidamente y sin diferirla; hacerla esperar es injusticia.»

Escéptico como siempre, el príncipe de Ligne afirma que para ser imparcial es necesario tener mucho dinero en el bolsillo.

Napoleón afirmaba que el primer deber del rey es la justicia y en otro momento declaró que la justicia tenía que ser rápida porque decía que más importante que juzgar a quién pertenecía un campo era para la nación estar seguro de a quién pertenecía, queriendo indicar con ello que la celeridad era necesaria para la administración de los pueblos. Ojalá tomasen nota de esto las autoridades de nuestro país con escasez de jueces que hace que en los juzgados se eternicen los pleitos, sin que nadie sepa a quién pertenece un bien u otro. Se nos dice que no hay juzgados suficientes y se da el caso de multitud de ellos, y doy fe de lo que digo, que carecen de juez y los pleitos duermen en ellos el sueño no de los justos sino de los injustos.

Incluso el flamígero Maquiavelo dice que en las condenas se debe usar humanidad, discreción y misericordia.

Más triste es la opinión de Pascal, que dice que no pudiendo lograr que el justo fuese fuerte se ha hecho que el fuerte fuese justo.

Otra frase del Talmud merece ser recordada: «Quien es piadoso con los crueles acaba por ser cruel con los piadosos.»

En Venecia se recuerda una frase que ha pasado a ser proverbial: *«Recordeve del povero forner»* («Recordad al pobre panadero»). Parece ser que un joven panadero llamado Pietro Faciol una mañana de 1507, yendo a su tienda, encontró en mitad de la calle a un hombre asesinado, se inclinó sobre el cadáver y viendo junto a él un puñal lo recogió y mientras lo tenía en las manos llegaron los guardias, que viéndole inclinado sobre el muerto lo detuvieron y habiéndole encontrado el arma ensangrentada lo llevaron ante la justicia. Sea que aquella serie de fatales indicios pesasen más en el ánimo de los jueces que sus protestas de inocencia, sea que tras la tortura confesase culpa no cometida, el caso es que fue condenado a ser ahorcado. Faciol siempre proclamándose inocente subió con firmeza al patíbulo alzado entre las dos columnas de la Piazzetta de San Marcos la tarde del 22 de marzo de 1507. Transcurrieron pocos días cuando fue detenido por casualidad el autor del asesinato y la tradición cuenta que cada vez que se iba a juzgar a un acusado de homicidio se repitiesen ante el juez las palabras: *«Recordeve del povero forner.»*

El papa Gregorio VII, muerto en Salerno el año 1085, pronunció al morir las siguientes palabras: *«Dilexi justitiam, et odivi iniquitatem, propterea morior in exilio»* («Amé la justicia y odié la iniquidad, por eso muero en el exilio»). Esta frase ha sido pronunciada muchas veces por muchos políticos a quienes sus ideas les obligaron a emigrar y murieron lejos de su patria.

He aquí dos latinajos más que conocen muy bien los abogados y los desgraciados pleiteantes: *«Ad impossibilia nemo tenetur»* («A lo imposible nadie está obligado») y *«Error communis facit ius»* («El error común hace ley»). Las dos frases proceden del *Digesto*, base de todo el derecho romano, publicado en tiempos del emperador bizantino Justiniano.

Y para terminar, la frase evangélica que es todo un compendio de derecho eclesiástico: «Dad al César lo que es del César y a Dios lo que es de Dios.»

Las carrozas

Dejamos a la condesa D'Aulnoy comiendo en casa de su amiga Teresa. Después narra lo siguiente:

«Al salir de aquella casa vimos llegar dos carrozas, tiradas cada una por seis mulas, que se acercaban al galope más rápidamente que briosos caballos. Sin verlo, nunca hubiera creído que las mulas corrieran tanto, y después de haberlas visto, no me sorprendió poco ver de qué modo venían los tiros. Entre las dos carrozas y las doce mulas ocupaban, por lo menos, un cuarto de legua en el camino. Una de las carrozas tenía seis cristales grandes y estaba construida como las francesas, excepto la imperial, que resultaba muy baja y, por consecuencia, incómoda. En el interior había una cornisa de madera dorada tan grande como la de un aposento, y todo lo exterior estaba dorado, lo cual sólo se permite a los embajadores y a los extranjeros. Las cortinas son de damasco, y el cochero, montado sobre una mula delantera, deja vacío el lugar que le corresponde en el pescante. Pregunté a don Federico de Cardona la razón de tal extrañeza, y me respondió que se había generalizado esta costumbre desde un día en que el cochero del conde-duque de Olivares oyó una confidencia secreta que hacía su señor a un amigo, y por haberla revelado motivó un asunto ruidoso, pues hasta descubrirse la verdad, el conde-duque culpaba de infiel a su amigo, y después de averiguado, se convino en ordenar como precaución que los cocheros montaran en la primera mula. Los tiros son de seda o de cuerda, tan sumamente largos que las mulas distan entre sí más de tres varas. No comprendo cómo en tal disposición pueden correr tanto; bien es verdad que, si en campo abierto galopan, en las calles andan muy despacio, y es la cosa más aburrida del mundo ir así en coche con el pausado andar de las bestias. Mi prima ocupaba la primera carroza con tres damas españolas. Los escuderos y los pajes iban en la otra, que no reunía las mismas condiciones. Las portezuelas eran como las nuestras antiguas, de las que se abren hacia abajo, de modo que cuando las damas quieren apearse sin enseñar el pie, se bajan las portezuelas hasta el suelo. Reciben luz interior a través de vidrios como dos veces la palma de la mano; la imperial de la carroza se cubre con barragán gris, con grandes cortinas de la misma tela pendientes al exterior, y sujetas abajo con grandes botones. Todo contribuye a formar un desastroso conjunto, y se va en tales vehículos encerrado como en un baúl.»

Anécdotas musicales (IV)

Cuando George Bizet tenía diecisiete años, ganó la más codiciada distinción honorífica del mundo musical, el Gran Prix de Rome, título que le daba derecho a una permanencia de tres años en la Ciudad Eterna. Antes de abandonar París pidió a su maestro Carafa que le diera una carta de presentación para el gran Mercadante, patriarca de todos los compositores italianos y director del conservatorio de Nápoles. Provisto de tan poderosa recomendación se tomó una tregua de un mes de su trabajo en Roma y se fue a Nápoles a presentar sus respetos al gran autor. Pero aparte de Mercadante, Nápoles tenía otros atractivos para el joven Bizet: excursiones a Capri, óperas en el San Carlos y napolitanas morenas y hechiceras. Así, la visita al maestro patriarcal fue aplazándose de un día para otro, hasta que un día Bizet se encontró en el camino de regreso hacia Roma y la carta continuaba aún en su bolsillo, sin haber sido entregada a su destinatario. Bizet la contempló y sintió un vivo deseo de averiguar lo que su maestro pensaba de él. Con decisión abrió la carta y leyó:

«Mi estimado amigo Mercadante: Me complace presentarle un discípulo mío, el señor George Bizet. Es un muchacho encantador y de ameno trato, inteligente, simpático, bien educado y sociable. Tengo la seguridad de que su trato le complacerá a usted extraordinariamente.

«Siempre suyo,

»CARAFA

»P.S.: Bizet no tiene el menor indicio de talento musical.»

Cuando termina la enseñanza, empieza la verdadera lucha, el joven músico se ve obligado a enfrentarse con el mundo y a conquistarlo. Aunque al principio sea sólo un pequeño mundo...

Cuando Verdi tenía ocho años, su padre recogió todo el dinero que fue capaz de encontrar y compró una vieja espineta para que el muchacho pudiera estudiar música. Pero el instrumento era desvencijado y deteriorado, faltábanle varias cuerdas y las clavijas estaban agarrotadas. Había, sin embargo, un viejo llamado Cavaletti, que vivía en Le Roncolle, que se ofreció para reparar el viejo instrumento. Trabajó en él varias semanas, lo restauró admirablemente y lo devolvió por fin como nuevo. Cuando el padre de Verdi abrió la tapa, descubrió una inscripción del tenor siguiente: «Yo, Stefano Cavaletti, he reparado este instrumento en el año de gracia de 1821. Lo hice gratuitamente: el anhelo que siente el joven Giuseppe Verdi para tocarlo y su entusiasmo por la música, son suficiente retribución para mi trabajo.»

Las conquistas de Mozart, ciertamente, fueron de naturaleza más espectacular. Incluyeron príncipes, reyes, emperadores y hasta el mismísimo Padre Santo.

Fue en el miércoles de Ceniza de 1770 que Mozart y su padre visitaron la Capilla Sixtina en Roma para oír una ejecución del famoso *Miserere* de Allegri, una de las más nobles y bellas composiciones sacras de la Iglesia católica, consagrada desde la muerte de su compositor. A nadie le era permitido sacar copias de la obra y los cantantes de la Capilla Papal tenían prohibido bajo pena de excomunión llevarse las *particellas* fuera de la capilla. Mozart escuchó la sagrada música y se sintió profundamente impresionado por ella. Después de la audición regresó apresuradamente a su casa y, febrilmente, escribió de memoria toda la complicada obra. Dos días más tarde, el viernes Santo, padre e hijo volvieron a la Capilla Sixtina para oír una nueva audición del *Miserere*. Wolfgang llevaba el manuscrito escondido en su sombrero y furtivamente corrigió algunos errores. Aquella misma tarde se reunió con el famoso *Castrato* Christofori, miembro del coro papal, y le pidió que le cantara cierto pasaje del *Miserere*. Pero Christofori, teniendo presente la orden papal, varió la melodía intencionadamente. Mozart no pudo contener la risa. «Es completamente falso: yo le enseñaré cómo es.» Y con gran sorpresa de todos los presentes, cantó el tema con toda corrección.

Cuando papá Mozart contó la aventura de «Wolfi», en una carta a mamá, que había permanecido en Salzburgo, la sencilla y devota señora se sintió terriblemente trastornada. Durante varias noches no pudo pegar ojo por el temor de que su hijo pudiera ser excomulgado. Pero no lo fue. El papa Clemente XIV se enteró de la hazaña de Mozart, recibió al muchacho, que entonces contaba catorce años, en audiencia privada, le dio su bendición y le concedió el título de caballero de la Orden de la Espuela de Oro.

Después del esplendor meteórico de Mozart, ha pasado más de un siglo y medio hasta que otro niño conquistara triunfalmente los corazones de los hombres con su música. Fue Yehudi Menuhin. Fue aclamado en su primer concierto en Berlín, cuando, a la edad de trece años, interpretó con virtuosidad abrumadora y profunda comprensión los conciertos de Beethoven y Brahms. Al final del concierto, entre incesantes aplausos y vítores, regresó al camerino donde Albert Einstein estaba esperándole. «Tu manera de tocar, hijo mío —díjole el gran físico—, ha sido para mí la más definitiva prueba de que existe un Dios en el Cielo.»

El padre de Menuhin permanecía modestamente en un rincón, contemplando la realización del sueño de su vida. «Dígame, señor Menuhin —preguntóle una señora—, ¿de quién ha heredado este talento su hijo?» El anciano pensó un momento, sonrió ligeramente y replicó: «¡Del rey David, señora, del rey David!»

Y cuando la madre de Yehudi preguntó a su hijo si le gustaría algo especial, para ofrecérselo aquella noche, el muchacho respondió, delante de todos los que acudían a felicitarle: «¡Oh, sí, mamá! ¡Quisiera un helado!»

Como niños prodigios, Mozart y Weber fueron explotados sin piedad por sus padres; los de Haendel y Berlioz lucharon contra la inclinación musical de sus vástagos; mientras el padre de Félix Mendelssohn, Abraham, hijo a su vez del gran filósofo hebreo Moisés Mendelssohn, estimuló el talento de su hijo y le permitió desarrollarlo libremente.

Contrataba conocidos instrumentistas para que ejecutaran en su propia casa las primeras obras de su hijo; invitaba personas de rango y renombre (el compositor Zelter, el filósofo Hegel, el poeta Heine, Tieck, el traductor de Shakespeare, y también Niccolò Paganini) en calidad de auditores. El viejo rebosaba satisfacción cuando todos ellos le felicitaban por las obras de su hijo. «Bueno, ya ven ustedes —acostumbraba decir—, cuando era joven fui el hijo de Moisés Mendelssohn, ahora soy el padre de Félix Mendelssohn. ¿Qué soy en realidad? Sólo un eslabón entre dos generaciones.»

El padre de Brahms fue un músico vagabundo que se ganaba miserablemente sus céntimos tocando el contrabajo en bailes y restaurantes al aire libre; pero durante toda su vida fue el ídolo adorado de su hijo. Cuando en una ocasión, siendo ya compositor de fama mundial, Johannes Brahms regresó a su Hamburgo natal para dirigir un concierto, su viejo padre insistió en tocar el contrabajo en la orquesta. Nadie se atrevió a rehusarlo, aunque su técnica era completamente insuficiente para los intrincados pasajes de la *Serenata op.11* de su hijo. Los ensayos se convirtieron en una pesadilla para el director. Llegó un momento en que no pudo contenerse más: paró la orquesta, tosió con aire perplejo y se quedó un momento pensando cómo podría explicar las cosas a su padre. Entonces la sonora voz del viejo Brahms hizo retumbar la sala: «Ya sé lo que quieres decir, Johannes... pero no lo digas; mejor es que cierres el pico.»

El viejo rehusaba obstinadamente aceptar ningún dinero de su hijo, y para poder mantenerle Brahms necesitaba emplear el mayor tacto y delicadeza. En una ocasión, al despedirse para salir de viaje, Johannes dijo a papá Brahms: «Créame, padre, en cualquier circunstancia la música es el más grande consuelo. Si se encuentra usted alguna vez descorazonado y siente necesidad de algo para remontar un mal momento, tome mi vieja partitura del *Saúl* de Haendel y léala; estoy seguro que en ella encontrará lo que le haga falta.»

Algún tiempo más tarde, el viejo se encontraba muy apurado. Acordóse de las palabras de Johannes y hojeó la vieja partitura. Lo que encontró en ella fue realmente lo que precisamente necesitaba: su hijo había colocado cuidadosamente un billete de banco en cada página.

Madrid (I)

«La villa no está rodeada de murallas ni de fosos y las puertas no cierran el recinto; por añadidura, las hay ruinosas. No tienen castillos que declaren una ostensible defensa, ni siquiera tapias que no puedan ser destruidas a naranjazos; pero las fortificaciones resultarían inútiles; porque las montañas que rodean a la villa la resguardan, y los puertos que abren paso en ellas pueden cerrarse con una roca y defenderse con cien hombres contra el más numeroso ejército. Las calles son largas, rectas y de bastante anchura, pero no las hay de peor piso en el mundo; por mucho cuidado que se tenga, el vaivén de los coches arroja el fango a los transeúntes. Los caballos siempre llevan las patas mojadas y el cuerpo enlodado; en las carrozas no puede transitarse tampoco si no se llevan todos los cristales cerrados o las cortinas bajadas, y, a pesar de las prevenciones advertidas, el agua entra muchas veces por los intersticios inferiores de las portezuelas, que no suelen ajustar bien. Los portales son espaciosos y las casas bonitas y cómodas, construidas con ladrillo y tierra, y, por lo menos, de alquiler tan subido como en París. Cuando se construye una casa nueva, el primer piso corresponde al Rey, quien puede alquilarlo y hasta venderlo si el propietario no tiene la precaución de adquirirlo pronto; lo cual produce al monarca una renta considerable.

»Hay en cada casa, generalmente, diez o doce habitaciones

para cada piso, y en algunas hasta veinte y más. A causa de su situación se reputan de invierno o de verano; con frecuencia también se reservan especiales para otoño y primavera, y como a esta costumbre se une la de tener muchos criados, precisa tomar expresamente para ellos las casas próximas. Dos motivos contribuyen principalmente a tener una muchedumbre de criados en cada familia. El primero consiste en que los españoles no les dan más que dos reales diarios para mantenerse, y digo los españoles, porque los extranjeros les dan cuatro. Tal estrechez obliga a los pajes a ser más ladrones que las urracas; pero en esto no exceden mucho los pajes a los demás servidores, pues todos muestran la misma inclinación. El abuso es tan grande que, al llevar los platos a la mesa, por el camino comen cuanto pueden, y como han de mascar las tajadas muy calientes, muchos tienen la dentadura estropeada.

»Aconsejé a mi prima que se mandara construir un puchero de plata cerrado con cadena y llave, como el del Arzobispo de Burgos, y me dijo que ya lo tiene, de modo que lleven la llave al dueño cuando el cocinero lo ha llenado, y éste se ve obligado a observar por una estrecha rendija si la sopa cuece bien y está ya hecha. Por este procedimiento, los pajes han de contentarse con el olorcillo del vaho; pero antes de que se adoptara ese procedimiento, ocurría con frecuencia que, al ir los señores a comer el guisado, sólo encontraban la salsa. Y es necesario advertir que los españoles, tan sobrios cuando pagan lo que consumen, lo son poco cuando viven a costa de cualquiera. He visto a personas de calidad comer como lobos en un banquete dado por mi prima, y excusaban su hambre con el buen sabor de los guisos condimentados a la francesa.

»Casi en todas las esquinas hay vendedores de comida guisada, y en grandes pucheros apoyados en trébedes la cuecen en la misma calle. Allí acuden las gentes para procurarse algunas habas, ajos, cebollas y un poco de cocido, en cuyo caldo remojan el pan. Los escuderos y las doncellas de las mejores familias comen también allí, pues en las casas de los señores no se guisa más que para los dueños. En general se bebe muy poco vino; las mujeres no lo prueban, y los hombres lo ahorran; el mayor ultraje que se puede hacer a un español es llamarle borracho.

»Ya explicada una de las razones por las cuales abundan

tantos criados, veamos la otra: Cuando un gran señor muere, aunque tenga cien criados, el hijo no despide a ninguno y los agrega a los que ya tenía para su servicio. Si muere la madre, sus doncellas pasan a su hija o a su nuera, y esto se repite hasta la cuarta generación. Se hospedan tales gentes en casas cercanas a las que su dueño habita, y se les paga el sueldo asignado sin utilizarlas nunca; pero acuden con frecuencia, para justificar que viven aún como haraganes, pues no sirven para más que ir y venir.

»En casa de la duquesa de Osuna (muy noble y alta señora) me sorprendió ver un enjambre de doncellas y dueñas que obstruían los corredores y las antesalas. Le pregunté cuántas mujeres como aquéllas pagaba, y me contestó que trescientas, pero algún tiempo antes quinientas. Si los aristócratas conservan tantos servidores, excusado es decir que será mayor todavía el número de servidores del Rey. Sólo en Madrid paga sueldo a diez mil criados, que entorpecen sus asuntos en vez de facilitarlos. Hay en Palacio almacenes donde muchos van a buscar provisiones, que se ofrecen a cada uno según la calidad de sus títulos o de su empleo. Se distribuyen allí hortalizas, aves de corral, caza, pescado, chocolate, fruta, hielo, carbón, aceite, pan, bujías; en una palabra, todo lo que se consume y se necesita en el gasto diario. Los embajadores tienen derecho a tales regalos y los Grandes de España también, y encargan a ciertas personas de la venta de lo que allí recogen, sin pagar impuesto alguno, lo cual les produce un ingreso considerable, porque los derechos de entrada son excesivos.

»Solamente a los embajadores y a los extranjeros se les permite ir acompañados por varios pajes, pues la pragmática prohíbe a los españoles que lleven más de dos lacayos y un escudero. De modo que un gran señor sostiene quinientos criados para no poder servirse más que de tres. El escudero no lleva espada como los lacayos, y son los tres tan viejos, que con frecuencia pasan de los cincuenta años y muy pocos habrá que tengan menos de treinta. Mal fachados y macilentos, se cortan el pelo por la parte superior de la cabeza y lo dejan crecer por atrás y por los lados; se peinan rara vez. Los lacayos llevan espada larga suspendida en un tahalí y oculta bajo la capa; visten de azul o verde, y con frecuencia sus capas de paño verde están forradas de terciopelo azul; usan mangas de terciopelo, de raso o de damasco, con todo lo cual parece que debería resultar su traje agradable, pero no recuerdo vestimenta peor conformada que la de tales hombres, cuyo aspecto innoble deshonra su librea. Se cubren con una valona sin cuello, y no hay en su ropa ribetes de cinta, ni lúcidos botones, ni guarnición alguna.

»Los pajes siempre van en la carroza de acompañamiento y visten de negro todo el año; en invierno, terciopelo. Llevan capa larga, y cuando van de luto la llevan arrastrando. No usan espada, pero la mayor parte llevan un puñal en su cintura. En verano visten de tafetán o de damasco y se cubren con una capa de tejido muy sutil.»

Madrid (II)

«Solamente los grandes señores y los titulados pueden servirse, dentro de la ciudad, de cuatro mulas y tiros largos para sus coches. Si alguien de humilde condición quisiera infringir tal privilegio, por muy enriquecido que fuese, tendría que sufrir en la calle la vergüenza de ver cortar los tiros, y, por añadidura, le obligarían a satisfacer una multa cuantiosa.

»No basta ser rico si no se es noble. Sólo el Rey puede lucir seis mulas en su carroza y en las carrozas de su acompañamiento, que no se parecen a las otras, y se distinguen por estar forradas de hule verde y tener su techumbre abarquillada, como las tartanas, pero no de mimbre como éstas. Su trabajo de talla es muy tosco y las portezuelas se abren hacia abajo, todo lo cual sirve para darles un aspecto poco agradable. No comprendo cómo un Rey tan poderoso quiere servirse de tales carrozas, y aquí me dicen que, por usarse de aquella forma en tiempos de Carlos V, cuantos Reyes han subido al Trono después de aquel famoso Emperador quisieron conservar algunas de sus costumbres. Ciertamente, será necesario que haya razones muy atendibles para que tan altos personajes usen tan malas carrozas, cuando las usan comodísimas algunos grandes señores que traen las suyas de Francia o de Italia. Todas las carrozas se guardan en patios espaciosos, donde hay cocheras cerradas, y esto sucede porque la mayor parte de los edificios no tienen cuadra ni puerta para entrar los coches. De algún tiempo a esta parte se reemplazan ya las mulas por caballos, y los hay magníficos; nada les falta; difícil había de serle a un pintor idearlos más hermosos. Es casi un crimen uncirlos a carrozas que pesan como casas y hacerlos andar por un pavimento infame, donde se desgastan sus cascos en menos de dos años. Son caros y no lucen cuando tiran difícilmente de una carroza, pero los he visto enganchados en pequeñas calesas muy bonitas, pintadas, doradas y con capota de fuelle, como las de Holanda, y así corrían con la cabeza tan erguida como ciervos.

»Fuera de la villa cualquiera puede usar un tiro de seis caballos para su carroza. Los arneses no dejan nada que pedir, y como las crines de los caballos son muy largas, las llevan trenzadas y recogidas con lazos de colores. Los arneses de las mulas son de cuero liso, muy anchos, hasta el punto de cubrirlas casi por completo.

»Anteayer fui a pasear con mi prima. Salimos por la puerta de San Bernardino, donde se pasea en invierno. Encontramos a don Antonio de Toledo, hijo del duque de Alba, que iba con el duque de Uceda y el conde de Altamira. Llevaba un tiro tan admirable que le prodigué alabanzas cuando su carroza se acercó a la nuestra. Según costumbre, el duque me dijo que sus caballos estaban a mi disposición y él a mis pies, y cuando al anochecer volvimos a casa, los criados me anunciaron que un escudero preguntaba por mí; atentamente me dijo que los seis caballos del señor duque de Alba quedaban en mi patio, destinados a mi regalo. Mi prima rió mucho al advertirme que a un caballero tan galante como don Antonio jamás se le puede alabar nada en su presencia; por lo cual, en vista de mi acreditada ignorancia en estos particulares y del valor excesivo del presente, rogué al escudero que se volviera con los caballos y diera en mi nombre mil veces las gracias a su señor; pero como el escudero se negase, uno de mis lacayos los llevó, y el escudero volvió a traerlos inmediatamente. Así pasara en ruegos y generosidades la noche, y los caballos de aquí para allí, si no se hubiera resuelto mi prima a escribir a don Antonio para explicarle lo sucedido, con bastante disgusto por su insistencia en ofrecer el regalo, que no aceptaríamos en modo alguno.

»Me han dicho que cuando el Rey ha montado un caballo nadie lo monta ya, por extremado respeto a las cosas reales. Ocurrió que habiendo comprado el duque de Medina de las Torres un caballo por 25.000 escudos, tan hermoso y tan noble le parecía, que lo hizo retratar. El Rey Felipe IV vio el cuadro y quiso conocer el original. El duque le suplicó encarecidamente que lo aceptara, y el Rey se negó, porque dijo: "Pocas veces me podré servir de tan hermosa bestia, y si nadie lo monta, pronto el caballo perderá todo su brío".

»Jóvenes muy bellas y de hidalgo linaje se dedican al servicio de aristocráticas damas, y ordinariamente bordan en oro, plata y sedas de colores los cuellos y las mangas de camisa de las señoras. Pero, abandonadas a sus naturales inclinaciones, trabajan poco y hablan mucho. También tienen los aristócratas enanas y enanos, que son muy desagradables; sobre todo, ellos me parecen feos, hasta el punto de causarme repugnancia: su cabeza es casi mayor que su cuerpo. Ellas arrastran su pelo destrenzado; llevan trajes magníficos y son las confidentes de sus dueñas, por cuya razón logran cuanto apetecen.»

Anécdotas musicales (V)

Anton Bruckner, siendo un muchacho de diecisiete años, ejercía el cargo de maestro de escuela en el pequeño pueblecito de Windhaag, donde además de enseñar a los chiquillos tenía que hacer la limpieza de la escuela, barrer la calle e ir a echar la basura. Por la noche, se enfrascaba en sus libros y estudiaba armonía y contrapunto; los domingos tocaba el órgano en la iglesia. Después de siete años de trabajo creyó que sus conocimientos eran suficientes para someterse a un examen ante una comisión imperial, constituida por las más altas autoridades musicales de Austria: Sechter, el gran contrapuntista; Dessoff, famoso director; Hellmesberger, director del Conservatorio; y Herbeck, maestro de coro de la Sociedad de Amigos de la Música.

Estos severos señores examinaron los conocimientos teóricos de Bruckner, y una vez satisfechos se trasladaron con el opositor a una famosa iglesia de Viena. Allí, Sechter escribió en un papel pautado un tema de cuatro compases; Herbeck lo aumentó a ocho compases; Dessoff lo cambió ligeramente y Hellmesberger, después de darle los últimos toques, lo entregó a Bruckner invitándole a subir al órgano para improvisar sobre dicho tema. Bruckner contempló el papel; permaneció callado y sin moverse. Hellmesberger, desconcertado, repitió la invitación y Bruckner subió lentamente los escalones.

Sentóse frente al órgano y empezó a tocar. Poco a poco formóse bajo sus dedos una poderosa estructura musical. Un torrente de esplendorosas melodías empezó a fluir suavemente, inagotable, hasta florecer en una potente fuga para terminar con una serie de acordes masivos, claros y robustos. Los cuatro examinadores escucharon con la boca abierta mientras el órgano resonaba en la iglesia. Luego, Herbeck, dirigiendo la mirada al órgano, dijo: «Amigos míos, ¡él es quien debiera habernos examinado a nosotros!»

Muchos años más tarde, Bruckner realizó la más grande ambición de su vida: la Universidad de Viena le confirió el grado de doctor Honoris Causa en filosofía. El gran físico Adolf Exner, rector de la universidad en aquel entonces, y todo el claustro de profesores, revestidos de sus antiguas togas, dieron la bienvenida en la puerta de la universidad al pequeño y modesto viejecito. Centenares de voces cantaron el tradicional *Gaudeamus igitur*. Y Exner, inclinándose profundamente, dijo: «Cuando la ciencia debe detenerse porque barreras insuperables obstruyen su marcha progresiva, allí empieza el reino del arte. Por esta razón, yo, el Rector Magnificus de esta universidad, me inclino ante vos, el antiguo maestro de escuela de Windhaag, confiriéndoos el más alto honor que puede ofrecer esta venerable institución...»

La historia de la música occidental de los tiempos modernos empieza con una poética mentira: la leyenda según la cual el compositor Giovanni Pierluigi da Palestrina, cuando su noble arte se encontraba en peligro de ser desterrado de la iglesia, lo salvó, restableciéndolo en el mundo y garantizando para siempre su gloriosa posición.

En una sola noche (según cuentan) y con la ayuda activa de pequeños ángeles, quienes, enviados a la Tierra por la mismísima santa Cecilia, cantaban las más deliciosas melodías a su oído, Palestrina escribió la *Missa Papae Marcelli*. Y con esta pura y sublime obra maestra convenció incluso a los más enconados enemigos de la música; ablandó sus corazones y les obligó a abandonar sus perversos designios.

La historia real del origen de la *Missa* de Palestrina, aunque no tan romántica, no deja por ello de ser amena e interesante. A mediados del siglo XVI, la música en los templos había descendido a un nivel deplorable; melodías callejeras populares habían penetrado en los sagrados recintos, música de danza a la moda se cantaba con letra religiosa y cantores obscenos habían destruido la santidad del culto.

Sin embargo, ningún dignatario de la Iglesia con sentido de la responsabilidad había pensado jamás en desterrar de la liturgia uno de los elementos más importantes y efectivos de la general pompa eclesiástica: la música. Graves quejas, sin embargo, llegaban a oídos del Padre Santo, hasta que un día Marcelo II emplazó la Capilla Papal frente a su trono y reprendió a sus cantores en una plática sobre problemas musicales. Palestrina era miembro del coro. La impresión profunda que el solemne llamamiento del Papa le produjo se hizo más intensa por el hecho de que pocos días más tarde, Marcelo, habiendo reinado solamente tres semanas, murió. Palestrina decidió escribir una misa que correspondiera a los altos ideales del Papa fallecido y que en el futuro pudiera constituir un monumento a su memoria y una guía práctica para una nueva liturgia.

Después de cinco años de trabajo, la *Missa Papae Marcelli* fue terminada. El 19 de junio de 1565, exactamente diez años después del llamamiento de Marcelo, la misa se cantó por primera vez en la Capilla Sixtina y fue reconocida como una gran obra de arte. Ella consolidó para siempre la fama de Palestrina como *il principe della musica*, aunque ni los ángeles le habían ayudado, ni mucho menos había escrito su obra maestra en una sola noche, ni su creación había redimido la música.

Dando ahora un salto de siglo y medio, encontramos una historia excelente y bien aderezada a propósito del asunto de la *Water Music*. En primer lugar, sus antecedentes son asaz picantes: Georg Friedrich Haendel, que había desertado hacía algunos años de su puesto de *kapellmeister* de la corte de Hannover para instalarse en Londres, encontróse en un atolladero. Georg Ludwig, el elector de Hannover, habíase convertido en rey de Inglaterra bajo el nombre de Jorge I y el infiel *kapellmeister* se encontraba entre la espada y la pared. El nuevo rey le ignoraba totalmente. Iba a ver sus óperas, le gustaban y las elogiaba, pero no hacía el menor caso de la persona del compositor. La delicada situación exigía tomar una determinación sagaz y prudente; y el amable barón Von Kielmansegge, maestro de las caballerizas reales, viejo y fiel amigo de Haendel, fue quien la ideó. El rey había ordenado organizar una partida acuática. Barcazas reales debían seguir el curso del Támesis descendiendo desde Whitehall hasta Limehouse; y Kielmansegge, encargado de organizar la fiesta, encomendó a Haendel que escribiera música apropiada para ser ejecutada en una embarcación que seguiría inmediatamente detrás de la que debía ocupar el soberano durante el curso de la travesía.

Así, Haendel compuso esta inspirada serie de deliciosas canciones y danzas, minués, *hornpipes*, fanfarrias y *bourrées*, que hoy día son bien conocidas bajo el nombre de *Water Music* (*Música acuática*). El 22 de agosto de 1715, en un claro día de sol radiante, tuvo efecto la fiesta. En el momento en que Su Majestad ocupó su embarcación, Haendel y sus músicos atacaron la obertura. El rey escuchó altamente complacido, felicitó al barón por su feliz idea y preguntó el nombre del compositor de tan encantadora música. Kielmansegge jugó su carta; con una profunda reverencia, respondió: «Georg Friedrich Haendel, Majestad.» El rey pareció agradablemente sorprendido e hizo llamar al señor Haendel. Presentóse el compositor; y el rey, después de felicitarle, ordenó una nueva audición de la obra para después de la cena. Haendel obedeció, agradecido, y antes de finalizar el día el rey y su antiguo *kapellmeister* habían reanudado las cordiales relaciones de antaño. Y... una deliciosa pieza musical había sido creada.

Un desenlace altamente moral y satisfactorio para un cuento sobre la volubilidad de un artista y la generosidad de un rey. Desgraciadamente, el único fallo que presenta es que su veracidad es más que discutible. Hace algunos años Newman Flower, el biógrafo de Haendel, desenterró un documento (el informe diplomático del representante de Brandeburgo en la corte inglesa), que prueba sin ningún género de duda que la famosa partida acuática no tuvo efecto en 1715 sino en 1717; el 17 de julio, para mayor exactitud. El *Daily Courant* del 18 de julio de 1717 también menciona el real asueto, haciendo grandes elogios al «señor Haendel por las bonitas sinfonías compuestas expresamente para esta ocasión».

Resulta que en 1717 el rey y el compositor ya se habían reconciliado y sus relaciones se encontraban en los mejores términos. Haendel había tocado en la corte y hacía dos años que disfrutaba de una pensión real de doscientas libras anuales.

Cuando la *Water Music* fue escrita, pues, la famosa reconciliación había cumplido más de dos años, como mínimo, y se realizó probablemente sin acompañamiento de música alguna, lo que no deja de ser una verdadera lástima.

Y dando un nuevo brinco de un siglo, he aquí la historia, ciertamente convincente, aunque no rigurosamente cierta, sobre Beethoven y Goethe en Teplice.

Los dos titanes se encontraron en el balneario de Bohemia durante el verano de 1812. Un atardecer, según nos cuentan, daban un paseo juntos, discutiendo diversos temas musicales, cuando súbitamente toda la corte austriaca, el emperador, la emperatriz y el archiduque Rodolfo, seguidos de sus cortesanos, se cruzaron con ellos.

Goethe se hizo a un lado, quitóse el sombrero y se inclinó profundamente; no así Beethoven. Ostentosamente, encasquetóse el sombrero y abrochó su sobretodo; y con los brazos cruzados prosiguió en línea recta atravesando el grupo. La emperatriz le miró algo molesta pero cedió el paso, el emperador sonrió y sacudió la cabeza, el archiduque Rodolfo saludó a Beethoven y todos los príncipes y cortesanos se apartaron dejando pasar al compositor.

Cuando el cortejo hubo pasado Beethoven esperó a Goethe en medio del camino. «Bueno —dijo, y su voz parecía el rugido de un león—, os he esperado porque me merecéis gran respeto; pero creo que concedéis a esa gente más honores de los que merecen. Por mi parte, aprovecho cualquier oportunidad para hacerles sentir la diferencia entre ellos y yo. Hay miles de príncipes en el mundo; ¡pero sólo hay un Beethoven!»

Magnífica anécdota, por cierto, porque muestra a los dos inmortales exactamente bajo la luz con que todo el mundo desea verles iluminados: Goethe cortés y meloso, consumado cortesano; Beethoven orgulloso e indómito, eterno revolucionario. ¡Qué pena tener que destruir un relato tan característico y derribar un mito que pinta tan perfectamente sus caracteres! Pero hay que hacerlo en interés de la escrupulosa fidelidad histórica, aun a trueque de que Goethe aparezca menos adulador y Beethoven menos tosco.

Toda la historia es una pura invención de aquella conocida marisabidilla, la señora Bettina von Arnim, Brentano de soltera, que deseaba darle un chasco a su anterior amigo Goethe. Esta señora chismosa (consignemos de paso que fue la primera en sentimentalizar y romantizar el carácter de Beethoven) es la única fuente existente que atestigua la escena. Nadie más, absolutamente nadie, la ha mencionado ni sugerido ni confirmado ni descrito, aparte de ella. Probablemente Beethoven mismo se hubiera jactado de ello, y Goethe no hubiera continuado reverenciando a Beethoven hasta el fin de sus días si el incidente hubiera efectivamente sucedido. Pero además, desgraciadamente para Bettina, el profesor de historia de literatura de la Universidad de Praga, August Sauer, ha establecido indiscutiblemente que ni el emperador ni el archiduque Rodolfo pasaron un solo día en Teplice durante todo el verano de 1812, única vez en que Beethoven y Goethe se encontraron allí.

Alejandro Dumas, padre (II)

Un día explicaba la batalla de Waterloo ante algunos generales que habían tomado parte en ella. Iba y venía indicando la colocación de las tropas y citando frases heroicas. Uno de los oyentes, un general, consiguió por fin interrumpirle:

—Mi querido señor, las cosas no fueron tal como usted dice. Estábamos allí y todo lo que usted nos explica es para nosotros una novedad.

—Eso quiere decir que no habéis visto nada —respondió imperturbable Dumas.

Y reanudó el relato describiendo y explicando las acciones con tanto convencimiento que al final los generales sumergidos en aquel río de palabras empezaron a mirarse entre sí y el más anciano concluyó:

—Después de todo a lo mejor tiene razón él.

Una de las novelas mejores de Dumas es *El caballero de Maison-Rouge*. Era tan rápido en el trabajo que se dice que esta novela fue escrita en setenta y dos horas comprendidas las destinadas a la comida y al sueño. Algo que es extraordinario y que sólo Dumas podía llevar a término en tan breve espacio de tiempo.

Cuando iba a escribir la novela antes citada el hijo del protagonista le llevó para su consulta un gran paquete de cartas dejadas por el misterioso conspirador. Debían encontrarse en ellas revelaciones extraordinarias. Pero Dumas comprendió que si se entregaba a la lectura de aquellas cartas su inspiración perdía la libertad, y escribió su famosa novela sin haber abierto el paquete, que, por cierto, se perdió en un cambio de casa del gran novelista.

A la pregunta de un empleado del registro civil que extendía el certificado de nacimiento de uno de los numerosos hijos naturales de Dumas y que le preguntaba si reconocía al niño como propio hijo, respondió:

—Ciertamente reconozco al niño, pero le doy mi palabra de honor de que me sería imposible reconocer a la madre.

La actriz señorita Mars era conocida por sus aficiones lesbianas y Dumas la llamaba «el más honesto hombre del mundo».

Era de una prodigalidad exagerada. Cuando tenía dinero su mesa estaba abierta para todos. Numerosos parásitos acudían naturalmente a ella llevando a veces nuevos amigos, tanto que un día el novelista al entrar en el comedor dio una ojeada a los reunidos y dijo a su hijo:

—Hijo mío, vámonos. Aquí no conozco a nadie.

Asistía una vez al estreno de una obra y parecía distraído.

—¿Os aburrís? —le preguntó un amigo.

—No, no me aburro, al contrario. Pero me distraigo... Veréis, es más fuerte que yo: no puedo seguir una representación hasta el final. Escucho con atención el primer acto y después me lanzo de cabeza a la comedia que hubiera escrito yo.

El matrimonio de Dumas es todo una anécdota. En un baile de la corte presentó al rey a su amiga y amante. El monarca le dijo solamente:

—Querido Dumas, queda entendido que me habéis presentado a vuestra esposa.

Dumas comprendió la indirecta y al día siguiente se casó con la amiga de la que más tarde se separó.

Después de haber escrito grandes dramas, Dumas no daba al teatro más que breves actos, y explicó:

—He comido suficientes platos en el banquete literario. Ahora estoy en los mondadientes.

Un día le pidieron veinticinco francos para enterrar a un pobre alguacil muerto en la miseria. Dumas, que había pasado toda la vida combatiendo contra los alguaciles que iban a embargarle los muebles por orden de sus acreedores, sacó la cartera y de ella un billete de cien francos y dijo:

—No tengo otra moneda, coged estos cien francos y buscad el sistema de enterrar a cuatro.

Balzac y Dumas se habían peleado. Se encontraron por casualidad en casa de un amigo común y Balzac en voz alta dijo a Dumas:

—Cuando me haya vuelto imbécil escribiré para el teatro.
—Entonces empieza enseguida —respondió Dumas.

Un día se encontraba paseando por el bosque de Bolonia con un insigne crítico y encontraron a un señor inglés que había sido presentado hacía poco al ilustre escritor. Hablaron largamente y era evidente que el señor quería saber la dirección de Dumas para poder visitarle, pero por más que con toda su diplomacia inglesa lo intentó no fue posible que Dumas se la diese. Al final se saludaron y el escritor continuó su camino del brazo del crítico.

—¿Se puede saber por qué has rehusado dar tu dirección a ese señor? Al fin y al cabo no era un acreedor.

Y Dumas con flema dijo:

—Es verdad, pero podrá serlo.

En el Teatro Francés, durante un estreno, se sentó junto a Soumet, autor de la nueva obra. En un momento dado descubrió a un espectador dormido y se lo indicó a Soumet:

—Mira el efecto de tu obra.

Al día siguiente se representaba una comedia de Dumas. El autor estaba en el teatro y he aquí que Soumet se le acercó y enseñándole un señor que dormitaba plácidamente en una butaca de platea le dijo:

—Mira, querido Dumas, hasta tus obras pueden hacer dormir.

—No, no —replicó Dumas—, es el mismo señor de ayer que todavía no se ha despertado.

Ya se ha contado el origen del matrimonio de Dumas. Su esposa era una tal Ida, actriz de segundo orden; pero vivían separados, la mujer en la planta baja y él en el primer piso. Una noche muy fría de invierno, volviendo tarde a su casa, Dumas pensó que tal vez en el apartamento de Ida habría fuego en la chimenea y llamó. La esposa le abrió en camisa porque ya se había ido a la cama, pero el fuego brillaba alegremente en la chimenea y Dumas se sentó ante ella no obstante las prisas que le metía Ida para que se fuese pronto a la cama. Quizá fueron excesivas, el hecho es que Dumas sospechando algo miró por la casa y encontró en el balcón a su amigo Roger de Beauvoir, que temblaba de frío. Se esperaba una gran escena, pero Dumas tenía buen corazón y quería a su amigo. Se calmó y dijo:

—Oye, Roger, has turbado la paz de mi familia. Quiero perdonarte. Seamos magnánimos como lo eran los antiguos romanos, que cuando querían hacer las paces se reconciliaban en la plaza pública.

Y cogiéndole la mano la colocó sobre la más íntima de las parcelas de su mujer añadiendo:

—Ésta será nuestra plaza pública.

Cuando publicó su tragedia *Enrique IV y su corte* hizo encuadernar un ejemplar en satén y lo llevó a la actriz trágica Mars. Era joven todavía y al entrar en el piso de la artista se encontró con su médico, el cual, cuando supo la causa de la visita, con aire un poco burlón exclamó:

—¿Conque hacéis tragedia, jovencito?

—Sí, doctor —respondió Dumas jovialmente—, hago tragedias como vos, pero yo las encuaderno en satén mientras vos las hacéis encuadernar en madera de pino.

Una frase de Dumas que encuentro muy acertada: «Un escritor no adquiere fama de serio si no es a condición de ser terriblemente aburrido y muchos son los que adquieren celebridad porque la gente prefiere admirarlos antes que leerlos.»

Cuando sintió que llegaba su última hora llamó a su hijo y le dijo:

—Hijo mío, la leyenda dice que he sido un padre pródigo y que he dilapidado sin contar el dinero que ganaba y que te hubiese tocado. No es verdad. Cuando tu abuela murió por toda herencia me dio una moneda de veinte francos. Hela aquí, todavía la tengo.

De la devoción y otras cosas

«En todas las casas, a horas fijas, el servicio femenino acompaña a la señora a la capilla, donde rezan el rosario en alta voz. En general, no usan libro de oraciones. El conde de Charny, francés, amable, discreto y general de Caballería en Cataluña, nombrado por el Rey de España, me contaba que, estando un día en la iglesia, tenía en la mano durante la misa su libro de oraciones. Una vieja se le acercó, le arrebató el libro, y después de arrojarlo al suelo con indignación, le dijo: "Dejad estas cosas y coged el rosario." Es de ver el uso constante que aquí se hace del rosario. Todas las damas llevan uno sujeto a la cintura, tan largo que poco falta para que lo arrastren por el suelo. Rezan al ir por la calle, y cuando juegan al tresillo, cuando hablan y hasta cuando enamoran, murmuran o mienten, rezan, y recorren con sus dedos las cuentas del rosario. Figuraos cómo será en tales circunstancias la devoción; pero aquí es la costumbre más poderosa que todo razonamiento.

»Las mujeres llevaban hasta hace algunos años guardainfante de un tamaño monstruoso, que las incomodaba e incomodaba también no poco a los demás. No había puertas bastante anchas para que pudiera pasar una mujer con guardainfante. Ahora ya solamente lo usan cuando van a ver a la Reina o al Rey; pero, de ordinario, usan una especie de verdugados compuestos de cinco o seis aros de alambre, unidos unos a otros con cinta, que parten de la cintura, ensanchan hasta llegar al suelo y ahuecan el vestido, debajo del cual se ponen a veces varios refajos. Extraña ver tan cargadas a criaturas de tan fina constitución como suelen ser las españolas. El vestido es liso, de tafetán negro cuando no de pelo de cabra gris, con una alforza alrededor, un poco más alta de la rodilla; y cuando yo pregunté qué utilidad tenía, me dijeron que la de alargar el vestido a medida que se rozaba su orilla inferior. La Reina madre lleva, como las demás damas, alforzas en sus vestidos, y las monjas de la Orden del Carmen siguen también la misma costumbre hasta cuando viven en Francia. Pero, en general, tratándose de señoras de posición elevada, las alforzas responden a la moda y no a la economía, porque dichas señoras no suelen ser avaras y tienen vestidos numerosos que arrastran por delante y por los lados para cubrir perfectamente los pies, que tanto esconden las mujeres de aquí. He oído decir que cuando una dama tuvo todas las complacencias posibles con un caballero, para confirmar su ternura le muestra un pie, y esto es lo que se llama "los últimos favores". Preciso es convenir en que no hay nada tan bello como esos piececitos primorosos, tan menudos, que sus zapatos no son de mayor tamaño que los de algunas muñecas. Los llevan de tafilete negro forrados de seda de color, ajustados como un guante y sin tacones. Cuando las españolas andan parecen que vuelan; en cien años no aprenderíamos nosotros ese modo de andar. Aprietan los codos contra el cuerpo y corren sin levantar los pies del suelo, como quien resbala.

»Volvamos a tratar del vestido: debajo de la falda lisa ya mencionada llevan media docena de faldas, generalmente muy hermosas, adornadas con cintas delgadas y puntillas desde la orilla inferior hasta la cintura. Al decir media docena no exagero; sólo en los grandes calores del verano se limitan a ponerse tres o cuatro, entre las cuales no suele faltar alguna de terciopelo o de tupido y fuerte raso. Todo el año llevan, debajo de la falda más inferior, otra de tela blanca, que se distingue con el nombre de enagua. Es de preciosas puntillas de Inglaterra o de muselina bordada, y tiene cuatro varas de vuelo. Algunas enaguas cuestan quinientos y hasta seiscientos escudos. Por casa no llevan las señoras miriñaques ni chapines, que son una especie de sandalias de brocado provistas de una plantilla de oro, y que las levantan tres pulgadas. Con los chapines calzados andan mal y con mucho riesgo de caerse.

»El corpiño es bastante alto en la parte anterior, pero por detrás deja al descubierto media espalda, lo cual no es muy agradable, porque las españolas no acostumbran a tener buenas carnes, y como, por añadidura, suelen ser morenas, lo que muestran tiene pocos atractivos para los no acostumbrados a tan escuálidas y huesudas desnudeces. La carencia de pechos es otra de las condiciones que aquí caracterizan una belleza femenina, y las mujeres cuidan mucho de que su cuerpo no tome formas abultadas. Cuando los pechos empiezan a desarrollarse, los cubren con tenues laminitas de plomo, y se fajan como se les hace a los recién nacidos. Sus manos adorables no tienen defecto alguno: son pequeñas, blancas y bien formadas; las mangas anchas, que llegan hasta la muñeca, contribuyen a lucir, aumentándola en apariencia, su pequeñez. Esas mangas son de tafetán de colores, como las de las egipcias, y tienen puños de puntilla. El corpiño es generalmente de brocado, cuya seda ostenta vivísimos colores.

»Las personas de calidad usan ropa blanca buena y abundante; pero la mayoría carece casi en absoluto de ella, porque aquí las telas son escasas y caras; y como, por añadidura, hasta el español más pobre quiere cubrirse de fino lienzo, muchos hay que, con el dinero que les bastaría para comprar seis camisas ordinarias, compran una sola de las más finas y se quedan en cama cuando hay que lavarla o se visten sin camisa. Las lavanderas tratan bastante mal la ropa; por muy fina que sea, la golpean fuertemente y la secan sobre piedras puntiagudas, de tal modo que la despedazan. Y no es posible hacer una elección acertada entre las mujeres que se dedican al oficio de lavanderas, porque todas hacen por el mismo procedimiento el mismo daño y son a cuál más bruscas y desmañadas.»

Más sobre vestuario femenino

Al fin y al cabo mujer la condesa D'Aulnoy fija su interés en especial en el atuendo femenino, que le llama mucho la atención por ser tan diferente al usado en su país.

«Insisto en el traje de las señoras, cuya referencia interrumpí varias veces con digresiones relativas a cosas que de pronto recordaba. Diré que alrededor del cuello se ponen una puntilla de hilo bordada con seda roja o verde, con oro y plata. Llevan cinturones construidos con medallas y relicarios, y, además, el cordón de alguna Orden religiosa, ya de San Francisco, ya del Carmen, etc., etc. Esos cordones, de lana blanca, negra o marrón, cuelgan desde la cintura, por delante del vestido, hasta la orilla inferior, y tienen varios nudos, en cada uno de los cuales muchas veces ponen un botón de pedrería. Impone tales cordones el cumplimiento de algún voto hecho al santo; pero, con frecuencia, ¿cuál es el motivo del voto?

»Aquí las damas tienen abundante y hermosísima pedrería, y no llevan una sola joya, como las francesas, sino nueve o diez, unas de diamantes, otras de rubíes, perlas, esmeraldas y turquesas, muy mal montadas, porque aparecen casi totalmente cubiertas de oro. Al preguntarles yo el motivo de cubrirlas así, me dijeron que se construían de tal manera las alhajas por ser el oro tan bello como las piedras preciosas; pero supongo que la verdadera causa de que se oculten los tamaños de las piedras bajo una capa de metal habría que buscarla en el atraso de los artífices, que no saben trabajar mejor, si exceptuamos a Verbec, el cual haría joyas muy bellas si quisiera concluir cuidadosamente sus trabajos.

»Las damas llevan prendidos en el cuello del corpiño alfileres muy bien adornados con pedrería, y pendiente del alfiler, sujetando su extremo inferior en un costado, una cadena de perlas o diamantes. No usan collares, pero adornan sus muñecas con brazaletes, sus dedos con sortijas y cuelgan de sus orejas largos pendientes excesivamente pesados. No sé cómo pueden sufrirlos. En estas joyas lucen todo lo que les parece bello. He visto a algunas damas que llevaban colgados de sus aderezos relojes bastante grandes, cadenas de piedras preciosas y hasta llaves de Inglaterra primorosamente labradas y campanillas. Llevan también *Agnus Dei* y pequeñas imágenes pendientes del cuello y de los brazos; y sobre la cabeza, peinada de distintos modos y siempre descubierta, muchas horquillas rematadas con moscas de diamantes o mariposas de rubíes y esmeraldas. Se abren raya; distribuyen el pelo en dos partes a un lado de la cabeza, y echan la mayor parte al otro lado, extendiéndolo sobre la frente, de tal modo que forman una superficie brillante como un espejo. Otras veces se adornan con una trenza postiza y dejan su cuello caído sobre los hombros. Generalmente se hacen cinco trencitas, a cada una de las cuales anudan una cinta o una rastra de perlas y las unen por sus extremos a la espalda; en verano, mientras las damas permanecen en sus habitaciones, se cubren con un tafetán de color adornado con puntillas de hilo. No usan cofia ni de día ni de noche; algunas adornan su cabeza con plumas, como los niños. Esas plumas son muy finas y jaspeadas de distintos colores, y constituyen un bonito adorno, que sería muy grato poder usar en Francia.

»Las solteras y las recién casadas llevan hermosísimos trajes, y sus corpiños, de color, están bordados con oro.»

Anecdotario (IV)

Luis Eugenio Cavaignac, un general francés nacido en 1802 y muerto en 1857, fue gobernador de Argelia, ministro de la Guerra y jefe del poder ejecutivo después de la revolución de 1848. Su casamiento es digno de ser recordado.

Cuando el general Cavaignac dejó el poder era hombre de una cierta edad y parecía que iba a ser un decidido solterón. Una tarde, charlando en el salón de una familia conocida suya, afirmó que no se casaría nunca con una mujer mucho más joven que él. Al oír esta afirmación la jovencísima hija del amo de la casa se desmayó, fue necesario acostarla y curarla y de aquella improvisada escena nació un matrimonio que, en perfecto contraste con las ideas del general, fue felicísimo a pesar de que la diferencia de edad entre los dos esposos era casi de treinta años, y que fue alegrado pronto por el nacimiento de una niña.

Entre finales del siglo XVII y comienzos del XVIII Le Normand era considerado el primer abogado del foro parisino cuando apareció ante los tribunales un joven abogado llamado Henri Cochin, que en su primera defensa fue considerado tan admirable que Le Normand se apresuró a felicitarle diciéndole:

—En mi vida no había oído un informe tan elocuente.

Ingeniosamente Cochin le respondió:

—Se ve maestro que vos no sois de los que se escuchan a sí mismos.

Cosme I de Médicis, llamado *el Grande*, nació en Florencia en 1519 y murió en 1574; fue el fundador del principado de los Médicis en Florencia. Mucho dañó a su patria en su ambición por llegar a la soberanía, pero, cuando llegó a ella, proporcionó a su patria y a sus súbditos toda clase de bienestar y gloria. Por ello el pueblo decía de él:

—Hubiese sido todo perfecto si este príncipe no hubiese nunca nacido y después no hubiese nunca muerto.

Era un apasionado de la cultura y frecuentemente se hacía leer libros, pero mientras el otro leía acostumbraba a cerrar los ojos para mejor concentrarse y meditar. Uno de los presentes, no comprendiendo el hecho, le preguntó una vez:

—¿Por qué cerráis siempre los ojos?

—Para que se acostumbren a estar cerrados.

Y efectivamente murió mientras Marsilio Ficino le estaba leyendo Platón.

El sexto Gran Duque de Toscana fue Cosme III de Médicis, nacido en 1642 y muerto en 1723. Había anticipado una importante suma a un individuo para que fuese a Inglaterra a comprar plantas exóticas para sus jardines.

Un día, pasando sobre el puente del Arno, vio al poeta Fagioli sentado a una mesa escribiendo en un papel y le preguntó qué hacía, y Fagioli respondió que hacía la lista de todos los tontos que pasaban.

—Espero que yo no estaré en la lista.

—Cómo no, Alteza, sois el primero de la lista.

—Y ¿por qué, si se puede saber?

—Porque habéis enviado a aquel individuo al extranjero con tantos y tantos florines.

—Pero volverá con la mercancía.

—Ah, si vuelve nada se ha perdido, borro el nombre de vuestra Alteza y pongo el suyo.

Una noche, hablando con el poeta Fagioli, le rogó que le dijese alguna estupidez para hacerle pasar el malhumor.

—Dios me libre de decir una estupidez a mi soberano —dijo Fagioli.

—Alguna estupidez debéis saber. Dime, por ejemplo, qué se dice de mí en la ciudad.

—Oh, si sólo se trata de esto os diré que he oído decir que sois un gran duque, sabio, inteligente e íntegro. ¿Queréis mayor estupidez que ésta?

El célebre predicador francés Philippe Cospeau, nacido en 1568 y muerto en 1646, era obispo de Lisieux cuando tuvo que consagrar obispo a un sacerdote muy feo, el cual, después de la ceremonia, le dio las gracias.

—Por Dios —respondió Cospeau—, soy yo quien debo dároslas, pues antes de haceros obispo yo era el obispo más feo de toda Francia.

El pintor genovés Francesco Costa estaba un día en una reunión en la que los presentes no hacían más que blasonar de sus antepasados. Al fin, después de que cada uno hubiese remontado su genealogía hasta más allá de las cruzadas, le preguntaron a Costa qué hacía su familia y él respondió:

—Recuerdo que mi abuelo era de tal condición que no escupía en el suelo más que los días festivos.

Uno de los presentes, estupefacto, le preguntó por qué, y Costa respondió:

—Porque los días laborables se escupía en las manos para mejor manejar el azadón.

No hace mucho se expuso en París un cuadro del pintor Gustavo Courbet cuyo título era *El origen de la vida* y que mostraba impúdicamente un sexo de mujer. El cuadro se exponía por primera vez pues su propietario lo había guardado cuidadosamente dado su escabroso tema.

Courbet era amigo del novelista y crítico de arte Champfleury, que un día ideó gastarle una broma. Viajando en diligencia de París a Auteuil se encontró junto a un cesto de uva dirigido a una princesa rusa muy conocida en la alta sociedad parisiense. Champfleury, en un momento en que nadie se daba cuenta, escribió en un papel: «Señora, os amo más que mi vida y no puedo vivir sin vos», y firmó: «El pintor Courbet, rue Hautefeuille, 32.» Después introdujo el billete en el cesto.

Al día siguiente Courbet estaba todavía en la cama cuando se le presentó un señor muy grave y serio que dijo ser el príncipe K. Courbet, creyendo que la fortuna le proporcionaba un rico cliente, se mostró muy amable:

—Honradísimo; estoy a su disposición; tenga la bondad de esperar a que me vista.

Una vez vestido hizo penetrar en su estudio al señor que en tono amenazador exclamó:

—Soy el marido de la señora K.

—Tanto gusto, tanto gusto —respondió asombrado Courbet.

—¿Por qué os habéis permitido escribir este billete a mi esposa?

Asombro de Courbet, que al leer la carta se puso a reír. El príncipe, dándose cuenta de que se trataba de una burla y convencido de que el pintor no conocía a su esposa ni de vista, se retiró.

Pero lo más estupendo del caso fue que, pasados dos o tres años, un día entró en el estudio de Courbet una elegante señora que le dijo:

—Soy la princesa K., y como el príncipe, mi marido, ha muerto y por fin soy libre, recordando que vos no podíais vivir sin mí he venido a ofreceros mi mano y todos los bienes que poseo en Rusia.

El pintor, considerando que si los bienes eran muchos la mano era esquelética, muy esquelética, y recordando que las mujeres delgadas no le gustaban, especialmente, como era el caso, si habían sobrepasado los cincuenta, renunció al matrimonio.

Georges Courteline se llamaba en realidad Georges Moinaux y era hijo de Jules Moinaux, célebre escritor que fue no obstante superado por su hijo.

Como personaje conocido que era le enviaban continuamente desde los periódicos encuestas para que las respondiese con su ingenio habitual. Es éste un sistema con el que es fácil llenar cuartillas. Courteline respondía siempre con una carta impresa que decía textualmente:

«Tengo el honor de informarle que me importa un soberano bledo el asunto que tanto le interesa. Suyo afectísimo...»

Lord Courtney, célebre político inglés nacido en 1832 y muerto en 1903, hablaba un día en público declarándose favorable al famoso proyecto de ley, que provocó gran agitación en Inglaterra, para que fuese permitido a un viudo casarse con la hermana de su primera mujer.

Cuando hubo terminado su discurso, uno del público le preguntó:

—Si su esposa muriese, ¿estaría dispuesto a casarse con su hermana?

Lord Courtney sonrió y dijo:

—Para responder a su pregunta debo antes hacerle una yo. ¿Está usted casado?

—Sí.

—¿Y su esposa está presente?

—No.

—Pues bien, la mía en cambio sí —concluyó Lord Courtney.

Víctor Cousin fue un célebre filósofo, político y literato francés. Son célebres sus amores con Luisa Colet, hasta el punto que cuando era ministro de Instrucción Pública enviaba a su casa el coche del ministerio para que la llevase donde quisiera. Pero llegó a más: poco amante de la higiene se decidió un día a lavarse las manos. A eso llamaba sacrificar a las Gracias.

Una casa señorial

«Difícil sería encontrar una residencia tan suntuosa como la casa donde vive la duquesa.[1] Las habitaciones altas, que son las que ella ocupa, están recubiertas con preciosos tapices recamados de oro. Vense en una sala, grande y alargada, varias puertas vidrieras, correspondientes a los aposentos de las señoras. El primero es el de la duquesa de Terranova, tapizado en gris, con una cama revestida del mismo color; el segundo pertenece a su hija, la duquesa de Monteleón, que, por ser viuda, tiene tapices y muebles grises iguales a los de su madre; el tercero corresponde a la princesa de Monteleón, y no es mayor que los otros, pero tiene una cama de damasco verde y oro adornada con

1. De Terranova.

plata y blondas españolas. Guarnecen las sábanas encajes de Inglaterra extremadamente anchos y hermosos. Los aposentos de las hermanas menores de la princesa son dos y están revestidos de damasco blanco; las dos niñas que los ocupan han sido nombradas meninas de la Reina. A continuación se abre la estancia de la duquesa de Híjar, tapizada de terciopelo carmesí con fondo de oro. Los aposentos están separados unos de otros por tabiques de madera, y las doncellas duermen en la sala, en camas que ponen cada noche y retiran cada mañana.

»Las damas ocupan, generalmente, una extensa galería cubierta de preciosas alfombras. Vense alrededor, de trecho en trecho, almohadones de terciopelo carmesí bordados en oro. Hay, además, bastantes muebles, adornados con piedras finas bien labradas, traídas del extranjero; mesa de plata, cómodas y espejos admirables, tanto por su tamaño como por la rica labor de sus marcos, donde la materia más vulgar es pura plata. Lo que me gusta sobre todo son los escaparates, armarios cerrados por un cristal grande, que guardan cuanto se puede suponer de raro y exquisito, hecho con ámbar gris, porcelana, cristal de roca, bezoar, coral, nácar, filigrana de oro y otras materias preciosas.

»Nos reunimos en la galería más de sesenta señoras y ninguna llevaba sombrero. Todas estaban sentadas sobre almohadones, con las piernas cruzadas por debajo del vestido, antigua costumbre que han heredado de los moros. No había más que un sillón de tafilete, bastante mal construido; pregunté a quién estaba destinado, y me dijeron que al príncipe de Monteleón, el cual sólo entraba cuando se habían retirado las señoras. No pude resistir la postura en que ellas descansaban cómodamente, y me senté con mayor comodidad junto a un brasero de plata, donde ardían huesos de aceituna, para evitar el tufo del carbón; allí estaban acurrucadas seis o siete señoras, y cuando llegaba nueva visita, la enana o el enano se adelantaban para anunciarla, con una rodilla hincada en el suelo. Entonces se ponían todas en pie, y la joven princesa se acercaba rápidamente a la puerta para recibir a la recién venida, que iba, seguramente, a felicitarla por su casamiento.

»Las señoras de España no se saludan con un beso (tal vez por no descomponerse la pintura que amontonaron en sus mejillas), pero se ofrecen las manos desenguantadas; hablan cariñosamente y se tutean, sin llamarse nunca señora ni señorita, ni alteza ni excelencia, sino sólo doña María, doña Clara, doña Teresa, etc., etc. Quise averiguar por qué adoptan en su trato maneras tan familiares, y supe que lo hacen así para evitar entre todas motivos de piques y rencillas; y como la conversación ofrece ocasiones para establecer sencillamente diferencias y distinguir de fácil modo clases y rangos distintos, han adoptado la costumbre de tratarse sin aparente ceremonia. Es necesario añadir que se conciertan siempre los casamientos entre personas de la misma calidad; que las familias de los togados no se confunden con las de los cortesanos, y que un hombre que goce de título siempre se une con la hija de otro titulado. Aquí nunca se confunde y se enlaza con la nobleza la plebe, como sucede a veces en Francia, por lo cual poco arriesgan las mujeres de igual condición al tratarse familiarmente. Si llegan a una visita cien señoras, una después de otra, es preciso levantarse cien veces, y se anda como en procesión para salir a recibirlas. Me fatiga tanto esa costumbre, que las visitas me ponen de mal humor.

»Iban todas las señoras muy compuestas; lucían preciosos vestidos y joyas magníficas de valor extraordinario; había en la sala dos mesas de tresillo, donde se jugaba sin hacer el menor ruido. Yo no entiendo de barajas españolas, que parecen hechas de papel y están pintadas de distinto modo que las nuestras. Todo el juego en la mano apenas abulta, y creo no sería difícil a un tramposo escamotear una de aquellas delgadas cartas. Se hablaba de todo; se comentaban las noticias de la Corte y de la villa; la conversación era libre y agradable. Fuerza es convenir en que las españolas tienen un ingenio del que nos hallamos a mucha distancia; son cariñosas, amigas de agradar, y ensalzan de manera noble, con viveza y discernimiento; sorprende su mucha memoria, que se acompaña de un poder imaginativo; su corazón es muy sensible, algunas veces más de lo conveniente; leen poco y escriben menos, pero aprovechan muy bien sus escasas lecturas, y lo que raras veces escriben resulta siempre oportuno y conciso.

»Sus facciones son finas y bien delineadas, pero su excesiva delgadez sorprende a los que no estamos acostumbrados a ella. Generalmente son morenas, pálidas, y su piel es lisa y suave.

Sin duda, la viruela no las castiga tanto como en otros países, porque la mayoría no están marcadas por ella.

»Su cabello es intensamente negro y muy lustroso; ponen mucho esmero en su peinado y usan por lo regular un solo peine. Días ha vi en casa de la marquesa de Alcañices (hermana del condestable de Castilla, que estuvo casada en primeras nupcias con el conde-duque de Olivares) su tocado dispuesto, y aun cuando esta señora es una de las más elegantes y ricas, todo su tocado estaba en una mesilla de plata, y sólo contenía una toalla de lienzo de Indias, un espejo como la palma de la mano, dos peines, un acerico, y, en una taza de porcelana, clara de huevo batida con azúcar. Pregunté a una doncella lo que hacía con ese mejunje, y me dijo que servía para desengrasar la piel y ponerla brillante. Algunas tienen la frente lustrosa como el cristal, como si la llevasen barnizada, y la piel tan tersa, que, sin duda, les duele. La mayoría se depilan las cejas para estrecharlas, y procuran aparentar que arrancan del mismo punto hacia uno y otro lado de la frente, lo cual se considera un poderoso atractivo.

»Sin embargo, son muchas las que no emplean tales atavíos, y, en general, me parecen las españolas más naturalmente agradables que las francesas, a pesar de su tocado y de lo poco que realzan con sus modas la belleza de su rostro; pero ¡tienen unos ojos incomparables! Ardientes y expresivos, hablan un lenguaje tan amoroso y claro, que aun cuando las españolas no poseyeran más gracia que la de sus ojos, disfrutarían fama de muy hermosas. Su dentadura me parece bastante bien dispuesta, y sería más blanca si se acostumbrasen a cuidarla; pero no solamente la abandonan, sino que la estropean a fuerza de comer dulces y chocolate. Los hombres y las mujeres tienen aquí la mala costumbre de hurgarse los dientes con un palillo delante de otras personas, en la calle o en visita; nadie se los manda arreglar por los dentistas, y si alguno pretendiese hacerlo, tendría que renunciar a su propósito, porque aquí no hay quien desempeñe tal oficio; cuando es necesario arrancar una muela, lo hace el cirujano, según su leal saber y entender y su poca o mucha práctica.»

Algunas curiosidades

En 1862 se publicó en Barcelona un curioso libro titulado *La Sabiduría de las Naciones, o Los Evangelios Abreviados. Probable Origen, Etimología y Razón Histórica de Muchos Proverbios, Refranes y Modismos Usados en España, por el Dr. D.V. Joaquín Bastús*. El libro tuvo tanto éxito que se publicó una segunda serie al año siguiente y una tercera en 1867.

Se ha de tener en cuenta la fecha en que fue escrito para apreciar tanto el valor como los defectos de la obra, pues algunas etimologías han sido modificadas posteriormente (consúltese para ello el magnífico diccionario etimológico de Corominas) y también porque alguna de las frases que el autor da como corrientes han desaparecido por completo tanto del habla como de la literatura actual. Pero como al explicar algunas de ellas se dan datos muy curiosos sobre acontecimientos históricos o costumbres desaparecidas creo que interesará a mis lectores reproducir algunas de sus páginas. Así por ejemplo:

«YA PUDIERAN ENCUBARTE —Terrible maldición que un día se echaba en España, y que equivalía a ojalá que le metieran en la cuba con las alimañas con las cuales encierran y arrojan al mar a los parricidas.

»El parricida es el que mata a su padre o madre, y por extensión el que mata a cualquiera de sus parientes, o a los que son entendidos por padres, además de los naturales. Los nombres parricidio y parricida vienen del latín *cedes patris*, matador del padre.

»En todos tiempos y en todos los países se ha castigado este horroroso delito de un modo correspondiente a lo enorme de este crimen.

»En Persia, dice Filangeri, la ley suponía que era bastardo el que había dado muerte al que era considerado como padre suyo, y como tal era castigado como simple homicida.

»Solón en Atenas no hizo ninguna ley contra el parricidio, por considerar imposible su existencia.

»Pausanias dice que la pena de un parricida en los infiernos o tártaro es tener por verdugo a su propio padre, quien le está continuamente ahogando con sus propias manos. Siguiendo esta idea el pintor griego Polignotas representó de esta manera el suplicio de un hijo desnaturalizado que había maltratado a su padre.

»En Egipto se clavaban en el cuerpo del parricida muchas cañas, se le envolvía después en un haz de espinas, y luego se le pegaba fuego.

»La pena del padre que mataba a su hijo era muy diferente. Se le obligaba a que tuviese entre sus brazos al hijo muerto, en medio de la guardia pública de la ciudad, por tres días y tres noches continuos; si en este plazo no moría de dolor y sentimiento, la ley le dejaba libre, entregado a sus propios remordimientos.

»En Roma pasaron muchos años sin que hubiera una ley expresa contra este crimen, no creyendo que pudiese haber un hombre capaz de cometer un delito tan enorme, hasta el año 652, en que un tal Publio Maléolo mató a su madre. Este malvado fue condenado a morir ahogado cosido dentro de un gran cuero de buey: castigo que había sido pronunciado por Tarquino contra un sacerdote que había revelado el secreto de los misterios sagrados.

»Habiendo más adelante L. Oslio muerto a su padre, Pompeyo, confirmando esta ley, mandó que luego de haberle preso se pusiesen al parricida unos zuecos de palo, que no podía quitarse, y que con ellos fuese conducido a una prisión en donde permanecería un año entero, durante el cual sus pies no podían pisar la tierra, considerada como la madre común de los hombres.

»Pasado este término se apaleaba al parricida, y luego se le metía en un pellejo o saco de cuero junto con un mono, un perro, una víbora y un gallo vivos, y cosidos fuertemente se arrojaban al agua, para que en el fondo de ella muriese desesperado.

»Los chinos aplican a los parricidas el *longsche*, suplicio que consiste, según la expresión china, en cortar al reo en diez mil pedazos, es decir, en mutilarle miembro por miembro.

»Nuestra ley XII, título 8.º de la séptima Partida que tiene por título «Qué pena merece el padre que matare al hijo o el hijo que matare a su padre, o alguno de los otros parientes», previene lo siguiente: "Cualquier de ellos que mate a otro a tuerto con armas, o con yerbas paladinamente, o encubierto, mandaron los emperadores e los sabios antiguos, que este atal que fizo esta enemiga, que sea azotado públicamente ante todos, e de si que lo metan en un saco de cuero, e que encierren con él un can, e un gallo, e una culebra, e un ximio, e después que fuere en el saco, con estas cuatro bestias, cosan la boca del saco, e láncenlos en la mar o en el río que fuere más cerca de aquel lugar do acaeciere.”

»Sin embargo, la práctica ha templado estas penas con la muerte de horca o garrote, y después trasladan el cadáver al río o al mar y le meten dentro de una cuba en donde se advierten pintados dichos animales, y hacen la ceremonia de echarle al mar o río, y la cofradía que cuida de los penitenciados le recoge y da sepultura.

»La pena que se daba al parricida se llamaba encubar, o sea meter en la cuba con los animales dichos. Todos estos animales, dice Covarrubias, o matan a sus padres, o a sus hijos, o a sus consortes. La mona mata al monillo, brincándole y apretándole entre los brazos. El perro, por quitar el hueso arrojado a su padre, le mordisca y a veces le degüella. El gallo pica a su padre y forma pelea mortal con él, sobre tomar las gallinas. La víbora dicen que concibiendo por la boca corta la cabeza al macho... y por esto, concluye, encierran los tales animales con el parricida.»

Los anteojos

«Al entrar en el gabinete de la princesa de Monteleón extrañóme ver que algunas damas, jóvenes aún, llevaban sobre la nariz, y apoyados por detrás de las orejas, grandes anteojos, y lo que más me sorprendió fue advertir que ninguna de aquellas damas hacía cosa para lo cual pudiera serle necesarios los anteojos, pues todas hablaban sin aplicarse a labor alguna y sin quitárselos. Me hostigó la curiosidad, y pregunté a la marquesa de la Rosa, con quien he trabado amistad, a qué obedecía lucir sin necesitarlo aquel aparato de momento inútil. Es la marquesa de la Rosa una brillante dama que conoce bien la sociedad en que vive, aun cuando nació en Nápoles, y tiene mucho y muy delicado ingenio; le causó risa mi pregunta, y me respondió que como los anteojos daban cierto aire de gravedad, no se los ponían las españolas para distinguir mejor los objetos a través de los cristales, sino para inspirar respeto.

»—Ved a esa dama —dijo, refiriéndose a una que estaba cerca de nosotros—. Creo que no se ha quitado los anteojos en diez años ni siquiera para dormir. Sin exageración, puede asegurarse que muchas señoras y muchos caballeros comen con los anteojos montados en la nariz, y en la calle y en las visitas veréis a muchas gentes que nunca los abandonan. Es oportuno que os hable con este motivo de cierto suceso que ha de agradaros. Hace algún tiempo, una Orden religiosa ventilaba un litigio de graves consecuencias; era tanto el interés, que no se descuidaba lo más mínimo; aprovecharon todas las oportunidades y se valieron de la influencia de un joven novicio, cuyos padres eran personas de muy alta calidad. El prior aseguró al joven que todo podía prometérselo si su recomendación los sacaba de aquel atolladero. Por fin, los frailes lograron lo que se proponían, y el novicio, rebosante de gozo, corrió a darle al prior la noticia, dispuesto a pedirle una gracia que deseaba grandemente obtener; pero el prior, después de haberle oído y abrazado, le dijo, en tono solemne y grave: "Hermano póngase las *ojeras*." Esta libertad que se le concedía produjo tanto júbilo al novicio, que al sentirse con ella inmensamente honrado, no se acordó ya de pedir lo que deseaba. El marqués de Astorga, cuando era virrey de Nápoles, mandó esculpir su busto en mármol y exigió al escultor que no prescindiera de hacerlo con grandes anteojos. Como los usa toda clase de gentes, se ha procurado que su forma guarde relación con la calidad de la persona que los lleva, y a medida que la fortuna es más elevada, mayores también son los cristales de los anteojos y a mayor altura se apoyan sobre la nariz. Los Grandes de España los llevan como la palma de la mano, y se los quitan con menos frecuencia que la golilla. Antiguamente se hacían traer cristales de Venecia; pero desde que el marqués de la Cueva acometió la empresa denominada el Triunvirato, porque fueron tres los que pretendieron incendiar el arsenal de Venecia con espejos ovalados, para conquistar aquella ciudad para el Rey de España, los venecianos, a su vez, construyeron buen número de anteojos, que mandaron a su Embajador en Madrid, quien los regaló a toda la Corte, y cuantos los usaron se resintieron de la vista de tal modo, que se quedaban casi ciegos. Eran cristales tallados, de tal manera que al recibir el menor rayo de sol abrasaban los ojos. Sucedió que un día, en el Consejo, dejaron abierta una ventana, y al dar de lleno el sol en los anteojos, produjo una especie de fuegos de artificio que abrasaron las pestañas y ofuscaron la vista de todos. Puede imaginarse cuál sería el espanto que produjo semejante accidente entre los viejos venerables víctimas de él.

»—Bien quisiera —le dije a la marquesa— tener por cierto el notable caso que me habéis referido, pero me parece mucha exageración.

»—Como yo no lo vi —prosiguió, risueña—, no puedo afirmar su veracidad; pero sí juzgo del todo cierto lo que os dije referente al prior y al novicio.

»Posteriormente, y con frecuencia, he reparado que muchas personas de calidad, solas o acompañadas, en las carrozas de paseo lucen sobre la nariz enormes anteojos, que me parecen casi espantables.»

Una merienda

«En casa de la princesa nos sirvieron un agradable refrigerio. Se presentaron dieciocho doncellas con grandes bandejas de plata rebosantes de confituras de albaricoque, cerezas, ciruelas y otras varias frutas, envueltas de una en una en papeles dorados y recortados por las puntas como un fleco. Esto me parece muy bien y extremadamente limpio, pues así los dulces que se cogen se llevan a la boca desenvolviéndolos con cuidado sin pringarse los dedos, y también es posible guardar algunos, como se acostumbra, sin ensuciarse los bolsillos. Hay señoras que, después de atracarse hasta reventar, sacan seis o siete pañuelos, que para esos casos llevan, y los llenan de dulces. Aunque parezca esto un abuso a todas las demás, pasa como inadvertido, y tanta es la cortesía, que cuando han colmado sus provisiones, aún se les ofrece nuevamente que repitan. Las que así se portan anudan sus pañuelos y los dejan atados al miriñaque con un cordón.

»Después de los dulces nos dieron buen chocolate, servido en elegantes jícaras de porcelana. Había chocolate frío, caliente y hecho con leche y yemas de huevo. Lo tomamos con bizcochos; hubo señora que sorbió seis jícaras, una después de otra; y algunas hacen esto dos o tres veces al día. No extraño ya que las españolas estén flacas, pues no hay cosa más ardiente que el chocolate, de que tanto abusan; además, cargan de pimienta y otras especias cuanto comen, de modo que debieran abrasarse. También algunas, en casa de la princesa, comieron tierra sigilada. Ya os hablé de la pasión que muchas ponen en mascar esta tierra; suelen quedar opiladas: el estómago y el vientre se les hinchan y endurecen, y la piel se les pone amarilla como un membrillo. Quise probar esa golosina tan estimada y tan poco estimable, y aseguro que preferiría comer asperón que tierra sigilada; pero si se pretende ser agradable a estas damas, es preciso regalarles algunos búcaros, que ellas nombran barros, y frecuentemente los confesores no les imponen otra penitencia que la privación de pasar un día sin probar aquella tierra, que, a juicio de muchas, tan excelentes y numerosas cualidades reúne; cura ciertas enfermedades, y en un vaso de tierra sigilada se descubre cualquier bebida venenosa. Yo tengo uno que hace malo el vino y riquísima el agua; ésta parece que hierve cuando se llena el vaso y se la ve agitarse y retemblar (no sé si es propio lo que digo); pero después de algún tiempo, no largo, el vaso queda vacío; tan porosa es la tierra de que está hecho, y huele muy bien.

»Nos dieron agua extremadamente fría; en ninguna parte se sirven las bebidas tan frías como aquí. Para prepararlas usan con preferencia la nieve, que refresca mejor que el hielo. Después del chocolate se acostumbra a beber agua muy fresca.

»Terminada la merienda entraron luces. Acercóse primero el mayordomo, un hombre pequeño y encanecido, que llevaba una cadena de oro al cuello y pendiente de la cadena una medalla, regalo que se le había hecho por la boda del príncipe de Monteleón. Dobló una rodilla en tierra, y desde el centro de la galería dijo en alta voz: “Alabado sea el Santísimo Sacramento”, a lo que todos contestaron: “Por siempre alabado sea.” Tal costumbre se practica al encender las luces. Enseguida, veinticuatro pajes entraron de dos en dos, y al entrar hincaron la rodilla. Unos llevaban dos grandes candelabros, y otros dos velones, y cuando los hubieron dejado sobre las mesas y sobre los escaparates, se retiraron con mucha ceremonia, después de lo cual todas las damas hiciéronse unas a otras profundas reverencias. Será conveniente decir que los velones son lámparas sostenidas por una columna de plata bastante alta y que tiene un pie muy ancho. Cada lámpara tiene diez o doce picos, en cada uno de los cuales arde una mecha, de modo que un velón produce mucha claridad, y para que ésta sea mayor, cada luz lleva detrás una pantalla de plata, que la refleja. El humo no incomoda, y el aceite que se gasta en estos velones no tiene nada que envidiar al fino que se usa para ensalada. Esta moda me agradó muchísimo. Cuando todos los candelabros quedaron dispuestos donde los correspondía estar, la joven princesa de Monteleón mandó a las doncellas que trajesen la canastilla de boda, pues quería enseñármela. Volvieron las doncellas con treinta bandejas de plata, y para sostener cada una eran indispensables cuatro doncellas. Había en las bandejas cuanto se puede pedir, lo más hermoso y rico ajustado a la moda. Entre todo admiré tres jubones de brocado con botones de diamantes y esmeraldas; en cada uno, seis docenas de piedras preciosísimas. La ropa blanca y las puntillas de blonda no eran menos bellas. La princesa me hizo ver sus joyas y aderezos, que son admirables; pero tan mal construidos, que los mayores diamantes muestran el tamaño de uno de treinta luises montado en París.»

«Chocolate que no tiñe claro está»

El bueno de Bastús, en su libro ya citado y refiriéndose al desayuno habitual de los hombres de su época, escribe citando el refrán, hoy desconocido, que figura en el título:

«Modismo jocoso, usado familiarmente, que equivale a decir: cosa que apenas da muestras de su esencia, valdrá poco, será bien insignificante.

»¿Qué se tomaba para desayuno antes que se conociera el chocolate?

»Una taza de caldo o cazuela de sopa los unos, un vaso de leche los otros, mojando tal vez en ella un bollo o pedazo de torta o pan pintado, uno o dos huevos frescos pasados por agua, un poco de vino o aguardiente, con una rosca o zoquete de pan otras gentes; y una tostada o fruta de sartén, unas migas o unos torreznos con alguna fruta, ciertas clases acomodadas.

»Hemos leído que el fecundo Lope de Vega, antes de comer

los torreznos, que era como si dijéramos ahora tomar chocolate, había compuesto ya algunas veces un acto de sus comedias.

»Los torreznos son unos pedazos de tocino de la nalga o pernil, fritos. Se llamó torrezno, o *torrendo*, porque se tuesta y se asa en el fuego, etc.

»En cuanto a las migas, todo el mundo sabe que son pedacitos o migas de pan, fritas con aceite o manteca, más o menos condimentadas.

»Los griegos daban el nombre de *acratismo* a su desayuno, seguramente porque consistía en comer un poco de pan mojado en vino puro, que esto viene a significar aquel nombre.

»Los romanos llamaban a esta ligera comida *ientaculum*.

Surgite, iam vendit pueris ientacula pistos.
Cristatoeque sonant undique lucis avis.
(Marcial, Epigrama 223, libro 14.)

»Y San Isidoro, en el libro 20, capítulo 2.º, dice: *Ientaculum est primus cibus, quo ieiunium solvitur, unde et nuncupatum.*

»Del *ientaculum* nació el cantar castellano, que en lenguaje antiguo era lo mismo que desayunarse, almorzar, comer.

»También llamaban los romanos *morsus* al desayuno, nombre que en la baja latinidad equivalía a bocado o corta comida, porque a la verdad no se comía más que un bocado, y este nombre latino se dijo luego en castellano *muerzo*, y después *muesso*, hasta que más adelante se le añadió el artículo árabe o morisco *al* y se hizo el sustantivo almuerzo, y de éste el verbo almorzar.

»Descubrióse la América, conquistó Cortés a Méjico, y por primera vez tomaron chocolate los españoles en la corte de Moctezuma el año 1520, y en la que se usaba por el emperador y demás señores de ella de tiempo inmemorial.

»Aquel chocolate, sin embargo, distaba mucho de ser como el que nosotros tomamos. Aunque tenía también por base la almendra tostada y molida o machacada del cacao, el chocolate mejicano no era más que una fuerte infusión teiforme de dicha almendra, batida hasta el extremo, en una especie de chocolateras, y servida enseguida, trasformada casi en espuma, en unas grandes tazas o vasos al final de la comida.

»El árbol del cacao, privativo un día de América, a cuyo fruto daban aquellos naturales el nombre de *cacahoalt*, y del cual hicieron nuestros españoles el de cacao, era un signo monetario de que se servían muchos pueblos del Nuevo-Mundo en sus transacciones mercantiles, uso que no se halla aún del todo desterrado en algunos países.

»Pertenece este árbol, parecido a un cerezo, a la clase poliadelfia decandria del sistema sexual de Linneo, y a la familia de las malváceas del sistema natural de Jussieu.

»Dio Linneo al cacao el nombre más pomposo que pudiera aplicársele; llamóle *theobroma* o *theoboroma*; es decir, comida de los dioses, que esto significa este nombre de composición griega.

»Conocido el chocolate por Hernán Cortés y sus compañeros, hicieron en un principio sólo uso de él los españoles, hasta que luego le fueron propagando; y esta bebida mejicana, perfeccionada y variada hasta cierto punto con la adición de la canela, de la vainilla y del azúcar, era ya común en nuestro continente a últimos del siglo XVI.

»Se supone que el nombre *chocolat*, que daban los mejicanos a la bebida o infusión del cacao, del cual hicimos nosotros el de chocolate, se formó de *choco*, que en antiguo dialecto mejicano significaba cacao, y de *late*, agua, es decir, cacao disuelto en agua, o agua de cacao.

»Con el conocimiento de este precioso fruto y propagación del chocolate fueron cambiando insensiblemente las costumbres en Europa, y ya en el día el desayuno general es el chocolate, como que para su fabricación se consumen anualmente de veinte a treinta millones de libras de cacao, de ese manjar divino de Linneo.»

Más curiosidades

«Cuando ha de celebrarse alguna fiesta en cualquier iglesia, desde la víspera se clavan en el suelo grandes mástiles, encima de los cuales se colocan unas parrillas bastante hondas en forma de cazoleta y llenas de teas impregnadas en aceite y azufre, que al arder producen por algunas horas una hermosa claridad. Forman calle los mástiles colocados en fila, y resulta una iluminación muy agradable, de la cual se hace uso también en toda clase de festejos públicos.

»Las mujeres que van a la iglesia por la mañana oyen una docena de misas; pero sus muchas distracciones dejan claramente comprender que otros pensamientos las preocupan más que los rezos. Llevan manguitos de media vara fabricados con ricas pieles de marta, por lo cual cuesta cada manguito cuatrocientos o quinientos escudos, y es necesario que la que lo lleva extienda todo el brazo para poder introducir en el hueco la punta de los dedos. Como las españolas, en general, tienen poca estatura, sus manguitos resultan casi tan altos como ellas, que llevan además un abanico, y tanto en invierno como en verano, mientras dura la misa, no dejan de abanicarse. Se sientan como los moros, sobre las piernas cruzadas, y toman con frecuencia polvo de tabaco, sin avergonzarse, porque para esto, como para todo, tienen maneras muy finas y apropiadas. Cuando se levanta la Hostia, las mujeres y los hombres se dan muchos golpes de pecho, y producen tal ruido, que al oírlo por primera vez volví sobresaltada la cabeza, temerosa, al pensar que algunos reñían y se daban feroces puñetazos.

»Los caballeros (y aludo a los más galantes, que llevan una gasa en el sombrero), terminada la misa, van a colocarse junto a la pila del agua bendita, y al acercarse las damas a tomar agua para repetir la señal de la cruz, se la ofrecen con la mano, a la vez que les dicen requiebros. Ellas, agradecidas, contestan con breves palabras, pues necesario será convenir en que las españolas dicen sólo aquello más prudente y oportuno sin esforzarse mucho en pensarlo; su fácil ingenio les prepara la respuesta repentinamente. Pero monseñor el Nuncio de Su Santidad ha prohibido, bajo pena de excomunión, que los hombres ofrezcan a las señoras agua bendita, y se asegura que tan prudente medida obedece a reclamaciones formuladas por los maridos celosos. Lo cierto es que se observa el mandato, y los caballeros ni siquiera se permiten ya ofrecerse unos a otros el agua de las pilas de las iglesias.

»Cualquiera que sea el rango de las españolas, nunca usan almohadones para arrodillarse y sentarse en los templos. Cuando entramos nosotras con nuestras costumbres francesas, todos los concurrentes nos rodean; pero lo que más incomoda es la consideración que aquí es necesario tener a las mujeres embarazadas, que suelen mostrarse más curiosas que las demás. Me aseguran que si una mujer en tal estado pretende una cosa y no la consigue porque le sea negada, es víctima de una dolencia que la hace malparir, y por esto, para evitarles disgustos, se las concede el derecho de molestar a todos como les plazca.

»Las primeras veces que a mí se dirigieron no anduve con reparos, y hablé secamente a las que se proponían abusar de mi paciencia; se retiraron algunas llorosas y sin atreverse a insistir; pero, en cambio, hubo muchas obstinadas que quisieron ver mis zapatos, mis ligas y lo que llevaba en los bolsillos. Cuando me resistía, mi prima me rogaba que cediera, porque si las mujeres plebeyas notaran mi proceder, serían capaces de apedrearme por el poquísimo caso que hago de lo que tan respetable les parece. Y mis doncellas vense mucho más importunadas que yo, porque aquí no tiene límites la necia curiosidad de las embarazadas.

»Hanme referido que un joven caballero de la corte enamorado de una señora muy hermosa, para tener ocasión de hablar con ella burlando la vigilancia del marido, se disfrazó de mujer embarazada y fue a casa de su amor con el antojo de hablar a solas con la señora. El marido, sin caer en sospecha, aun cuando era celoso y no se apartaba de su mujer un solo instante, accedió a la súplica, con lo cual dio tiempo a una prolongada y sabrosa entrevista.

»Cuando las mujeres embarazadas desean ver al Rey, se lo hacen saber por algún criado palaciego, y el Rey sale al balcón, donde permanece mientras ellas le miran.

»Hace algún tiempo que una española recién llegada a Nápoles pidió al Rey que se dejara ver, y cuando le hubo mirado bastante, cruzó las manos, y en un transporte de admiración, dijo: "Ruego al cielo, Señor, que os conceda la gracia de nombraros algún día virrey de Nápoles"; pero se cree, y acaso con fundamento, que alguien organizó esa comedia para informar al monarca de que la magnificencia desplegada por el virrey de Nápoles, odioso a la mayoría, era superior con mucho a la de los Reyes de España.

»Con frecuencia llegan a nuestras habitaciones algunas damas que no conocemos, y a las que mi prima recibe con mucho agasajo porque están embarazadas.»

Derramarse la sal en la mesa

Dice Bastús: «Lo mismo que ver la señal de un mal agüero», aludiendo a la preocupación popular de que el derramarse la sal de los saleros en la mesa, era seguro vaticinio de alguna o muchas desgracias.

»Creían los griegos que sus mesas eran santificadas porque ponían en ellas los saleros con las pequeñas estatuas de sus divinidades.

»Si no se hallaba el salero sobre la mesa al principiar la comida, o si se dormían en ella después de comer o cenar, sin haber retirado antes el salero, este descuido era considerado como de mal agüero.

»Los romanos tomaron de los griegos estos temores ridículos. Festo dice que en Roma los saleros se colocaban en la mesa en el sitio en que se presentaba a los Dioses las primicias, y que tenían por lo común la figura de alguna de sus divinidades.

»A esto debemos, pues, atribuir la aprensión en que estaban de que la divinidad que presidía a la mesa no se ofendía mientras no se derramase la sal de los saleros; accidente considerado por ellos como muy funesto, y cuya preocupación no está del todo desterrada de algunos pueblos modernos.

»Sin embargo, ya en tiempo de Cervantes y Quevedo se ridiculizaban estos agüeros en España. Dice el primero: "Derrámasele al otro Mendoza la sal encima de la mesa, y derrámasele a él la melancolía por el corazón, como si estuviese obligada la naturaleza a dar señales de las venideras desgracias con cosas de tan poco momento."

»Y Quevedo: "Si se te derrama el salero y no eres Mendoza, véngate del agüero y cómetele en los manjares. Y si lo eres, levántate sin comer y ayuna el agüero como si fuera santo, que por eso se cumple en ellos el agüero de la sal, pues siempre sucede desgracia, pues lo es no comer."

»A pesar de esta despreocupación de las personas ilustradas, en el Ceremonial que se observaba para el servicio de la mayor parte de las mesas de los príncipes y grandes, se prevenía que el Maestresala, después de tener preparados y colocados los magníficos saleros en su lugar respectivo, pusiera un poco de sal al borde de cada plato que sucesivamente se servía al señor o a sus comensales, con el doble objeto de poder echarla cada uno en la vianda si había necesidad de ello, y no tener que acudir todos al salero principal, evitando de esta manera el percance de derramarlo.»

El ingenio en la historia y en la literatura (IV)

La vida se ha de tomar con amor y con humor. Con amor para comprenderla y con humor para soportarla. Éste es el lema que he seguido desde mi madurez y que recomiendo a mis lectores.

Pero el tema de la vida es, después del de Dios, el que más tinta ha empleado; los hombres podrán ser buenos, malos, inteligentes, tontos, simpáticos, antipáticos, pobres o ricos, pero el problema de la vida en sí es igual para todos. Se podrá vivir mejor o peor, pero se vive y el gran problema es cómo y para qué. La vida mortal es como el viento: un gemido, un suspiro, un sollozo, una tempestad, una lucha. Así la define el autor inglés Arnold y el célebre Chejov afirmaba que cuando no se tiene una verdadera vida se la reemplaza por espejismos. No hay nada más complicado que vivir simplemente la vida.

Confucio dice que aquel que no sabe lo que es la vida, ¿cómo sabrá lo que es la muerte? Y la vida nos da lo que esperamos, pero de otra forma y a contrapié.

Italo Svevo dice que la vida se parece a la enfermedad porque procede por crisis y desgaste progresivo y como ella tiene también sus mejoras y sus agravaciones cotidianas. Pero, a diferencia de las otras enfermedades, la vida es siempre mortal y Baudelaire decía que la vida es un hospital en el que cada enfermo quisiera cambiar de cama.

Vivir es como amar: la razón está en contra y el instinto está a favor, y es que uno se cansa de todo y de todos, incluso de sí mismo, pero siempre nos quejamos de la brevedad de la vida.

Tal vez la vida no vale la pena de ser vivida, pero yo valgo la pena de vivir, y aunque todo el mundo piensa sobre la vida y todos los escritores hablan de ella, Oscar Wilde decía que la vida es una cosa demasiado importante para hablar de ella en serio, lo que un humorista inglés recalcaba diciendo: «No toméis la vida demasiado en serio, no saldréis vivo de ella.»

Se predica sobre la nulidad de la vida y al lado de quien lo hace otro resaltará la importancia de ella. Quizá tienen razón los dos y, modificando levemente una frase de Paul Bourget, diremos que la vida se parece a un libro humorístico encuadernado con una tragedia de Shakespeare. Afortunadamente hay cien páginas de farsa para cada página de drama.

Conocidos son los versos de Calderón:

¿Qué es la vida? Un frenesí.
¿Qué es la vida? Una ilusión,
una sombra, una ficción,
y el mayor bien es pequeño;
que toda la vida es sueño,
y los sueños sueños son.

Carlyle tiene dos frases que vale la pena recoger; una dice que la vida es un espectro que se mueve en un mundo de espectros y la otra pertenece a una carta que dirigió a uno de sus amigos y que resume bien su pensamiento: «"Debo vivir, señor", dicen muchos. A lo que respondo: "No, no es necesario."»

La mejor filosofía respecto al mundo es unir el sarcasmo de la alegría con la indulgencia del desprecio, y a dos cosas es necesario habituarse so pena de encontrar la vida insoportable: son las injurias del tiempo y la injusticia de los hombres. Son dos frases de Chamfort.

Me gusta la vida en las grandes ciudades; en los pueblos pequeños eres conocido y no conoces, en las ciudades en cambio conoces y no eres conocido.

Mitad de la vida la constituyen los deseos, la otra mitad las insatisfacciones; pero Dostoievski afirma que el secreto de la existencia humana no está solamente en el vivir sino en saber por qué cosa se vive; y el mismo autor, en su maravillosa novela *Los hermanos Karamázov*, dice que la vida es un paraíso, pero los hombres no lo saben y no se preocupan en saberlo.

En su *Diálogo de los muertos* Fénelon escribe una reflexión que me hace pensar: «Quizá toda la vida no es más que un sueño continuo y el sentimiento de la muerte será un despertar imprevisto.»

La vida, como un vino precioso, debe ser saboreada sorbo a sorbo con oportunas interrupciones. Incluso el mejor vino pierde todo atractivo y no se puede apreciar si va mezclado con agua, y Fichte nos revela un secreto: «Revélame lo que tú verdaderamente amas, lo que con toda rabia esperas encontrar, y me habrás descrito tu vida. Tú vives de lo que amas.»

Anatole France dice que la vida humana tiene dos polos: el hambre y el amor, y Federico el Grande pensaba que no hemos de medir la vida del hombre por su más larga o más breve duración sino por el uso que se ha hecho del tiempo de su existencia.

Es conocida la frase, creo que de Víctor Hugo, «Si la juventud supiese, si la vejez pudiese». Es una vieja costumbre la que incita a los ancianos a dar consejos y a los jóvenes a no seguirlos, y los dos tienen razón. No sé quién dijo que la suma de fracasos es la que forma la experiencia; pero como melancólicamente afirmaba Santiago Rusiñol, la experiencia es como los jugadores de ruleta que saben todos los números que han salido y no saben los que saldrán.

Un escritor inglés hizo inscribir sobre su tumba la siguiente frase: «La vida es una broma y todo lo prueba; lo creí así mientras vivía y ahora lo sé ciertamente.»

Cada día tiene su afán, dice la Biblia, pero si el hombre a su pena de hoy no añadiese siempre su pena de ayer y su pena de mañana, la vida sería mucho más soportable. Se ha de pensar que no se debe pensar en el mañana con afán, cada día que pasa lo debes considerar como una ganancia que se te da.

Cierto día le pidieron al escritor español Hartzenbusch que escribiese un pensamiento en el álbum de una señorita y escribió:

Hoja, que llevas mi nombre,
tú me sobrevivirás.
¿Qué es, ¡ay!, la vida del hombre,
cuando un papel dura más?

He aquí tres frases, la primera de Heine y las otras dos de Wendell:

«La vida es una enfermedad, todo el mundo un hospital y la muerte nuestro médico.»

«La vida es una enfermedad fatal y extraordinariamente contagiosa.»

«La vida es un gran haz de pequeñas cosas.»

Víctor Hugo decía que toda la vida es un secreto, es una especie de paréntesis enigmático entre el nacimiento y la agonía, entre el ojo que se abre y el ojo que se cierra, y Joubert decía que toda la vida la empleamos ocupándonos de los demás, media vida para amarlos, otra media para decir mal de ellos. He aquí tres frases del inevitable La Bruyère:

«Si la vida es miserable es penoso soportarla, si es feliz es un gran dolor dejarla; una cosa equivale a la otra.»

«La vida es corta y fastidiosa, se pasa toda la vida deseando y siempre dejamos para el mañana su reposo y sus alegrías.»

«Para el hombre no hay más que tres acontecimientos: nacer, vivir y morir; pero no se da cuenta al nacer, sufre al morir y se olvida de vivir.»

Leonardo da Vinci dice que quien no ama la vida no la merece, y que como un día bien empleado da un tranquilo dormir, así una vida bien usada da un tranquilo morir.

El autor de *Los últimos días de Pompeya* decía que la vida difería de un drama en que no tiene argumento, todo es vago, incierto, inconexo hasta que no cae el telón y el misterio continúa siendo misterio.

Recuérdense los versos de Jorge Manrique:

Nuestras vidas son los ríos
que van a dar a la mar
que es el morir.

Y Napoleón, por su parte, afirmaba en Santa Elena que la vida es un ligero sueño que se disipa.

Por su parte Milton, en su *Paraíso perdido*, afirma que no se debe amar la vida ni odiarla sino que aquella que vives, vívela bien y deja al cielo que te la haga larga o breve.

Por su parte Montaigne escribe que es el miedo de morir y no el deseo de vivir lo que, locos de nosotros, nos tiene unidos a nuestro cuerpo.

La vida nos parece verdaderamente fácil sólo cuando se trata de la de los otros, y Novalis afirma que la vida no debe ser una novela que se nos impone sino una novela inventada por nosotros mismos; y un autor alemán recuerda que la vida empieza sólo el día en que se ama. Desde aquel día deben contarse todos los recuerdos.

Pensar lo que es verdadero, sentir lo que es hermoso y querer lo que es bueno, esto es lo que siente el espíritu como fin de una vida razonable.

Cuenta un filósofo chino que una vez soñó que era una mariposa y cuando despertó no pudo decir si él era un hombre que soñaba ser mariposa o una mariposa que soñaba ser hombre. Y, semejante a él, Edgar Allan Poe decía que todo lo que vemos o parecemos no es más que un sueño dentro de un sueño.

«Sin sonrisas llega el hombre, sin sonrisas se va, fue feliz sólo tres fugaces minutos», es la reflexión de J. Paul Richter, que añade: «Desprecia la vida si quieres disfrutarla.» Un autor francés afirma que en la vida no hay más que dos caminos que seguir: o venderse o darse.

Se pasa la vida en desear lo que no se tiene todavía y en lamentar lo que ya no se tiene.

No se vive más que una sola vez y grande es el número de los que en el mundo no viven ni siquiera una vez.

Célebres son las frases de Shakespeare en su *Macbeth*: «¡Fuera, fuera, breve vela! La vida no es más que una sombra ambulante, la figura de un pobre actor que se agita en su momento sobre la escena. Y después ya no se oye nada. Es un cuento narrado por un idiota lleno de rumor y de furia y que no significa nada.»

Un autor clásico indio dice que saber soportar la vida es el verdadero heroísmo, y otro indio, Rabindranath Tagore, afirma que la vida no es más que la continua maravilla de existir.

No hay duda que la brevedad de la vida iguala a los hombres, pues no permite a los pillos ser más que los otros.

La vida es un sueño en el eterno sueño de la muerte, y uniendo muerte y vida no se pueden olvidar los versos de santa Teresa de Jesús:

Vivo sin vivir en mí
y tan alta vida espero
que muero porque no muero.

La Cuaresma

«Gracias al cielo ha terminado ya la Cuaresma, y aun cuando yo he ayunado solamente durante la Semana Santa, se me han hecho estos días más largos que toda la Cuaresma en París, porque aquí se usa poco la manteca, y la escasa que se vende viene de muy lejos, metida en tripas de cerda y llena de gusanos, lo cual no quita para que sea más cara que la de Vauvre.

»Más vale contentarme con el aceite, que, por cierto, es buenísimo; pero a todos no puede agradarnos, a pesar de su bondad; cada vez que lo pruebo me hace daño, y como si esto no fuese ya mucho, por estar situada la villa de Madrid a cien leguas del mar, nunca podemos comer pescado fresco. Algunas veces traen salmón y hacen empanadas con abundante azafrán; el pescado de río también escasea; pero la gente se preocupa muy poco de todo esto, pues casi nadie ayuna, por conocer de antemano las dificultades en que tropieza quien pretende hacerlo. Se venden las bulas en casa del Nuncio, y la bula, que se adquiere por tres reales, permite comer mantequilla y queso durante toda la Cuaresma y despojos los sábados de todo el año. Me parece algo incomprensible que se permita comer las patas, la cabeza y los riñones cuando se prohíbe comer el cuerpo de la res.

»Las carnicerías permanecen abiertas durante la Cuaresma, como en el Carnaval, y es muy molesta la manera como se venden aquí las carnes. El comprador trata con el carnicero por una ventanilla, pide todo lo que le hace falta y el carnicero no se digna contestarle; repite su petición, y el carnicero le hace pagar por adelantado; por fin le sirve una pierna de carnero si ha pedido lomo de ternera. La rechaza el comprador, porque ha pagado y desea otra cosa; el carnicero retira la carne que ofreció y la sustituye por pedazo de buey. Se alborota el comprador, ya que tampoco es aquello lo que ha pedido, y el carnicero le tira sus monedas a la cara, y, además, le da con el ventanillo en las narices. Inútil es ir a otra carnicería, porque usan en todas parecidos modales, y peores aún; así, lo más prudente y ventajoso es pedir lo que nos hace falta y tomar lo que nos dan. La carne que aquí se usa es muy seca y de color oscuro; pero con mucha menos cantidad que en Francia se hace un buen caldo. Todo es tan alimenticio que aquí aprovecha más huevo que un pollo en otra parte. Sin duda por efecto del clima.

»En cuanto al vino, me parece mediano: no es en Castilla donde se producen los excelentes vinos de España, que provienen de Andalucía y de Canarias, y es preciso embarcarlos para que tomen la suavidad y la fortaleza que los distingue y los hace agradables. El vino, en Madrid, es fuerte pero áspero, y si a esto se añade que lo conservan en pellejos revestidos interiormente de pez, podrán apreciarse sus malas cualidades. Acaso por esto los hombres en general son poco aficionados a la bebida, pues muy buena voluntad hace falta para emborracharse con un brebaje de tan mal sabor. Lo venden muy barato para los pobres, en cortas cantidades, y para esa venta lo tienen todo el día en grandes lebrillos de barro, donde, como se airea y se mueve mucho cada vez que meten el jarro en el lebrillo, se avinagra y apesta de tal modo que al pasar por la calle cerca de una taberna es necesario taparse las narices.»

Los disciplinantes

«La Cuaresma no reduce ni modifica las diversiones, porque son éstas constantemente muy morigeradas, o, por lo menos, muy silenciosas. Durante la Semana Santa no deja nadie de visitar los Monumentos, donde se hacen las Estaciones desde los miércoles hasta el viernes. Ocurren cosas bien distintas en aquellos días entre los verdaderos penitentes, los amantes y los hipócritas. Algunas damas, con pretexto de devoción, no dejan de visitar ciertas iglesias, donde saben desde el año anterior que irán sus amantes, deseosos de contemplarlas, y aunque vayan seguidas por muchedumbre de dueñas, como son grandes las apreturas, el amor les ofrece recursos para librarse de los Argos que las vigilan, y, revueltas entre el gentío, salen y van a una casa vecina, que reconocen por cualquier señal, expresamente alquilada para servirles en aquel momento. Luego vuelven a la iglesia, donde las dueñas no dejaron de buscarlas, y aun se permiten reprenderlas por su imaginario descuido. Desde aquel momento se hacen acompañar de más cerca para mentir con más disimulo. Así, los maridos que guardaron durante doce meses a su querida esposa, la pierden con frecuencia el día en que debió serles más fiel. Por el mucho recogimiento en que viven, sienten más ansias de libertad, y su ingenio, ayudado por su ternura, pone a su alcance recursos que facilitan sus propósitos.

»Me ha parecido muy desagradable el espectáculo que ofrecen los disciplinantes; al ver el primero creí desmayarme; no sé cómo puede parecer bien un espectáculo que horroriza y asusta. El disciplinante se os acerca tanto, que al azotarse salpica con su sangre vuestro vestido; y esto se considera una galantería.

»Para darse azotes gallardamente y hacer que salte la sangre a un punto determinado, hay reglas formuladas y maestros que las enseñan y caballeros que las aprenden como se aprenden las artes de la danza y de la esgrima. Los disciplinantes visten una túnica muy delgada que los cubre desde la cabeza hasta los pies, con menudos pliegues, y tan amplia, que para cada túnica se necesitan de cuarenta a cincuenta varas de tela. Llevan sobre la cabeza una caperuza muy alta, delante de la cual cuelga un trozo de lienzo que cubre la cara y tiene dos pequeñas aberturas por donde asoman los ojos del disciplinante, que lleva guantes y zapatos blancos, muchas cintas en las mangas de la túnica y desnudos los hombros. Generalmente, llevan también enlazada en las disciplinas una cinta que a cada penitente regala su amada, y ellos la lucen como un señalado favor. Para ser admirado y hacer bien las cosas precisa no levantar el brazo, mover solamente la muñeca, darse los azotes sin precipitación, y que la sangre, al saltar de las heridas, no manche la túnica. Se despellejan de una manera horrible los hombros, de los que brota mucha sangre. El disciplinante anda pausada y ceremoniosamente, y al llegar junto a las rejas de su amada se fustiga con un brío maravilloso. La dama observa esta caprichosa escena desde las celosías de su aposento, y por alguna señal comprensible le anima para que se desuelle vivo, dándole a entender lo mucho que le agradece aquella bárbara galantería.

»Cuando los disciplinantes tropiezan en su camino con una hermosa mujer, suelen pasarse junto a ella y sacudirse de modo que al saltar la sangre caiga sobre su vestido. Ésta es una interesante atención, y la señora, muy agradecida, les dirige palabras amables.

»Desde que un hombre ha empezado a disciplinarse necesita repetir el suplicio todos los años, y el que no lo hace así, enferma. También usan esponjas con alfileres y se frotan la piel con ellas como si fuesen la cosa más fina y suave del mundo.

»Al anochecer, algunos caballeros de la Corte van a dar su paseo como disciplinantes; generalmente, los que tal hacen son jóvenes alocados, y sus amigos los acompañan provistos de armas. Este año salieron el marqués de Villahermosa y el duque de Béjar; a las nueve de la noche bajó el duque a la calle, precedido por sus pajes que le alumbraban con más de cien antorchas. Iban delante sesenta caballeros y detrás ciento, a los que seguían escuderos y lacayos; formaban así una lucida procesión; las damas se asomaron a los balcones, adornados con verdes colgaduras y con luces que las ayudaban a ver y las hacían más visibles. El caballero disciplinante pasa con su acompañamiento y saluda, pero con frecuencia ocurre que los dos disciplinantes que transitan a la misma hora y con idéntico aparato se cruzan en una calle y se hostigan, como ha ocurrido este año con los nobles caballeros que por su título nombré. Cada uno pretendía que le dejaran el paso libre los acompañantes del otro, y ninguno quiso acceder; los criados que llevaban delante las antorchas encendidas comenzaron a golpearse con ellas el rostro y a quemarse las barbas; los amigos del uno desenvainaron las espadas contra los amigos del otro, y los dos héroes de la fiesta, sin otras armas que las disciplinas con que iban castigando su cuerpo, se buscaron entre la confusión de la pelea, y al hallarse frente a frente dieron principio a un combate singular. Después de calentarse las orejas a puros disciplinazos recurrieron a los puños para golpearse fieramente, con brutalidad propia de carreteros. En estas algaradas no es todo gallardía, porque los hombres riñen despiadadamente, se hieren y se matan, y las antiguas enemistades encuentran ocasión de renovarse y satisfacer sus odios y sus venganzas.

»Al fin, el duque de Béjar cedió al marqués de Villahermosa; recogieron las disciplinas hechas pedazos y las arreglaron como Dios les dio a entender: las caperuzas, que habían rodado por el suelo, aunque sucias de barro, volvieron a cubrir las cabezas; llevaron los heridos a sus casas, y la procesión continuó grave y sosegadamente a través de media villa. El duque imaginaba tomar al día siguiente su desquite, pero el Rey le prohibió salir de casa, y otro tanto hizo con el marqués. Y como final de lo que acontece por lo común en tales ocasiones, me veré obligada a decir que cuando los disciplinantes, que de tal modo se sacrifican por Dios, vuelven a su casa, les espera una magnífica cena con todo género de manjares, y esto sucede con frecuencia en un viernes de Semana Santa. Sin duda, luego de realizar una penitencia tan difícil, se juzgan con derecho a dejarse vencer un poco por el pecado. Primero se hacen frotar las espaldas con esponjas impregnadas de vinagre y sal, para que las heridas no se enconen; luego se sientan a la mesa con sus amigos y reciben de todos alabanzas y aplausos que juzgan bien ganados. Cada uno, a su vez, dice que no hay memoria de hombre que tan gallardamente se disciplinara; se exageran lo gestos, se ponderan con exceso las actitudes y más que nada la dicha de la señora por quien se realizó semejante galantería. Transcurre toda la noche muy feliz entre manjares deliciosos y adulaciones exageradas; pero algunas veces el que supo sacudirse con tanto brío queda enfermo, hasta el punto de no poder asistir a la misa el día de Pascua. No creáis que añado poco ni mucho a la verdad en esta relación; cuanto digo es tan cierto que puede tomarse al pie de la letra, y, en caso de duda, no sería difícil comprobarlo, pues nadie que haya estado en Madrid lo ignora.

»También hay verdaderos penitentes que inspiran verdadera compasión; sólo van cubiertos de los pies a la cintura y llevan arrollada en el desnudo torso y en los brazos una cuerda de esparto, cuyas vueltas oprimen de tal modo la carne, que toda la piel se pone amoratada y sanguinolenta. En la espalda llevan siete espadas metidas entre cuero y carne, que les producen dolorosas heridas a cada paso que dan, y como llevan los pies desnudos y las piedras de la calle son puntiagudas, con frecuencia se caen los infelices. Otros no llevan espadas: cargan sus hombros con una pesadísima cruz; y tanto éstos como aquéllos no son hombres vulgares acostumbrados al duro sufrimiento, sino personas de mucha calidad que van acompañados de varios pajes vestidos con túnicas y con la cara cubierta para que nadie los conozca; éstos llevan vinagre, vino y otros reconfortantes, y los ofrecen de cuando en cuando al señor, que a veces cae rendido, casi muerto, por los dolores agudos y la fatiga insoportable. Tan difíciles penitencias ya no son voluntarias galanterías; las imponen ciertos confesores, y el que las realiza, pocas veces puede librarse de la muerte, que le condena en breve plazo. Monseñor el Nuncio de Su Santidad me ha dicho que había prohibido a los confesores que aconsejaran tales penitencias; pero aún he presenciado bastantes, y se supone la devoción de cada penitente como única inspiradora de tan rudos martirios.»

Anecdotario (V)

He aquí una curiosa anécdota difícil de comprender hoy.

Cuando Denis Diderot iniciaba su carrera de escritor, un editor le dio una pequeña suma de dinero por un pequeño volumen. Llegado a su casa con la pequeña cantidad su esposa no quería aceptar aquel dinero creyendo que era de inconfesable procedencia, no pudiendo imaginar que un librero hubiese dado aquella suma en compensación de un poco de papel garrapateado, y cuando el marido consiguió demostrar la verdad de lo que le decía la buena mujer, maravillada, quería que Diderot devolviese la cantidad al editor porque decía que el pobre había sido engañado.

Pasando gran miseria Diderot hacía lo que podía para ganar unos pocos francos para poder comer: daba lecciones privadas, traducía del inglés e incluso escribía sermones para predicadores desprovistos de inspiración. Y es curioso pensar que en aquellos tiempos las beatas debían escuchar edificantes homilías redactadas por un ateo que iba proclamando el principio de que la incredulidad es el inicio de la sabiduría.

Preguntaron un día a Diderot qué pensaba de la Justicia y de los Tribunales, y como respuesta explicó:

—Un pobre hombre, amigo mío, había estado citado a la vez ante la justicia por su esposa, que quería divorciarse porque sostenía que era impotente, y por su amante, que quería que reconociese como suyo un hijo que ella afirmaba haber tenido con él. «Menos mal —decía el desgraciado—, porque al menos ganaré uno de los dos pleitos, porque, si soy impotente, no puedo haber hecho un hijo a mi amante y si debo reconocer como mío el hijo quiere decir que no soy impotente.» Pues bien, amigos míos, perdió las dos causas porque fueron juzgadas una tras otra por dos tribunales distintos.

Y le preguntaron un día qué pensaba de las mujeres escritoras y respondió:

—Si mi amante escribiese libros dejaría que lo hiciese. Pero mi mujer, eso no, quisiera que solo supiese coser y zurcir.

El crítico francés Drumont decía:

—Estoy deseando poder retirarme a mi casita de campo para por fin poder leer todos los libros de los que he hecho la crítica.

Sabido es que el heredero del trono de Inglaterra lleva el título de príncipe de Gales, pero pocos saben la razón. Los habitantes del País de Gales no querían absolutamente ser súbditos del rey inglés. Entonces el rey Eduardo I (1239-1307) quiso llegar a un acuerdo con los galeses y prometió:

—Os prometo que seréis súbditos de un príncipe de vuestro país y que no sabrá ni siquiera una palabra de inglés. Yo mismo lo nombraré.

Los diputados del País de Gales aceptaron la propuesta y Eduardo nombró entonces príncipe de Gales a su hijo, que por aquellos días había nacido en Cernavan, en el País de Gales, y como recién nacido no sabía una palabra de inglés.

Un autor teatral acostumbraba a decir:

—No voy nunca a los estrenos de las obras de mis colegas porque si son malas me aburro y si son buenas me disgusto.

Por lo menos este hombre era sincero.

Carlo Emery, célebre naturalista italiano, una noche de primavera paseaba por una colina cerca de Bolonia, en cuya universidad era profesor, provisto de una pequeña linterna que encendía y apagaba mientras observaba cuidadosamente los arbustos que le rodeaban. Unos guardias, a quienes sorprendió su conducta, le detuvieron y le preguntaron quién era y qué hacía a aquellas horas.

—Soy el profesor Emery, de la universidad, y estudio los amores de las luciérnagas.

Dado que el hombre iba bien vestido y no tenía cara de delincuente los guardias creyeron que se trataba de un evadido del manicomio y, cogiéndole delicadamente por el brazo, le invitaron a que les acompañase hasta la comisaría, en donde, afortunadamente, encontró un comisario inteligente que le dejó en libertad presentándole toda clase de excusas.

Quizá el más extraño elogio que se ha hecho de un poema es el de Francisco Arago, el gran astrónomo francés, nacido en Estagel en 1786 y muerto en París en 1853. Un día que leía una poesía que le gustaba mucho exclamó:

—¡Es preciosa! ¡Parece una ecuación!

La anterior anécdota me recuerda una frase de Sacha Guitry, que decía:

—Pascal combatía el dolor de cabeza con las ecuaciones; yo en cambio he combatido las ecuaciones con el dolor de cabeza.

Y por mi parte debo confesar que, si no dolor de cabeza, cuando estudiaba el bachillerato las ecuaciones me proporcionaron muchos quebradores de cabeza.

Conocidas son las obras obscenas de Pietro Aretino, el poeta satírico italiano del siglo XVI, autor de los *Ragionamenti* o diálogos lascivos y de los *Sonetos lujuriosos* glosando los licenciosos dibujos de Giulio Romano. Era hombre temido por los grandes de su época, que le colmaban de obsequios para evitar ser objeto de sus invectivas.

Carlos V, al volver de su expedición a África, le regaló una magnífica cadena de oro y Aretino comentó:

—Es un regalo muy pequeño por una estupidez tan grande.

El tesorero de la corte de Francia le pagó una generosa gratificación que recibió diciendo simplemente:

—No os sorprenda el que no os dé las gracias, pues he gastado toda mi voz en solicitarla.

Aretino murió de un modo extraño a causa de la gran risa que le produjo el oír relatar las aventuras galantes de una de sus hermanas. El acceso de hilaridad fue tan grande que hizo que cayese de la silla rompiéndose el cuello.

Durante el reinado de Luis XV de Francia se puso de moda el que las damas condujesen una pequeña carroza por las calles más frecuentadas de París, y carentes como estaban de experiencia atropellaban a muchas personas. El rey se preocupó por ello y llamo a D'Argenson, su jefe de policía, para que tomase las medidas necesarias para evitarlo.

—Señor, dejadme hacer a mí.

Al día siguiente publicó un decreto que prohibía a las mujeres guiar caballos a no ser que su edad fuese superior a treinta años. El éxito fue milagroso, ninguna mujer quiso confesar que tenía más de treinta años y la moda desapareció.

D'Argenson decía al conde de Sebourg, amante de su esposa, que solicitaba un destino:

—Amigo mío, no hay más que dos puestos vacantes: uno es el de gobernador de la cárcel de la Bastilla y el otro el de gobernador de los Inválidos; pero si os doy la Bastilla todos dirán que he sido yo quien os ha mandado allí y si os doy los Inválidos dirán que ha sido mi mujer.

Se atribuye a D'Argenson una frase que luego ha sido atribuida a multitud de políticos. Se le dijo que un individuo hablaba siempre mal de él y respondió:

—Me asombra, porque no recuerdo haberle hecho nunca ningún favor.

El párroco de San Sulpicio se quejó un día ante D'Argenson por el escándalo que daba un prostíbulo situado cerca de la iglesia.

—Le han informado mal —respondió el ministro—; aquellla casa está tan bien regida y es tan tranquila que tanto usted como yo podríamos ir sin escrúpulo alguno.

La esposa de D'Argenson era tan ingeniosa como su marido. Un día le preguntaron cuál prefería de dos hermanos un poco necios que frecuentaban su salón.

—La verdad —respondió—, cuando estoy con uno de ellos prefiero al otro.

Habitaciones y muebles

«Los muebles que aquí he visto son muy lujosos, pero no tan bien tallados como los nuestros; abundan los ricos tapices, las fastuosas sillerías, las artísticas pinturas, los espejos grandes y las vajillas de plata; los virreyes de Nápoles y los gobernadores de Milán trajeron de Italia muy buenos cuadros; los gobernadores de los Países Bajos, tapices excelentes; los virreyes de Sicilia y Cerdeña, bordados admirables y primorosas estatuas; los de las Indias, piedras preciosas y metales finos. Así, cuando regresan cargados con las riquezas de un reino, inundan la villa y corte con multitud de valiosos objetos.

»Los muebles de las habitaciones se cambian dos o tres veces al año. Las camas de invierno están forradas de terciopelo guarnecido de oro, pero son tan bajas y las colgaduras tan amplias, que se queda como enterrado el que se acuesta en ellas. En verano ni cortinas ni nada que la oculte se pone alrededor de la cama, lo cual resulta muy feo; sólo alguna vez se la cubre con una mosquitera.

»Mientras hace frío se habitan los aposentos altos, a veces hasta los cuartos pisos, y cuando aprieta el calor se recogen las familias en los más bajos, que, por cierto, son bastante incómodos. Todas las casas tienen doce o quince salas y dormitorios en su planta baja; estas piezas, por lo general más largas que anchas, no tienen los techos pintados ni dorados, y como son de yeso liso, casi ofende a la vista su blancura, porque todos los años los blanquean, y lo mismo se hace con las paredes, que brillan como si fueran de mármol. El suelo de las habitaciones de verano es de ladrillos, que absorben mucho el agua y ofrece así una frescura muy agradable. Cada mañana se riega todo y luego se tiende una esterilla de paja fina de variados colores. Las paredes también están cubiertas por su parte inferior con esterillas de igual clase, para que su frescura no incomode a los que se arrimen a ellas. En la parte superior lucen cuadros y espejos; los almohadones de brocado se colocan sobre la esterilla, lo mismo que algunas mesitas y escaparates muy hermosos, entre tiestos de plata, donde arraigan naranjos y jazmines. Durante el día, las cortinas cubren las ventanas, que libran del sol; al anochecer salen las gentes a pasear por los jardines, que son magníficos en algunas casas, adornados con multitud de grutas y fuentes. El agua es aquí abundante y muy buena. Entre los principales figuran los jardines del duque de Osuna, del almirante de Castilla, del Condestable y de la condesa de Oñate; pero vanamente pretendo detallar, porque son muy numerosos los que reúnen mil atractivos.

»Creo que tomadas tales precauciones, aunque sea excesivo el calor, no puede molestar mucho. Desde las familias de los más ilustres personajes hasta las de más humilde nacimiento, no hay ninguna que deje de ocupar en verano un piso bajo proporcionado con sus recursos. Los que no pueden más, habilitan buenamente cualquier insignificante bodega. Hay pocos obreros y no mucho comercio en Madrid, donde apenas se ven más que personas de calidad y sus criados; fuera de siete u ocho calles donde abunda el comercio, sólo hay en la villa escasas tiendas, y venden confituras, licores, helados y pasteles.»

«Hijo ajeno mételo por la manga y salirse ha por el seno»

Este refrán, que ya ha desaparecido del lenguaje corriente de hoy en día, era vivo en el habla popular del siglo pasado, según se desprende del comentario que de él hace Bastús y que copio en razón a los datos que sobre costumbres antiguas nos proporciona dicho autor.

«Refrán que en el día sirve para reprender a los desagradecidos, a los que viéndose favorecidos de alguno, se toman luego con él más autoridad y dominio del que les corresponde; y es con alusión a la ceremonia que se practicaba antiguamente en Castilla al adoptar a uno por hijo.

»Consistía en meter el que adoptaba la cabeza del adoptado por la manga de una camisa muy ancha, y sacándosela por el cabezón, le daba paz en el rostro, después de lo cual quedaba adoptado por hijo.

»Así lo practicó Dª. Sancha Velázquez al adoptar por hijo legítimo y heredero de sus estados a Mudarra González, vengador de sus hermanos, los siete infantes de Lara, practicando esta original ceremonia de meterle por la manga de una camisa muy ancha y sacándole por el cuello o cabezón le dio el beso de paz en el rostro.

»En los *Orígenes de la lengua española* compuestos por varios autores y recogidos por D. Gregorio Mayans, impresos los dos tomos de que constan en Madrid el año 1737, se lee el origen y aplicación de este refrán castellano por D. Juan Lucas Cortés, consejero de Carlos II. "Éntrale por la manga y sácale por el cabezón, o metedlo por la bocamanga y salirse os ha por el cabezón."

»Este método de adopción era muy común durante la Edad Media, como puede verse entre otras obras en la interesante de Grimm titulada *Deutsch Rechtsalt*.

»Se referiría sin duda esta costumbre a otra análoga mucho más antigua practicada por varios pueblos.

»Los atenienses decían de una persona que se presentaba después de una larga ausencia, durante la cual había corrido la voz de su muerte, que había nacido una segunda vez, y no entraba en posesión de sus bienes sin llenar ciertas formalidades simbólicas que figuraban un nuevo nacimiento y una nueva aparición.

»Los romanos llamaban a estos hombres, caídos del cielo, *a coelo missus*, los cuales eran introducidos en su casa atravesando el techo, como si verdaderamente descendiesen del cielo o cayesen de las nubes, según puede verse en la Quinta de las *Cuestiones romanas* de Plutarco.

»Entre los griegos se colocaba al aparecido debajo del manto de una mujer, y se le sacaba luego como si le acabara de dar a luz.

»Ceremonia que se practicaba igualmente cuando se quería adoptar a alguno y que parece remontar a los primitivos tiempos de la Grecia, como que una tradición mitológica atribuye su introducción a Juno, la que, para adoptar a Hércules, le puso sobre su seno y le hizo deslizar por sus vestidos en el lecho mismo en que ella estaba, como si verdaderamente acabase de nacer.

»A los así adoptados solía dárseles en algunos puntos de Europa el nombre de *Renatos*, que expresa su renacimiento, su nueva vida; aunque también podía aplicarse a los que recibían el bautismo o nacían a la vida espiritual.»

Doseles, vajillas y falta de previsión

«No quiero pasar por alto una noticia: muchas personas, sin contar los príncipes, los duques y los titulados, aquí muy numerosos, usan doseles en sus casas; aun cuando hay treinta o más habitaciones, en cada una se pone un dosel. Mi prima tiene veinte (ya dije que la hizo el Rey marquesa de Castilla). Me admiro de mi propia gravedad cuando me veo debajo de un dosel, sobre todo mientras me sirven de rodillas el chocolate dos o tres pajes vestidos de negro, como los notarios. Es una costumbre a la cual no me puedo habituar, porque me parece que tanto respeto sólo debe exigirse para servir a Dios; pero aquí es de uso tan corriente, que hasta el aprendiz de zapatero, para presentar un zapato a su maestro, hinca la rodilla en tierra.

»Pocos alcanzan a tener en Francia un mobiliario tan espléndido como usan aquí las personas de posición elevada. Es necesario verlo para juzgar de una diferencia tan notable. Nunca se hace uso de vajillas estañadas, y sólo se sirve en las mesas con las de porcelana o las de plata; y un plato aquí no tiene menos peso que una fuente en Francia; porque se requiere una solidez extraordinaria como condición esencial de tales objetos.

»El duque de Alburquerque, muerto hace algún tiempo, había empleado mes y medio para pesar, al inventariarla, su vajilla de oro y de plata, compuesta, entre otras muchas piezas, por mil cuatrocientas docenas de platos, cincuenta docenas de fuentes y setecientas bandejas; el resto del servicio estaba en la misma proporción, y, además, tenía cuarenta escalones de plata para llegar a lo más alto de su aparador, formado por gradas, como un altar, que ocupaba una sala inmensa. Cuando me hablaron de tan opulento ajuar supuse que se burlaban de mí; pregunté a don Antonio de Toledo, hijo del duque de Alba, si todo ello era cierto, y me aseguró que su hermano, sin considerarse rico en vajilla de plata, poseía seiscientas docenas de platos y ochocientas fuentes. Tan espléndido servicio sólo es necesario en banquetes de bodas muy sonadas por la calidad y el número de invitados. Tal riqueza se funda en que las vajillas de plata vienen ya labradas de las Indias y no pagan derechos reales. Su hechura es bastante tosca, como la de las monedas que se acuñan en los galeones mientras éstos regresan de aquel país.

»Es digno de compasión el desconcierto en las casas de los magnates, muchos de los cuales no quieren ir a sus estados (así llaman a las tierras, villas o castillos de su propiedad); pasan la vida en Madrid, y dejan todos sus bienes en manos de un administrador, que finge mucho interés hacia su dueño, y sólo por su particular provecho se afana, mientras el magnate no se digna siquiera enterarse de si le dice verdad o mentira; descender a tal información sería para su altivez una ruindad. Esto me parece un abandono muy grande, y juzgo un defecto no mayor al adquirir tal abundancia de vajilla para comer solamente de ordinario un par de huevos y un pollo.

»Pero no sólo en estas cosas yerran: en otras muchas también suelen descuidarse, y no es lo mejor atendido cuanto se refiere al gasto cotidiano de la casa. Nadie hace provisiones de nada y es preciso comprar todos los días al fiado lo que se necesita del panadero, del carnicero, del pastelero y de todo, sin preocuparse de lo que los vendedores apuntan en sus libros y sin rectificar nunca sus cuentas exageradas y engañosas.

»Algunas veces mueren de hambre los caballos de una cuadra por faltarles pienso; y cuando alguna persona, sea cual fuere su condición, después de acostarse necesita cualquier alimento, vese obligada a prescindir durante toda la noche de lo que sea, porque no ha quedado en la casa ni vino, ni agua, ni pan, ni carne, ni carbón, ni velas: nada enteramente; pues aunque todo se compre con abundancia, los criados tienen la costumbre de llevárselo todo cuando se retiran, y así cada día es necesario hacer iguales provisiones. En general, se desprecia tanto al comercio, que no se hallaría hidalgo presuntuoso (ni entre aquellos cuyos recursos escasos les obligan a sobrellevar una dura existencia) capaz de regatear una tela, una puntilla o una joya, ni de recoger el sobrante cuando el tendero se lo ofrece, porque el valor de las monedas desembolsadas excede al precio de las mercancías; y como si eso no fuera ya suficiente, aun regalan al vendedor, por el trabajo de haberles complacido, una cantidad a veces más importantes que la representada por los objetos comprados. Así, cuando alguien adquiere las cosas a precio justo, lo debe a la conciencia del comerciante, que no quiso abusar de las ventajas que le ofrece un orgullo tan exagerado; y como son muchos los que toman a cuenta cuanto necesitan, y arrastran algunas veces créditos de dos años, no son pocos los que se hallan al fin agobiados por las deudas.

»Raras veces dan ocasión los que así obran a que intervenga en sus asuntos la justicia, y espontáneamente reparten sus bienes entre sus acreedores para evitarse un proceso: los reúnen, les ofrecen una parte de sus tierras para que su disfrute durante un cierto número de años baste a saldar las deudas, o se las ceden por completo, reservándose una renta vitalicia que no puede ser nunca mermada por los nuevos acreedores que más adelante presten algo al arruinado caballero. Para que nadie pueda llamarse a engaño, se publican los tratos hechos por el señor con sus prestamistas. Todo el papel de oficio está sellado y cuesta bastante. En cierta época se distribuyen los procesos instruidos en Madrid, sin resolver gran cosa; se meten en un saco los documentos, en otro los del otro, y los que abarca la instrucción en un tercero. Al llegar el tiempo elegido, se remiten a los tribunales más lejanos y como se guarda con mucho secreto un registro en el cual se inscriben los lugares adonde los procesos fueron enviados, nadie sabe nada del suyo hasta que se dicta la sentencia. Esto evita recomendaciones y solicitudes, que deben ser siempre prohibidas. En cuanto a los asuntos que se ventilan sin salir de Madrid, sea en la Corte sea en la villa, suelen arruinar a los interesados por su mortal duración. Los escribanos españoles son muy arteros y explotan lindamente su oficio.»

Tres anécdotas

«No hace mucho tiempo, la señora del condestable Colona, que se hallaba retirada en el convento de Santo Domingo, en el cual entraba y salía frecuentemente, y cuyo proceder disgustaba a las monjas, puso a éstas en el caso de que se decidieran a no recibirla más; y, en efecto, la última vez que fue le negaron la entrada, y le dijeron claramente que podía quedarse en el mundo o escoger otro reino. Ofendió a la señora esta resolución, que no creía tolerable para una dama de su linaje, y resolvió que sus amigos hablaran en su favor al Rey, el cual mandó decir a la abadesa que desistiese de sus propósitos y fuera condescendiente una vez más. La abadesa y todas las monjas contestaron que presentarían a S. M. las razones que tuvieron y tenían para negarse rotundamente a tales pretensiones; y cuando recibió el Rey esta respuesta, dijo risueño: "Con mucho gusto recibiré a las monjas, que vendrán en procesión cantando *Libéranos Dómine de la condestábile*". Pero ellas no fueron, y tomaron el partido de la obediencia, que al fin y al cabo es el mejor.

»Poco tiempo ha, mientras llovía y tronaba en abundancia, el Rey, que se divierte alguna vez con sencillas bromas dadas a sus cortesanos, encargó al marqués de Astorga que le aguardara en la terraza de Palacio. El amable viejo le indicó, sonriente: "Señor, ¿tardaréis mucho tiempo en ir?" El Rey le respondió: "¿Por qué me lo preguntáis?" Y el marqués adujo: "Porque si tarda mucho V. M., puede mandarme ya llevar el ataúd para meterme en él, pues no es probable que resistan mis años una borrasca de tal calibre." Dijo el Rey entonces: "Id, marqués, porque yo iré a encontraros." El marqués, al retirarse, y sin dudar un momento, se hizo conducir a su casa en su carroza. Al cabo de dos horas, el Rey dijo: "Seguramente ya estará mojado hasta los huesos el buen marqués de Astorga: que le avisen, porque le quiero ver en tal fecha." Le contestaron que no había ido a la terraza el marqués, y el Rey dijo que le complacía saber que no sólo era viejo el de Astorga, sino prudente por añadidura.

»Prendieron hace poco en las cercanías de Palacio a una de las más hermosas cortesanas de Madrid que, disfrazada de hombre, había herido a su amante, quien, al reconocerla en la voz y en la manera de esgrimir la espada, no quiso emplear la suya para defenderse: desabrochó su jubón y le ofreció el pecho desnudo para que se vengase. Sin duda supuso que no estaba ella encolerizada hasta el punto de hacerlo en tales condiciones; pero se equivocó por completo, pues la dama le hirió gravemente. Al verle caer y observar que la sangre brotaba de la herida, creyó al amante muerto. En un arrebato de desesperación se arrojó al suelo, se arañó la cara, se arrancó los cabellos, gritó y gimió dolorosamente. Al advertirlo cuantos pasaban por allí la rodearon y comprendieron que quien tales extremos hacía era una mujer disfrazada. Llegó la justicia y la detuvo. Pero algunos caballeros, testigos casuales del suceso, enteraron al Rey, quien mostró deseos de hablar a la dama, para lo cual ésta fue introducida en Palacio. "¿Eres tú —le dijo—, quien ha herido a un hombre cerca de aquí?" Y contestó ella: "No lo niego, Señor. Quise vengarme de un ingrato que me había prometido ser fiel y prefiere a otra." Repuso el Rey: "Si es así, ¿por qué te aflige tu venganza?" Objetó ella: "Ah, Señor! Encontré mi castigo al vengarme y suplico a Vuestra Majestad que ordene mi muerte, que pondrá fin a mi dolor." El Rey, compadecido, pronunció estas palabras: "En verdad, no puedo suponer que haya en el mundo pena mayor que amar sin ser amado. Vete libre; tienes demasiado amor para que te quede conciencia de lo que hiciste; pero cuida de ser en adelante más prudente y no abuses de la libertad que te doy."

»Se retiró la mujer, y, sin que nadie la obligara, fue a la cárcel, donde son recluidas las miserables que tuvieron mala conducta.»

Zapatero a tu zapato

Refrán con el que advertimos que cada uno se esté en los límites de su profesión, o que no hable sino de lo que entienda.

He aquí su origen.

Deseando el célebre pintor griego Apeles, hijo de Pitio, natural según uno de Cos o de Colofonia, y según otros de Éfeso, perfeccionarse más y más en su arte, acostumbraba aprovecharse de las críticas que de él se hacían.

Un día manifestando un zapatero que faltaba algún requisito a la sandalia de uno de los personajes del cuadro, se aprovechó de aquella observación Apeles, y al día siguiente presentó ya su cuadro con la enmienda indicada.

Mas el zapatero, envanecido por el resultado de su observación, quiso pasar a criticar otras partes del cuadro que nada tenían que ver con su oficio; cuando saliendo de pronto Apeles le dijo: *Ne sutor ultra crepidam* (Zapatero a tu zapato); que ha pasado a proverbio, para indicar que cada uno debe atenerse a hablar de su arte, sin entrometerse, ni ascender a cosas ajenas o superiores al suyo.

Dedicábase Apeles con tanto esmero a su noble profesión que no dejaba pasar día sin pintar, lo que dio lugar al otro proverbio: *Nulla dies sine línea* (Ningún día sin línea).

Merced a tanta aplicación, hizo progresos extraordinarios en su arte, y llegó a superar luego a Pamfilo, su maestro, y a todos los demás pintores griegos.

Alejandro tenía tan alta idea de la habilidad de Apeles que, según el testimonio de Plinio, no quiso ser pintado o retratado por ningún otro pintor.

Luis XV dio un día al pintor Latour, que estaba haciendo su retrato, una lección tan oportuna como fuerte y en un sentido análogo al del primer proverbio.

Ocupándose el artista del retrato del rey, sostenía con el monarca una conversación familiar sobre política que el rey tenía la bondad de permitirle, pero naturalmente indiscreto, el pintor llevó su temeridad al extremo de exclamar:

—Pero señor, en último resultado no tenemos marina.

Y el monarca por toda contestación le dijo:

—¿Y Vernet?

Aludía a los paisajes marítimos o marinas ejecutados por el célebre pintor Vernet.

Conocido es también el consejo que daba Voltaire a su peluquero, que había compuesto una tragedia y se la dedicó: «Maestro Andrés —le decía—, haced pelucas; nada más que pelucas.»

El idioma, las galeras, el calor

«Nada he dicho aún del idioma español, en el conocimiento del cual progreso bastante; lo considero expresivo, noble y grave, y es muy de mi gusto. El amor parece amoldarse perfectamente a sus vocablos, con los que juega con facilidad y soltura. Los cortesanos hablan más concisamente que la mayoría de las personas; usan comparaciones y metáforas tan abstractas que, cuando no se tiene mucha costumbre de oírlas, es difícil interpretar su sentido, y se pierde la mitad de su intencionada expresión. En mis viajes y en mis estudios he aprendido varios idiomas, de los cuales conozco los primeros principios; pues bien, ninguno, exceptuando el francés, me parece comparable al español.

»Sorprenderá la noticia cuando yo diga que acabo de ver llegar diez galeras a esta villa, que dista cuatrocientas leguas del mar, pero son galeras terrestres, y me parece muy bien que las haya cuando hay caballos y perros marinos. Las galeras tienen forma de carro y son cuatro veces más largas que uno de tales vehículos; tienen tres ruedas a cada lado, las cuales no pueden ofrecer un movimiento mucho más agradable que el de las carretas de transporte. La caja es ovalada y muy parecida al casco de las galeras de mar; su cubierta es de tela en forma de toldo, y viajan en cada galera cuarenta personas, que allí duermen y guisan como en una casa ambulante arrastrada por veinte caballos, y que sólo puede maniobrar en campo abierto, porque su longitud es indescriptible. Generalmente llegan estas galeras por los caminos de Galicia y de La Mancha, país del valeroso Don Quijote. Van diez o doce, una tras otra, para que los viajeros puedan socorrerse cuando sea la necesidad. El vuelco de una galera produce una ruidosa catástrofe, y lo menos lamentable que puede acontecer a los que van dentro es que se rompan una pierna o un brazo; para levantar el vehículo se necesita, por lo menos, el esfuerzo de cien hombres. Los que viajan en las galeras van provistos de toda clase de vituallas, porque la tierra por donde avanzan es tan pobre, que a veces en una extensión de centenares de leguas no se tropieza con otros vegetales que un poco de romero o de tomillo silvestre. No hay posadas ni hospederías donde acogerse, y por este motivo los viajeros aprovechan para comer y descansar las escasas facilidades que la galera les proporciona.

»Todo lo que me habían advertido respecto del calor que aquí se siente, y todo lo que yo podía suponer, no es nada comparado con la realidad. Para respirar un poco dejo abiertas las ventanas de día y de noche; duermo con la cabeza descubierta, y me lavo las manos y los pies con agua de nieve. Llega la medianoche sin que haya soplado la brisa más ligera; supongo que no padecen un tiempo más bochornoso ni en el Ecuador.

»De paseo en coche no sabe una qué hacer, pues con los cristales cerrados el calor ahoga, y si se abren las ventanillas sofoca el polvo de que siempre están cubiertas las calles, hasta el punto de que, levantado constantemente por los que transitan, forman una espesa niebla que apenas permite ver. En las casas entra por todas las rendijas al menor descuido; aunque todo se tenga cerrado, ensucia y estropea los muebles; de modo que los malos olores en invierno y el calor en verano ennegrecen la plata, deslustran los barnices y no consienten la conservación de objeto alguno en buen estado largo tiempo. Por mucho cuidado que se tenga, en verano es imposible no llevar las más de las veces la cara sudorosa y sucia de polvo, a semejanza de un atleta que acaba de luchar.»

Anécdotas musicales (VI)

Entre las historias manifiestamente imaginarias y aquellas cuya veracidad es comprobable, se encuentran algunas experiencias raras y vagas de la gente del mundo musical: aventuras fantasmagóricas e inverosímiles, y sueños...

—¡Qué suerte tenemos, amigo mío! —observaba un día José Lalande, el más grande astrónomo de su tiempo, conversando con Giuseppe Tartini, el más grande violinista de la misma época—. ¡Qué suerte tenemos de vivir en el ilustrado siglo XVII, libres de todas las supersticiones y pseudocreencias, dando crédito solamente a nuestros ojos y a nuestros cerebros! Pasaron los días de magia y brujería, de ángeles y diablos...

—¿Así no creéis en el diablo, Lalande? —le interrumpió el violinista.

—No, ciertamente —rió el astrónomo.

—Pues bien —dijo Tartini—. ¡Yo, sí! No solamente creo en él sino que he comprobado su existencia y le estoy agradecido porque me ayudó a realizar mi obra de mayor éxito.

Y explicó a Lalande la historia de su *Trino del Diablo*. Una noche, cuando tenía veintidós años, soñó que había pactado con el diablo. Le había vendido su alma y Satán debía ser su criado durante tres veces siete años. El contrato funcionaba admirablemente; Tartini (en su sueño) se había hecho famoso y rico; había conquistado cuanto deseaba y había subyugado a todo el mundo. Un día tomó su violín y se lo entregó al Príncipe de las Tinieblas. «¡Toca! —le dijo—. Quiero ver si el diablo conoce más trucos en el violín que yo, ¡Giuseppe Tartini!»

Y el diablo tocó..., tocó como Tartini nunca había oído tocar a nadie. Era una sonata salvaje, incitante y melancólica al mismo tiempo, tierna y bárbara, angustiosa y sin embargo llena de belleza. La más deliciosa y osada pieza de música.

Tartini se sintió transportado de placer. Apenas podía respirar y, súbitamente, despertó. Abalanzóse sobre su violín y empezó a tocar la música que acababa de oír. Podía acordarse distintamente de largos pasajes que el diablo había tocado para él, pero, a pesar de los mayores esfuerzos, no pudo reconstruir la obra entera.

—Seguidamente escribí la pieza —concluyó Tartini—. Es el *Trino del Diablo*, tal como vos y muchos otros lo conocéis hoy. Pero podéis creerme, mi esclarecido y escéptico amigo: ¡la pieza que yo compuse es infinitamente inferior a la que el diablo tocó para mí durante mi sueño!

Una de las más infames historias en el reino de la música es el relato, a menudo puesto en duda, pero siempre repetido, de la caída de Alessandro Stradella, compositor, poeta, cantante, director, violinista, organista, clavicembalista y arpista italiano del siglo XVII. Su ingenio, talento y modales le abrieron las puertas de todos los «palazzi» del país. Un día, un noble veneciano le contrató para dar lecciones de canto a su joven y hermosa novia, encargo que aun siendo sumamente prometedor desde el punto de vista social y económico, llevaba en sí el germen del aciago fin de Stradella.

El versátil músico, de carácter altamente predispuesto al amor, sintióse hechizado por la bella Hortensia y se fugó con ella a Roma. El despreciado hidalgo siguió la costumbre de su tiempo: alquiló dos tipos de siniestra catadura y los envió tras los amantes. Había elaborado minuciosamente todo el plan de una villana acción; pero no se le ocurrió tomar en consideración que la innata pasión que todo italiano siente por la música podía haber penetrado hasta las negras almas de unos asesinos profesionales. Ocurrió que el domingo de Pasión de 1675, después de haber oído el oratorio de Stradella *San Juan Bautista*, admirablemente ejecutado bajo la dirección personal del compositor en la iglesia de San Juan de Laterano, los dos mercenarios mostraron más comprensión artística que dignidad profesional. Acercáronse a Stradella, quien, rodeado de admiradores, salía de la iglesia acompañado de la bella Hortensia, y en lugar de apuñalarle cayeron de hinojos, confesaron sus malvadas intenciones y le felicitaron efusivamente por el éxito de su maravillosa obra.

Stradella, abrumado por el sorprendente efecto de su oratorio, gratificó espléndidamente a los bondadosos asesinos y les despidió expresándoles su sentimiento de gratitud eterna. Pocos días después se dirigió a Turín para asistir al estreno de su nueva ópera.

El hidalgo veneciano, doblemente chasqueado, no cesó sin embargo en sus designios. Muy interesado, desde la fuga de su novia, en el desarrollo de la vida musical en Italia, se enteró del próximo estreno. Contrató otros dos mercenarios, esta vez bajo referencias dignas de confianza, y los despachó a Turín. Sea que estos dos rufianes carecieran de los sentimientos musicales habituales en sus compatriotas o que la nueva ópera de Stradella no estuviera a la altura artística habitual en él, el caso es que a la mañana que siguió al estreno de su ópera, el compositor, que contaba treinta y siete años de edad, y su hermosa amante fueron encontrados asesinados en su alcoba, bañados en su propia sangre.

Un trágico episodio

«Entramos en el comedor, para donde había yo mandado contratar los mejores músicos, bastante medianos por cierto, y que sólo tienen de recomendable, en mi opinión, lo caro que cuestan. Mi cocinero había hecho algunos guisos a la francesa, y agradaron tanto a doña Teresa, que me pidió le diese por escrito la manera de prepararlos, y don Agustín me rogó que le regalara unas agujas de mechar, de las que en toda España existe una sola. Estuvimos reunidos hasta muy tarde, porque la estación requiere velar hasta las cuatro o las cinco de la madrugada, únicas horas en que no abruma el calor.

»Hay determinados días del año en los que todo el mundo pasea por los puentes del Manzanares; pero ahora la sequía permite a las carrozas entrar en el lecho del río, refrescado por algunos arroyuelos. Los caballos padecen mucho en tales paseos, porque nada les desgasta tanto las pezuñas como los guijarros sobre los que andan. Se hace alto en ciertos lugares, donde se permanece hasta las dos o las tres de la madrugada. Con frecuencia se reúnen más de mil carrozas.

»No son pocos los que llevan la cena; otros cantan o bailan al son de una guitarra; todo ello es muy grato en las noches serenas. Algunas personas se bañan, pero, en verdad, resulta molesto bañarse allí. Ved cómo lo hace la Embajadora de Dinamarca. Momentos antes los criados abren en la arena un gran hoyo, que se llena de agua, y en el cual se introduce la Embajadora. Ya comprenderéis que no es un baño muy agradable, y, sin embargo, es el único posible en el río.

»Tal vez no os disguste saber que para formalizar aquí las pruebas de nobleza es indispensable descender de cristianos viejos por el padre y la madre. La tacha mayor en una familia es que hayan formado parte de ella judíos o moros.

»Como en los pueblos de Vizcaya y de Navarra impidió la invasión de los bárbaros la aspereza y altura de sus montañas, allí se consideran caballeros todos, hasta los aguadores. En España, los hijos toman, a veces, el nombre de su madre, cuando es más ilustre que el de su padre. Seguramente habrá pocas familias que no se hayan truncado y cuyo nombre y nobleza no los llevaran a otra familia una hija única. No están incluidos en esta clase los Velasco, pues cuentan diez Condestables de Castilla de padre a hijo. Detalle singular que, a mi entender, no existe en ningún otro país: los niños de padres desconocidos tienen derecho a llamarse hidalgos y disfrutan de todos los privilegios propios de la nobleza; pero necesitan para ello probar que han sido abandonados al nacer y que recibieron lactancia y educación en el Hospicio.

»Hay casas poderosas en España que poseen casi todos los bienes a título de mayorazgo, y así acontece que al morir todos los del mismo nombre y también los parientes más cercanos varones heredan los hijos naturales, si los hay; de no haberlos, el criado más antiguo toma el nombre y las armas de su señor y es el heredero de sus bienes. A esto se debe que segundones de casas no menos ilustres no tengan reparo en servir, y sus esperanzas están bien fundadas, pues con frecuencia se extingue una familia, a causa de que las españolas tienen menos hijos que las mujeres de los demás países.

»Hace poco aconteció una funesta aventura a una muchacha de calidad llamada doña Clara. Su corazón no pudo resistir a los merecimientos del conde de Castrillo, cortesano de agudo ingenio y excelente figura. Le agradó el caballero, sin mediar amores, y él, ignorante del afecto que inspiraba, no la atendió. Aun cuando el padre de la muchacha estaba ausente, no disponía ella de mayor libertad, porque su hermano, don Enrique, la vigilaba mucho. Como no podía dar a entender su amor al amado, el martirio de doña Clara consistía en sufrir sin lamentarse y sin declarar su inquietud a quien la causaba. Resolvió, por fin, escribirle y procurarse un medio para enviar la carta; pero como este asunto era de mucho compromiso, titubeaba en la elección de confidente, y estuvo así algún tiempo, hasta que se fijó en una amiga que siempre le había demostrado cariño. Sin más vacilaciones, redactó una carta muy conmovedora al conde de Castrillo, y cuando se dirigía a casa de su amiga para rogarle que la enviara, vio pasar al caballero cerca de la silla de mano en que iba ella. El encuentro imprevisto le avivó el deseo que tenía de comunicarle sus sentimientos, y, resuelta de pronto, le arrojó el billete, como si alguno acabase de dárselo al pasar: "Sabed, caballero —dijo en voz alta y como enojada—, que no consiento que se dirijan a mí con tales pretensiones; ahí tenéis vuestro billete, que ni abrirlo quiero."

»Sobrado ingenio tenía el conde para comprender la favorable intención de la hermosa muchacha, por lo cual recogió el papel amablemente, y dijo: "Señora, os aseguro que no pienso contradecir el deseo que mostráis." Y se retiró para enterarse de la carta que tanto placer había de causarle.

»Así quedó informado por su lectura de las intenciones de doña Clara y de la manera como debía proceder para verla. Hizo lo conveniente para su logro, y quedó tan rendido a su victoria que se tuvo por el más afortunado de los caballeros. Aguardaba con impaciencia el regreso del padre de doña Clara para pedirla en casamiento, lo cual, sin duda, le satisfaría. Pero por muchas precauciones que tomaron los enamorados para mantener, por lo pronto, secretas las relaciones en que cifraban la felicidad de su vida, el suspicaz y vigilante don Enrique descubrió la trampa, la creyó deshonrosa, y en un arrebato de furia que no había dejado traslucir, entró una noche en el aposento de la infeliz doña Clara, y mientras dormía la estranguló con bárbara crueldad.

»Aun cuando se le supuso autor de tan malvado crimen, la Justicia no le persiguió, porque don Enrique disfrutaba de mucha consideración, y como sus parientes lo eran por igual del matador y de la víctima, no quisieron aumentar con su querella una desgracia de suyo tan enorme. Después de su crimen aparentaba don Enrique mucha devoción, sin presentarse casi nunca en público, porque oía misa en su oratorio y hablaba con muy pocas personas. Temía del conde de Castrillo, que no supo encubrir su desesperación, de la cual había dado testimonios patentes, una terrible venganza. Entretanto, el conde buscaba secretamente una oportunidad propicia, y después de varios intentos inútiles, acertó con uno de buen resultado.

»Se disfrazó de aguador, los aguadores cargan sobre un burro cuatro grandes cántaros que llevan por la ciudad; van vestidos de bayeta ordinaria, con las piernas al aire y zapatos o alpargatas. El amante de doña Clara, con este disfraz, pasaba muchas horas apoyado en el pilón de una fuente cuyas aguas aumentaba con su abundante llanto, porque desde allí veía muy próxima la casa donde tantas venturas gozó y donde se hallaba retirado el cruel don Enrique. Una tarde, por una entreabierta ventana, vio el conde a su enemigo con un espejo en la mano; como en burla, le tiró huesos de cereza, le dio con uno en la cara, y molestado don Enrique por la insolencia del aguador, dejóse llevar de la cólera y bajó para castigarle. Pero apenas había salido del portal, cuando sacó el conde una espada que tenía oculta, y exclamó: «¡Traidor! ¡Defiende tu vida!»

»La sorpresa y el espanto se apoderaron de tal modo de don Enrique que sólo acertó a pedir perdón, sin alcanzarlo, del irascible amante, quien vengó la muerte de su amada en el que tan bárbaramente la había sacrificado. Difícil le hubiera sido al conde escapar después de su arrebato ante la casa de un hombre bienquisto y que tenía muy numerosa servidumbre; pero en el momento en que todos se abalanzaban sobre él, tuvo la fortuna de que pasara el duque de Uceda con tres amigos. Se apearon inmediatamente de su carroza y le socorrieron con tal oportunidad, que le fue posible huir, sin que aún sepa la Justicia dónde se oculta. Me interesa porque le tengo en mucha estimación y es un hombre honradísimo.»

Gato con guantes no caza ratones

Dice Bastús:

«Hemos oído asegurar que cierto general de marina siempre que veía a sus oficiales luciendo ajustados guantes, les encajaba esta especie de proverbio, cuyo origen desconocemos, bien que su significado no necesita explicaciones.

»Doscientos cincuenta años atrás[1] una persona autorizada decía: "Enguantado: el que entra con guantes a donde se le ha de tener a descortesía. El que sirve, no los ha de tener delante de su señor, ni vasallo, sea quien fuere, delante de su rey."

1. Trescientos cincuenta cuando se edita este libro.

»¿Qué diría ahora aquella persona si viera lo que está pasando entre nosotros?...

»Guantes el criado, guantes el lacayo, guantes el cochero y guantes el de la portería. Guantes el soldado, guantes el resguardo, la guardia civil, los salvaguardias, los municipales, los guarda-paseos, los serenos, los...

»¡Qué flujo de enguantar a las gentes!...[1]

»Son a la verdad los guantes una vaina de la mano, cuyo nombre se deriva del latín *vagina*, en francés *gaine*, estuche en el que se mete la mano; y de *vagina* y *gaine*, dicen, se formó el nombre guante.

»Otros quieren, como el Brocense que venga de Gante, ciudad de Flandes, en donde suponen principiaron a prepararse las ricas pieles con las cuales se fabricaban los más primorosos guantes.

»También los hay que suponen se deriva su nombre de *vante*, nombre que daban los godos al guante. Como en arábigo se llama a la mano *huad*, del hebreo *iad*, y en alemán y en inglés *hand*, de aquí dicen se formó el nombre castellano guante, como guadante.

»El uso de los guantes es de la más remota antigüedad. La necesidad los hizo adoptar en su origen, ya para preservarse del frío, ya para guardarse de las picaduras de los insectos. Y aun hay todavía otra razón más poderosa para usarlos, y es la de librarse de ciertos prójimos, cuyas manos porosas, y trasudando como alcarrazas, están siempre dispuestas a empringar al desgraciado que topa con ellos y tiene que alargarles la mano.

»Porque a la verdad, es incómodo y doloroso que por la inconsideración de un ciudadano inaprensivo, se vea un hombre decente sobado, amasado y expuesto a que en medio de la calle, en un paseo, café, teatro o casino le inoculen el virus más o menos dañino que chorrea de sus manos.

»Los primeros guantes, como todas las cosas en su origen, serían informes: hiciéronse de cuero y sin división de dedos. Luego los hubo de lienzo, de punto, de pieles adobadas, etc.

»Los griegos usaban una especie de guante o manopla de cuero guarnecido de plomo, llamada *cesto*, del que se servían los

1. ¡Lo que va de ayer a hoy!

atletas denominados por esto *cestíforos*, los cuales se disputaban el premio en el pugilato combatiendo a puñadas en los anfiteatros y demás parajes públicos. Había cuatro clases de cestos: la primera, llamada *imantes*, era hecha de cuero de buey sin curtir; la segunda, conocida con el nombre de *mirmecas*, estaba además guarnecida de bronce o de otro metal; la tercera era hecha de cuero bien curtido y fino, y se llamaba *meiliques*; y la cuarta, denominada *sphoeroe*, era un grueso guante cubierto de plomo que envolvía toda la mano y puño, diferente de las tres primeras que dejaban los dedos libres.

»Los romanos tenían una especie de guantes de color de púrpura, llamados *ephatis*, los cuales eran propios de los militares. Se parecían a la manopla, parte de la armadura antigua, sin división de dedos muchas veces, que cubría o guarnecía la mano del jinete, que armado de punta en blanco o de pies a cabeza, combatía en la guerra o en las justas y en los torneos.

»En Oriente se servían también de un guante para conceder ciertos títulos o conferir alguna dignidad, y al contrario, los quitaban cuando querían despojar a uno de ella o degradarle. Este uso, que se llamaba investidura por el guante, se extendió luego entre muchos pueblos, y se empleó para conferir destinos o grados, uso que aún se conservaba poco ha entre nosotros.

»Los jueces tenían entonces expresamente privado el firmar con los guantes puestos.

»El uso de los guantes se introdujo en la iglesia en la Edad Media, y se generalizó entre todos los sacerdotes; cuya costumbre se ha conservado solamente entre el papa, cardenales, obispos y otras dignidades.

»*Salvo el guante*, dice el autor del *Tesoro de la lengua castellana*, viene de que el darse las manos diestras uno a otro es señal de amistad y confederación, y esto ha de ir con ánimo sencillo, abierto y patente, sin fraude, ni cobertura; y por eso se tiene por descortesía en tal ocasión dar la mano cubierta con el guante, pero en las cosas ligeras y que claramente consta de la buena intención, cuando se dan las manos cubiertas con él, decimos *salvo el guante*.

»*Echar el guante* era lo mismo que un cartel de desafío; y *coger* o *levantar el guante* era la aceptación del cartel: costumbre que tampoco se halla del todo desterrada entre algunas naciones.

»Qué origen haya tenido esta ceremonia, dice el citado autor, no se sabe de cierto, pero parece que el que desafía le da el guante, para tener ocasión y confianza de cobrarle por fuerza, y habiéndole de dar alguna prenda, no se halla con otra más a mano que la que tiene en la misma y no le hace falta, como le haría la capa, la gorra, el zapato u otro cualquier adorno de su persona.

»En Inglaterra, luego que el rey está coronado, se presenta un caballero armado de punta en blanco, llamado Campeón del rey, en la sala de Westminster, en donde tirando su guante desafía a todo aquel que dude o quiera disputar los derechos del nuevo soberano a la corona que acaba de ceñir.

»Esta ceremonia, sin saberse de fijo el origen de ella, resulta que se practicó ya por los años 1377, después de la coronación de Ricardo II.

»*Haber perdido sus guantes* era una frase que se aplicaba en otro tiempo a una joven que había tenido alguna aventura perjudicial a su honor, o bien íntimas relaciones de galanteo.

»En aquel entonces la prueba más positiva de estimación que una joven de distinción podía dar a un caballero con el que creía enlazarse, era darle un guante, particularmente el de la mano izquierda, llamada la mano del corazón.

»El historiador inglés Cambden —1559— dice que la reina Elisabet de Inglaterra, prendada de Roberto de Evreux, conde de Essex, le regaló uno de sus guantes para que le llevara en su sombrero; favor que no dispensó a ningún otro de los muchos príncipes que por ella suspiraban, todos los cuales no impidieron que reinara y muriera virgen como expresa el epitafio latino que ella mandó poner sobre su tumba: *Hic sita est Elisabeth que virgo regnavit, virgo obiit*.

»De aquí que Shakespeare en una de sus piezas la llama «la hermosa vestal sentada sobre el trono de occidente»; y Walter Scott, «la reina virgen, en su castillo de Kenilworth».

»*Para guantes*. Con esta expresión se indicaba la propina que solía darse a alguno para satisfacer generosamente ciertos trabajos o como gratificación de una buena noticia.

»De aquí se decía también *no habrá para guantes*, al que traía una mala, o contaba una cosa como nueva, siendo ya muy sabida.

»Parece que en un principio se daba materialmente un par de guantes, y que luego se introdujo dar la cantidad o valor de ellos para que el interesado se los comprara o la invirtiera en lo que mejor le acomodara.

»Igualmente se decía *adobar los guantes* al mismo regalo.

»Calzar y descalzar los guantes, lo mismo que ponerlos y quitarlos.

»En un principio el nombre *lua*, que ahora se da a una especie de guante de esparto para limpiar los caballos, se aplicaba a los guantes de pieles muy finas y perfumadas que olían a ámbar y algalía, usados por las gentes de distinción. En el romance del Cid leemos:

Todos con sendas varicas;
Rodrigo lanza en la mano;
todos guantes olorosos;
Rodrigo guante mallado.

»Antiguamente los médicos hacían alarde de los guantes o *quirotecas* que recibían al conferirles el doctorado —*accipe quirotecas candidas*—, y los solían llevar casi siempre puestos, a fin de conservar las manos lindas y en buen grado de calor, para poder tomar el pulso y palpar y examinar al enfermo sin causarle ninguna sensación desagradable.

»Recordamos a propósito de esto una cuarteta de Góngora en una letra burlesca que empieza: «Absolvamos el sufrir», que dice:

Deseado he desde niño,
y antes si puede ser antes,
ver un médico sin guantes,
y un abogado lampiño.

»Si Góngora viviese en nuestros tiempos viera ambas cosas, particularmente la última.»

Asesinatos y venganzas

«Es algo que me sorprende, casi las costumbres autorizan ordenar un asesinato en determinadas condiciones. Por ejemplo: Cuando un hombre ha recibido una bofetada o se le azotó el rostro con un sombrero, un pañuelo, un guante, o se le dirigieron palabras injuriosas, puede vengarlas con el asesinato; y éste se disculpa con decir que, después de haber sido insultado, no sería justo exponer la vida en un combate con armas iguales y en el cual el ofendido podría perecer a manos del ofensor. Guardarán veinte años una venganza mientras no hallen ocasión de ejecutarla; si mueren antes de vengarse, dejan a sus hijos herederos de su resentimiento como de sus bienes, y lo mejor para un hombre que ha ofendido a otro es que abandone su país por lo que le queda de vida. Me han contado hace poco que un hombre de noble condición, después de permanecer veinticinco años en las Indias, para evitar la venganza de otro a quien había ofendido, al enterarse de que habían muerto éste y su hijo, creyó estar seguro. Volvió a Madrid, no sin tomar la precaución de cambiar de nombre para que no le reconocieran; pero todo su disimulo no le valió, y el nieto del hombre a quien había injuriado, un mozalbete de doce años, le hizo asesinar poco después de su regreso.

»Generalmente, para esas malas acciones se recurre a ciertos valencianos, para los cuales no hay crímenes a cuya realización no se comprometan resueltamente por dinero. Usan verduguillos y otras armas cautelosas. Hay dos clases de verduguillos: uno de la longitud de un puñal pequeño, del grueso de una aguja gorda y de un acero muy fino, cuadrados y cortantes por las aristas. Con ellos hacen heridas mortales, porque profundizan mucho y sólo abren un agujero como el de un pinchazo, que apenas permite salir la sangre, ni casi ver el punto de la herida. Es imposible la curación y suele morir quien recibió el pinchazo. Los otros verduguillos son de mayor longitud y gruesos como el dedo meñique, tan resistentes que se puede atravesar con ellos de un golpe una gruesa tabla de nogal. Está prohibido en España el uso de tales armas, como lo está el uso de las bayonetas en Francia. Tampoco se permiten ciertas pistolas pequeñas que disparan sin ruido; y, a pesar de la prohibición, las llevan muchos hombres.

»Me han asegurado que una persona bien reputada, que suponía tener suficientes razones para suprimir a un enemigo, trató con un valenciano de calidad y le dio dinero para que realizara el asesinato. Pero poco después hizo las paces con su enemigo y se apresuró a comunicárselo al valenciano para que no realizara su propósito. Atento el asesino, se apresuró a devolver la cantidad recibida, y el caballero no quiso aceptarla. Entonces el valenciano le dijo: "Mi honradez no me permite cobrar lo que no ejecuto." Insistió el caballero en sus razones, y objetó el valenciano: "Lo más que puedo hacer es permitiros elegir entre vuestro enemigo y vos, porque, para ganar el dinero que me disteis, necesario es que yo cumpla mi compromiso y haga una muerte."

»Por mucho que se le dijo persistió en su propósito hasta ejecutarlo. Se le pudo prender fácilmente y condenarle; pero se corría mucho riesgo, porque son muy numerosas las cuadrillas de tales asesinos y es mucha la protección que se dispensan unos a otros. La muerte de aquél hubiera quedado muy pronto vengada. Esos miserables llevan siempre una lista de los asesinatos y villanas acciones que han cometido y la muestran como gala de su valor y de su osadía. Cuando se les encarga un delito nuevo no dejan de lucirla, y preguntan a la vez si es necesario que la muerte sea dolorosa o instantánea. Tales hombres me parecen las más perniciosas criaturas del Universo. En verdad, si quisiera yo referir todos los sucesos trágicos de que tengo diariamente noticia, fácil me sería probar que sigue siendo este país teatro donde se representan las escenas más terribles. El amor es con frecuencia la causa de todo. Para castigarlo y para satisfacerlo no hay recurso que los españoles dejen de admitir ni maña que no pongan en juego; nada es bastante para vencer su osadía y su ternura.

»Se dice que son los celos pasión dominante aquí, donde consideran algunos que hay menos amor que resentimientos y afán de gloria; se dice que ningún español puede soportar en caso alguno que se dé a otro la preferencia en lo que solicita, y que cuanto pudiera ocasionarles una pequeña vergüenza les desespera; pero, sean como fueren los sentimientos dominantes, lo cierto es que aparece la nación española, en cuanto se relaciona con venganzas y amores, como un país de salvajismo furioso. Las mujeres no tienen roce alguno con los hombres, pero saben escribirles cuando quieren darles alguna cita, y desdeñan los peligros que amenazan, al par que ellas, a sus amantes y a los mensajeros. A pesar de los peligros, con ingenio y plata consiguen lo que desean y burlan a los Argos más vigilantes.

»No se comprende cómo estos hombres, que acostumbran a satisfacer tan fieramente sus venganzas y cometen las más viles acciones, vivan sujetos a supersticiones que son verdaderas flaquezas. Cuando han comprado la vida del enemigo que debe morir a puñaladas, ordenan que se digan misas a las almas del Purgatorio y llevan sobre su cuerpo reliquias que con frecuencia besan y siempre adoran, y a las cuales encomiendan su triunfo. No pretendo atribuir este carácter a toda la nación: puede asegurarse que también aquí existen las más honradas gentes del mundo y que los españoles tienen, como nadie, grandeza de alma.»

El *Réquiem* de Mozart

No hay nada de sobrenatural o misterioso en el conocido caso que indujo a Mozart a la composición de su última obra. Fue la simultánea coyuntura de raras circuntancias lo que le dio un carácter siniestro y trágico para el propio compositor.

Un día, un hombre alto y flaco apareció en la casa de Mozart y le entregó una carta, en la cual una persona de alto rango le encargaba que escribiera, en el plazo de un mes y por el precio que el mismo compositor debía fijar, una misa de Réquiem a la memoria de un amigo fallecido. La única condición que se exigía en el encargo era que nunca, bajo ninguna circunstancia, intentaría el compositor averiguar la identidad de quien había escrito la carta. En esa época, Mozart se encontraba en un estado de gran depresión nerviosa, agotado por el trabajo excesivo, enfermo y cargado de deudas. Contempló al visitante... «¿Es la Muerte —pensó—, que me encarga que escriba la música para mis propios funerales? ¿Habrá sonado mi hora? ¿Deberé morir, a los treinta y cinco años de edad?»

—Tenga la amabilidad de decirme el precio, señor. —La voz del desconocido sonó como si llegara de otro mundo.

«El precio —pensó Mozar—, ya sé: el precio será mi vida, pero debo aceptar. Necesito el dinero desesperadamente. Tengo que pagar al tendero y al casero. Quisiera enviar a mi Stanzi a Baden..., necesita un cambio de aires. ¡Qué loco estoy! Este hombre que tengo frente a mí es ni más ni menos que un ser humano corriente. Tiene un aspecto algo marchito... tal vez sea eso lo que me ha impresionado. Estoy fatigado, exhausto; veo fantasmas...»

Y, dirigiéndose al visitante, dijo con voz firme:

—El precio será de cincuenta ducados.

El desconocido aceptó y, abriendo una pequeña bolsa de cuero, contó el dinero sobre la mesa. Luego se dirigió lentamente a la puerta, prometió volver al cabo de un mes y desapareció.

Transcurrió el mes y Mozart no había terminado el encargo. Frecuentes desmayos e hinchazón de sus piernas y manos le impedían la necesaria concentración. Tuvo que pedir al desconocido un nuevo plazo de cuatro semanas.

Perseguido por funestos pensamientos, Mozart escribió una página tras otra... El «Requiem Aeternam», el «Dies Irae» el «Kyrie», el «Domine Jesu»..., toda la gigantesca visión del Juicio Universal, algo de lo más sublime que en música haya jamás concebido la mente humana.

En la tarde del domingo 4 de diciembre de 1791, llamó a algunos amigos junto a su lecho; repartió las *particellas* vocales de la nueva obra, que fue cantada y tocada mientras Mozart, con fatigado gesto, dirigía. Cuando llegaron al «Lacrimosa» Mozart lloró convulsivamente. Luego habló con su alumno Süssmayer. En voz muy tenue, pero firme, le dio amplias instrucciones para completar la partitura. A medianoche perdió el conocimiento. En pleno delirio, intentaba cantar frases del *Réquiem*; cerca de la una de la madrugada abrió los ojos un momento, sonrió débilmente y murió.

Al día siguiente, el barón Von Swieten, rico amigo de Mozart, visitó a la viuda y le aconsejó no despilfarrar el dinero para el entierro. Así Mozart fue sepultado en la fosa común. Cuando el coche fúnebre llegó, completamente solo, al cementerio, una vieja mendiga, sentada junto a la puerta, preguntó al sepulturero:

—¿Quién os traen ahí?

—No es más que un *kapellmeister* —contestó el hombre.

Aproximadamente veinte años después, un hombre llamado Leutgeb, habitante en el pueblo de Stuppach, confesó poco antes de morir que en una ocasión, estando al servicio del conde de

Walsegg, había sido enviado a Viena por su amo para entregar una carta al compositor Wolfgang Amadeus Mozart. El conde, aficionado a la música y extraordinariamente rico, había ya utilizado a Leutgeb en muchas otras ocasiones para entrar en contacto con compositores renombrados y encargarles la composición de distintas obras. Cuando las partituras terminadas llegaban, el conde solía copiarlas de su propio puño y letra y luego las hacía publicar y ejecutar bajo su propio nombre. Al principio del año 1791 había muerto la mujer del conde y Walsegg decidió encargar a Mozart que escribiera un *Réquiem*. Hacía mucho tiempo que admiraba las obras de Mozart. Pero hasta que no se enteró de las difíciles condiciones financieras en que se desenvolvía el compositor, no se atrevió a dirigirse a él. Así fue como Leutgeb se dirigió a Viena y negoció con Mozart. Después de la muerte de éste fue a ver a su viuda, quien le entregó la partitura del *Réquiem*.

El conde, como de costumbre, copió cuidadosamente la obra y escribió en su primera página: «Réquiem compuesto por el conde Walsegg.» Dos años más tarde hizo ejecutar la obra en Wiener-Neustadt. Pero Constanze Mozart, en flagrante incumplimiento del acuerdo entre Walsegg y su difunto marido, organizó al mismo tiempo una ejecución del *Réquiem* en Viena, bajo el nombre de su verdadero compositor.

El conde inició un pleito contra la viuda de Mozart. La causa, sin embargo, fue sobreseída y Walsegg, disgustado y desilusionado, salió del desagradable asunto vencido y humillado; pero fue él quien provocó la composición de una de las más grandes obras maestras de la música.

Orgullo

«El Condestable de Castilla posee ciertamente más territorios que todos los señores de la Corte; pero como no se preocupa de sus intereses, se abandona, como la mayoría de sus iguales, a una molicie negligente, y se halla con frecuencia sin dinero. Las pensiones que le asigna el Rey por ser Decano del Consejo de Estado, Condestable de Castilla y Primer Halconero son tan considerables, que bastarían para cubrir sus gastos; pero el Condestable de Castilla es tan altivo que no las admite. Dice, para razonar su proceder, que cuando un hombre tiene lo bastante para vivir, no debe cobrar los oficios que desempeña en servicio de un príncipe, y se juzga pagado y dichoso con la satisfacción que servir le ocasiona, porque poner voluntad por dinero es convertirse de servidor en esclavo.

»El duque de Arcos pretende que el rey de Portugal ha usurpado la Corona que a él correspondía por derecho, y cuando habla del Rey de Portugal le apellida sólo duque de Braganza. Tiene cuarenta mil escudos de renta en Portugal, y no los disfruta, porque no quiere someterse a besar la mano del Rey, cuyo imperio no reconoce, ni a rendirle homenaje. El Rey de Portugal le hizo saber que le dispensaba su servicio en la Corte mientras enviara para representarle a uno de sus hijos, el menor o el mayor, como bien le pareciere, y de este modo podría pagarle su renta y satisfacerle sus atrasos, que formaban ya sumas considerables. El duque de Arcos no quiere ni oír hablar de tal asunto, y dice que después de haber perdido la Corona sería vergonzoso para él someter a la autoridad del usurpador individuos de su familia, sin más objeto que cobrar cuarenta mil escudos de renta; que los grandes males hacen olvidar los pequeños, y que más gloria sería para el Rey de Portugal rendirse a su poderío que provecho para él cobrar una renta cuantiosa; y no quería ponerse en el caso de reprocharse alguna vez a sí mismo por haber otorgado al usurpador honores que no le debe.

»El príncipe Scigliano tiene derecho a dar oficios y comisiones en la Contratación de Sevilla por valor de treinta mil escudos anuales, y prefiere perder esta fortuna considerable a firmar de su puño y letra los documentos necesarios, porque dice que no es propio de un caballero como él tomarse la molestia de poner su nombre para tan poca cosa, pues los treinta mil escudos figuran repartidos en más de treinta diferentes asuntos; y cuando su secretario le presenta un nombramiento para que lo firme, que le valdría dos mil escudos, alega su altísima calidad, lo rechaza y repite siempre con desprecio: "Esto es una niñería." El Rey se deja convencer más fácilmente y aprovecha lo que rechaza el príncipe, provee la plaza y se sirve de un rendimiento. Esto basta para indicar hasta qué punto entre los españoles domina la locura de su grandeza.

»Los extranjeros acuden a Madrid con menos frecuencia que a otras capitales, y obran cuerdamente, porque cuando no hay alguien que les procure hospedaje en casa particular, corren mucho riesgo de vivir incómodos, instalados en insoportables posadas; y los españoles no se apresuran mucho a ofrecer sus aposentos a nadie, a causa de lo extremadamente celosos que se muestran de sus mujeres. No conozco en toda la villa más que dos posadas decorosas, en una de las cuales se come a la francesa; pero en cuanto están llenas de viajeros, y con frecuencia lo están, porque son reducidas, no saben qué hacer los que llegan a la Corte. Únase a esto las dificultades que se ofrecen a quien busca un carruaje algo cómodo, porque las carrozas de alquiler son escasas, y si bien las sillas de mano abundan, es costumbre que los hombres no se hagan conducir en ellas, a no ser que sean ya muy viejos o estén enfermos.

»¿A qué vendrán los extranjeros a Madrid? Lo más bello y lo más agradable se oculta siempre; me refiero, sobre todo, a las damas, con las cuales nadie puede tener amistad ni relación, pues aquellas cuyo trato es fácil son mujeres tan perjudiciales y dañinas para la salud, que se necesita estar poseído por el demonio de la curiosidad para arriesgarse a satisfacer con ellas un deseo despreciando inminentes peligros.

»Con todo esto, el único goce y la sola ocupación de los españoles consiste en sostener una afición; los jóvenes aristócratas que tienen dinero empiezan desde muy temprana edad (los doce o catorce años) a tener manceba, es decir, una querida; y por atenderla no sólo descuidan sus estudios, sino que se apoderan en la casa paterna de todo lo que puedan atrapar. Esas criaturas no pasan mucho tiempo sin que sus desgracias les hagan arrepentirse de su vicioso proceder.

»Es deplorable que sean pocas las personas de uno y otro sexo, en este país, libres de tan maléficas influencias. Los niños heredan la enfermedad de sus padres o la adquieren en el pecho de la nodriza. Una virgen se ve pocas veces libre de semejantes padecimientos, y rara vez alguien se cura, temeroso de adquirirlo nuevamente; pero, sin duda, en España son menos peligrosas las consecuencias del mal, ya que la mayoría de la gente conserva hermosos cabellos y blanquísima dentadura. Se habla sencillamente de tan crueles dolencias en las habitaciones del

Rey y en los salones de las más nobles y encopetadas señoras, como se habla de tercianas o jaquecas, y todos aguantan pacientemente la desdicha sin avergonzarse ni un momento.»

Hombre de calzas atacadas

(Como siempre que copio a Bastús debo hacer recordar que su libro apareció a mediados del siglo XIX, cosa que se ha de tener en cuenta, no dándole a su presente otro valor que el puramente circunstancial.)

«Lo mismo un día que hombre flamante, currataco o petimetre, como después se dijo, porque con ellas lucían el talle y el cuerpo real o ficticio los elegantes de aquellos tiempos.

»Solían rellenarse las calzas, a la cuenta, para disimular la delgadez de quien las llevaba, con muchos forros, trapos, etc.

»Ambrosio de Salazar, citado por Pellicer, habla de uno a quien, estando en visita con las calzas henchidas de salvado, se le vaciaron por un agujero que hizo un clavo de la silla, con mucha risa de los circunstantes.

»El mismo dice que las calzas usadas antiguamente en España, llamadas *pedorreras*, eran propias para subir a caballo, a las que llamaron *calzas atacadas*, porque se enlazaban o atacaban a la cintura con agujetas, y por mal nombre *pedorreras*, porque eran redondas y muy abultadas.

»Llamábanse también los *follados*, y se embutían de muchos forros, según hemos dicho.

»Dábase igualmente el nombre de *valones* a unos calzones a la flamenca, que solían ser anchos; y se llamarían valones por haber venido la moda de los estados valones o de Flandes. Aun en pueblos del alto Aragón hemos oído llamar *valons* a los calzones.

»Torres Amat, en una nota a la traducción de la profecía de Daniel, dice que tal vez el nombre *saragüelles*, especie de calzones usados en el reino de Valencia, viene de la palabra caldea y hebrea *sarabala*, nombre propio de una parte del vestido de aquellos pueblos.

»Los primeros pantalones formaban una sola pieza con las medias, o más bien con una especie de calzado que usaban los venecianos, llamado *pantaloni,* o como si dijeramos pantuflo, traje usado por los marinos, al que dieron este nombre, según parece, en obsequio de San Pantaleón.

»Otros creen que tomó esta parte del vestido el nombre de pantalón de un actor gracioso del teatro italiano llamado Pantalón, quien solía usar esta especie de calzado o calzas.

»Esto de las calzas, dice Clemencín, debió ser un día asunto de grande importancia. Los reyes se empeñaban en prohibirlas, y los sastres en inventar cosas nuevas y por consiguiente no prohibidas. Hasta diez y seis artículos relativos a las calzas hay en la Pragmática de trajes de 3 de enero de 1611 continuada en la colección de la Academia española.»

»Alonso Carranza, en su *Discurso contra malos trajes*, dirigido a Felipe IV, impreso en 1636, dice que en su tiempo se había dejado más expedito el manejo de la vestidura: "porque vemos justamente desterrado el uso de las calzas atacadas, con que los hombres andaban embarazados y tiesos, como almidonados o éticos confirmados".

»Aplicamos ahora el epíteto de calzas atacadas al hombre entusiasta por lo antiguo y amigo de seguir observando las modas de antaño.»

Estampas de la vida cortesana en 1679 (I)

«Nadie se manda sangrar en los brazos y todos en los pies. A un niño de tres años se le sangra en un pie, y es tal esta costumbre que los cirujanos más inteligentes no saben hacerlo de otro modo. Una vez que me convino sangrarme, tuve que valerme de un criado del embajador de Francia para que operase en el brazo. Es fácil, por desdicha, comprobar cuanto acabo de decir, y es fácil también juzgar cuál debe ser el regalo de boda ofrecido por un español a su adorada. Al casarse nadie abandona su manceba, y cada vez que la manceba se hace sangrar, el amante le regala un traje nuevo completo; es necesario advertir que ellas usan nueve o diez vestidos, uno sobre otro; de manera que no es barato el regalo de la sangría.

»Enterado el marqués de Liche de que su manceba se hizo sangrar antes de que tuviera el sastre los vestidos confeccionados, le mandó un traje que acababan de llevar a su esposa la marquesa, mujer tan bella, que le hace decir al marqués cuánto sería su gusto si encontrara una querida con el encanto femenino de su esposa.

»Los grandes señores, que regresan muy ricos de sus gobiernos, adonde van la mayor parte muy pobres y en los que se apoderan de cuanto se halla a su alcance, porque sólo dura cinco años la ocasión, a su regreso no emplean en tierras la mal cobrada fortuna, sino que la guardan en cofres y la derrochan alegremente, porque les parecen poco dignas las ocupaciones que hicieran productivo aquel dinero. De esta manera, es difícil que los mayores tesoros no se agoten; pero el porvenir no inquieta jamás a estos caballeros, que constantemente confían en algún virreinato futuro o en algún otro empleo que restablezca la fortuna disipada. Preciso es convenir en que la posición del Rey de España es la más ventajosa para satisfacer tales ambiciones de sus vasallos y recompensar sus servicios. Muchos cortesanos ocupan lugares honrados en otro tiempo por hombres que fueron en su siglo los más famosos.

»La diferencia es notable entre los extinguidos soberanos de la Indias y los españoles que ahora gobiernan sus territorios; pero es mucho menor cuando se trata del noble nacimiento que cuando se comparan heredados méritos, porque las casas de los grandes señoríos son muy ilustres en la historia. Se ven muchos caballeros descendientes de los Reyes de Castilla, de Navarra, de Aragón y de Portugal, y esto no impide que algunos desmientan las virtudes de sus antepasados; pero no extraña, cuando se sabe la educación que reciben ahora los más ilustres personajes. Nada estudian y nadie les ofrece hábiles preceptores. Cuando menos, pudieron adquirir conocimientos propios de su rango: las matemáticas, la esgrima, la equitación, la puntería en el tiro. Ni pensarlo: no hay maestros ni escuelas que se ocupen de tales cosas.

»Pasan los jóvenes en una ociosidad lastimosa el tiempo que deberían emplear en instruirse. A pasear y galantear se reduce su existencia, y en este abandono de toda noble actividad viven seguros de que no hay en la tierra personas más notables. Consideran Madrid el centro de la gloria, de las ciencias y de los placeres, y al morir desean a sus hijos el paraíso de Madrid, porque suponen su Corte muy superior a todos los paraísos; tan satisfechos viven en ella. Estas ridículas afirmaciones les impiden ir a otras Cortes en busca de la nueva educación, que aquí es desconocida por completo, y les obligan a volver a Madrid apresurados cuando algún servicio los aparta temporalmente, sea cual sea el rango, los honores que por ello reciban y las ventajas que les proporcionen. El amor a lo suyo y la prevención contra todo lo demás, tiene sobre los españoles tal imperio que renuncian a todo, hasta el punto de preferir una vida oscura en Madrid, sin objeto ni distracciones, a la novedad y atractivo que les ofrecen varias capitales extranjeras.

»No es frecuente que un padre aconseje los viajes a sus hijos; no les aparta de su lado, pero les deja adquirir las costumbres que más les agraden, y es natural que no siempre adopten las mejores, pues en la primera edad juvenil sólo preocupa el ansia de goce y los fáciles placeres. Los jóvenes caen pronto en el libertinaje, atraídos los unos por los otros, y lo que debiera ser castigado severamente se tolera, porque los de superiores jerarquías dan ejemplo. Añadid que los casan como quien dice al salir de la cuna. A los dieciséis años se instala un caballero en su casa con una esposa que no dejó de ser niña. En tales circunstancias, el esposo, que ignora mucho de lo que debiera saber, si no busca diversión en un libertinaje que nadie le reprocharía, y para el cual se le ofrecen todo género de coyunturas, pasa la vida en un rincón de su hogar, desocupado y entumecido como un viejo caduco; y por ser ese noble holgazán hijo de una familia ilustre, más adelante, cuando le falten los recursos, para que no pase privaciones y estrecheces, le confiarán el gobierno de una provincia, que sufrirá las consecuencias de su ignorancia inconcebible. Y aún es más lamentable que tal hombre se crea, como suele acontecer, capaz de regir los destinos del mundo, y gobierne con su propia suficiencia sin tomar consejos de nadie. Así lo hace todo mal y de mala manera.

»Su esposa no suele ser mucho más hábil ni más culta; la necia vanidad que ostenta complacida será su mérito más relevante, y con frecuencia muchas personas capaces de pensar acertadamente y de sentir con buen acuerdo se verán sometidas a ese par de ignorantes que se les impone, y a los que han de soportar y obedecer con paciencia.

»Pero es preciso dar al César lo que es del César. Necesario es convenir en que si algún español recibe una buena educación, viaja y conoce mundo, aprovecha mejor que ningún extranjero sus estudios y sus observaciones. La naturaleza no fue con ellos tan avara como son ellos disipadores de las preferencias con que les distinguió. A pesar de su ignorancia, no desmerece su trato entre personas de otros países; que tienen más instrucción, pero menos inteligencia; su ingenio y su desenvoltura son admirables; hablan y expresan cuanto quieren con suma facilidad; tienen memoria; escriben de manera clara y concisa y comprenden cuanto se les dice, pronto y sin dificultad; tienen buena disposición para el estudio y conocen la política por instinto. Cuando una fuerza mayor les obliga, son, además de sobrios, laboriosos.

»Fácil es descubrir en el carácter español honrosas condiciones: generosidad, amistad franca, bravura, secreto; en una palabra, los exquisitos sentimientos del alma que distinguen al perfecto caballero. Creo, después de cuanto acabo de indicar, que a cualquiera inspirará simpatía, más bien que repulsión, la manera de ser de los españoles, y, por mi parte, afirmo que me agradaban sus condiciones de carácter, mal comprendidas por los muchos que se gozan en denigrarlos sin haberlos estudiado atentamente.»

Estampas de la vida cortesana en 1679 (II)

«A propósito de Grandes de España, el otro día me refirió don Fernando de Toledo algo muy singular. Su suegro, que se titula marqués de Palacios, gana sumas considerables por ser uno de los galanteadores de las damas de Palacio, lugar que sólo se obtiene a fuerza de ingenio, de magnificencia y de fortuna. El carácter de tales caballeros ha de hacerse notorio por su delicadeza, por su elevación de miras y su estilo elegante. Necesitan saber expresarse bien en verso y en prosa, y hacerlo de manera que sus escritos revelen mérito y distinción; es indispensable moverse y hablar en la sociedad galante de Palacio de otro modo que en los salones de la villa. Pues bien; por mando del Rey, el marqués de Palacios se vio precisado a tomar parte activa en una fiesta oficial en ocasión de no tener ni un miserable puñado

Mozart: con sólo 21 años tenía lista la mitad de su obra.

Schubert, niño prodigio también: Todo lo había aprendido ya de Nuestro Señor.

El diputado listillo: ¡Convertiré en fértiles valles las estériles colinas!

Princesa de Éboli, capaz de hacer mal de ojo *incluso con el bueno.*

¡No sabéis cómo actúa todavía la Inquisición!

Clemenceau: *En la revolución lo difícil es salvar la porcelana.*

Clemenceau a Paderewski, al conocer el nombramiento del pianista como premier *polaco:* ¡Qué decadencia!

Ningún caballero entre en el dormitorio habiendo dama acostada.

Los novios *manzonianos: tan perturbados que creían en la Justicia.*

Gregorio VII, papa exiliado forzoso:
Amé la justicia y odié la iniquidad;
por eso muero en el destierro.

En estos vehículos *-según la condesa D'Aulnoy-* va una encerrada como en un baúl. *(Dibujo atribuido a Velázquez.)*

Blas Pascal: El fuerte es hoy el justo, y no, ¡ay!, al revés.

Un «amigo» recomendando a Bizet: Ni indicios de talento musical. *(Cartel del estreno de su ópera* Carmen.*)*

Albert Einstein tras escuchar a Menuhin: Es la prueba de que Dios existe.

¿El ídolo de Brahms? Su padre, un músico vagabundo.

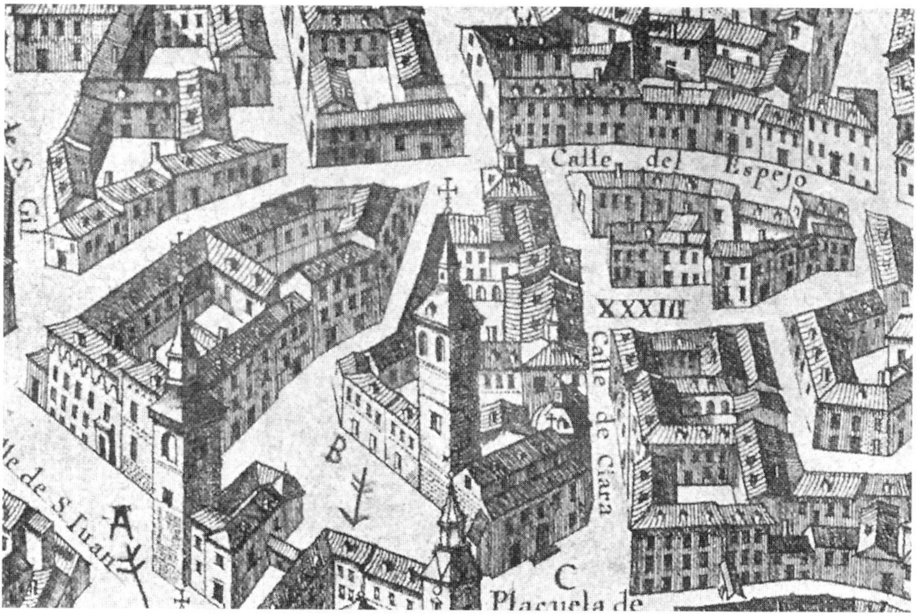

Las rúas madrileñas, largas y anchas, pero con el peor empedrado del mundo. *(Plano de Teixeira, 1656.)*

En casa de los señores no se guisa más que para los dueños.

Sólo el Rey puede lucir seis mulas en su carroza.

Los pajes, también de negro descolorido *todo el año.*

Casi todos los aristócratas tienen enanos, por cierto muy desagradables.

Palestrina, otrora príncipe de la Música.

El genial y orgulloso sordo: Príncipes hay muchos, Beethoven, uno solo.

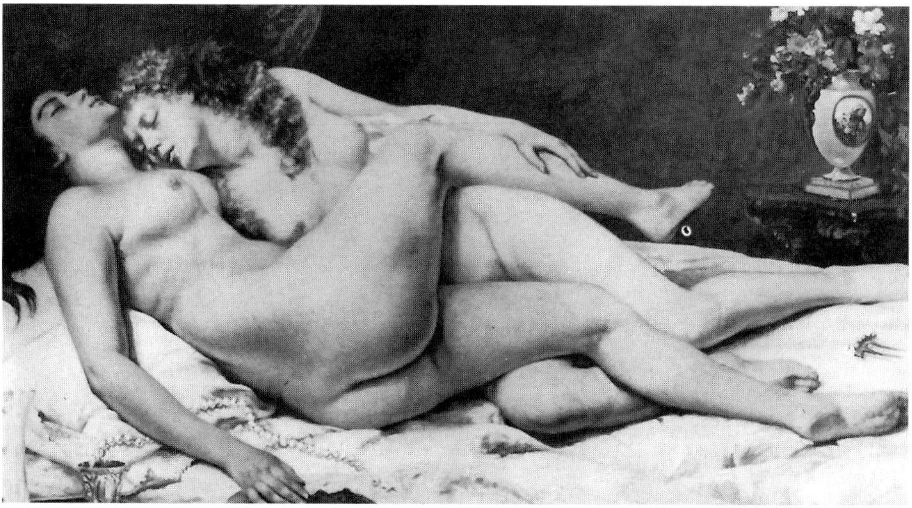

La actriz lesbiana: El más hermoso «hombre» del mundo. (El sueño, *óleo de Courbet.)*

Parece que vuelan, las españolas, cuando andan. *(Óleo de Zurbarán.)*

Dama a punto de mostrar sus últimos favores, *o sea, el piececito.*

Guardan en sus aparadores bellos objetos de cerámica. *(óleo de Zurbarán.)*

Son dueñas todas de unos ardientes y expresivos ojos.

Para que sus pechos no abulten las damas españolas usan unas laminillas de plomo.

En España no todos usan anteojos por parecer graves. *(Retrato de Quevedo, atribuido a Velázquez.)*

Sirviendo el «theobroma» o «manjar de los dioses» de Linneo (vulgo chocolate).

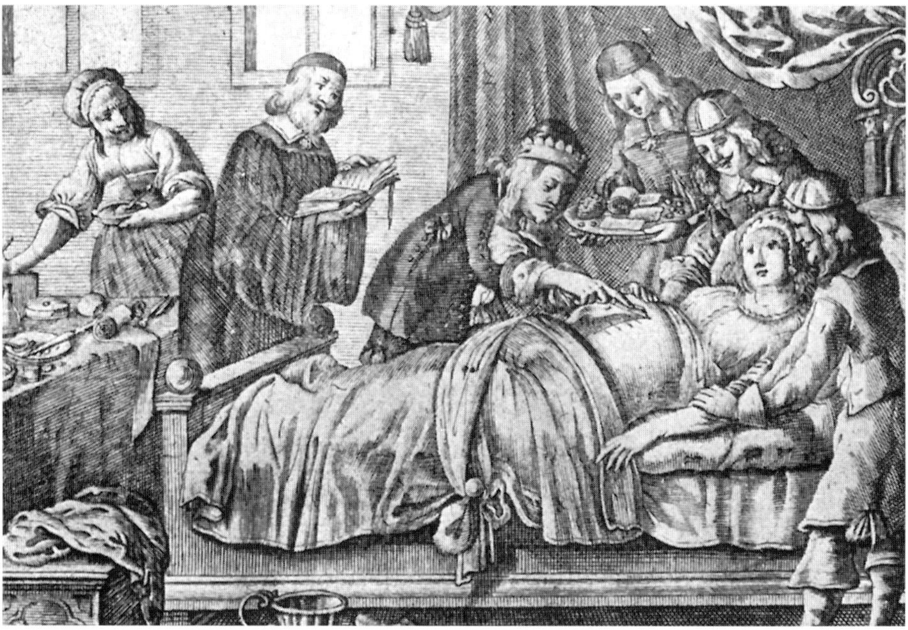

Embarazadas y parturientas son harto agasajadas.

Si no sabe lo que es la Vida, ¿cómo sabrá de la Muerte? *(Confucio).*

Baudelaire y la vida: Un hospital en el que cada enfermo quisiera cambiar de cama.

La vida es un paraíso. Pero los hombres no lo saben... ni quieren saberlo *(Dostoievski).*

Todo és aquí más sabroso y alimenticio. Por el clima, sin duda. *(La condesa D'Aulnoy a propósito de España.)*

Víctor Hugo: ¡Si la Juventud supiese! ¡Si la Vejez pudiese!

Heine y la vida: Una enfermedad fatal y extraordinariamente contagiosa.

¿También Paganini tuvo tratos *con un Diablo melómano?*

Nada sombrío, ni trágico, en el legendario Réquiem *de Mozart.*

Apenas hay obreros en Madrid: sólo personas de calidad y criados.

Incluso la gente de mediana condición tiene mobiliario.

Se engañan los vanidosos y decadentes españoles: sus abuelos valían más. (Finis gloriae mundi, *óleo de Juan de Valdés.)*

de reales. El marqués posee muchas tierras y señoríos importantes, y se le ocurrió visitar algunos y proponer a sus vasallos que se avistasen con él cuantos desearan títulos de nobleza. No hubo jueces ni labradores ni comerciantes acomodados que dejaran de sentirse atraídos por aquel cebo. El marqués trató la cuestión con cada uno particularmente, y a cada uno le sacó lo más posible; después los recibió a todos reunidos, les ordenó que se cubrieran, como hacen los Reyes cuando nombran a un Grande, y luego les dio patentes para que pudiesen justificar sus derechos en debida forma. Este procedimiento le resultó en el primer Señorío tan a su gusto, que fuera necedad el no aplicarlo de igual modo a todos, y en todos encontró facilidades para obtener dinero a cambio de títulos de grandeza. Reunió así una considerable suma, que le permitió hacer cuantiosos gastos en la Corte. Pero como a nadie le faltan rabiosos enemigos, el marqués tuvo alguno que por aquella socaliña ingeniosa quisiera proporcionarle un disgusto con el Rey. Afortunadamente, supo justificar el asunto, que fue considerado como graciosa burla.

»Este marqués nos visita con frecuencia, y por haber pertenecido a la vieja Corte, sabe muchas cosas interesantes y a veces me cuenta sucesos entretenidos. Ayer me decía que un famoso astrólogo, que se hallaba un día con el Rey en la terraza de Palacio, se vio precisado a contestar a esta pregunta del Rey: "¿A qué altura estamos en este sitio?" El astrólogo miró al cielo y dijo una cifra que supuso exacta. Luego, el Rey dio secretas órdenes para que levantasen unas pulgadas el suelo, y toda la noche fue necesario para conseguirlo. A la mañana siguiente llamó el Rey al astrólogo, le llevó a la terraza y le dijo: "Hablé anoche del cálculo que hicisteis aquí por la tarde y me aseguraron que os equivocabais." El astrólogo contestó: "Señor, me atrevo a pensar que dije lo cierto." Y replicó el Rey: "Reflexionadlo bien, y si estáis convencido, luego nos burlaremos de los que contradicen vuestra afirmación." El astrólogo comenzó nuevamente a observar, y al verle preocupado se preocupó también el Rey. Pasados unos momentos, el astrólogo dijo: "Señor, lo que ayer afirmé cierto era, pero no es menos cierto que ahora resulta falso, porque, o la terraza se levantó esta noche o el cielo ha bajado." El Rey, sonriente, confesó la verdad, con lo cual uno y otro quedaron satisfechos.

»Y a propósito de empleos: dicen que no se venden aquí. Tal

vez en apariencia no se venden, pues todo se concede al mérito y a la jerarquía. Sin embargo, se hacen ocultamente regalos de mucha consideración para conseguir éstos o los otros puestos, y nadie ignora que para lograr un virreinato algunos dieron hasta cinco mil doblones de oro y a veces más. Lo que se llama en otras partes comprar, en Madrid se dice hacer un regalo. La diferencia consiste en que cuando se ha comprado un gobierno, un destino cualquiera, puede, quien lo adquirió, legarlo a sus hijos como una herencia, por derecho natural, o contando con la venia del príncipe. No sucede otro tanto en España, donde los empleos duran solamente de tres a cinco años a quien por tales o cuales medios los consiguió; y como estos empleos con frecuencia se pagan caros, es natural suponer que, después de regalar una suma considerable por un breve disfrute, quiera el favorecido conseguir ingresos que le recompensen. El pueblo sufre mucho con este sistema, que le obliga con harta frecuencia a tener un virrey nuevo y nuevos gobernadores, los cuales agotaron su fortuna y a veces comprometieron la de sus amigos para ofrecer un regalo que les proporcionara el empleo, y como llegan hambrientos y deseosos de enriquecerse rápidamente, mientras el pueblo desventurado sufre, calla y se resigna, roban a manos llenas. Mayores todavía son los abusos en las Indias, donde el oro abunda y la distancia que los aparta del Rey hace más atrevidos a los que debieron representar su justicia. De las Indias traen, cuantos allí realizaron cargos públicos, enormes fortunas, y hasta los religiosos que allí van a predicar el Evangelio suelen volver con cincuenta mil escudos reunidos en tres o cuatro años; de modo que, a pesar de su voto de pobreza, gozan los frutos más positivos de su misión.

»Las Órdenes monásticas tienen otro recurso, con frecuencia de buen resultado, y consiste, cuando algún religioso es hijo único y su padre tiene hacienda, en persuadir a éste para que la deje al Monasterio en que su hijo se halla recluido, a cambio de plegarias que aseguren su salvación en el otro mundo. De manera que, por diferentes medios, muchos frailes disponen de dos mil escudos de renta. Esta riqueza, en un país donde pocas veces domina el criterio a la pasión, es contraproducente, pues tales religiosos, lejos de santificarse, abusan de las facilidades que les ofrece un dinero tan malamente adquirido.

»Cada dos años vienen de las Indias más de cincuenta millones de escudos, sin que ni la cuarta parte llegue a las arcas reales. Tan espléndido tesoro se distribuye por toda Europa: los franceses, los ingleses, los holandeses y los genoveses se lo reparten casi por completo. Parece poco acertada la política de los españoles, quienes hacen del oro un comercio que sólo aprovechan las naciones enemigas; pero la pereza natural en este país no permite a los hombres un trabajo asiduo para disponer manufacturas y fábricas, y les obliga en todo a tratar con los que pueden facilitarles objetos producidos por la industria de otros países.

»Los extranjeros no pueden ir a las Indias, y para su comercio se valen de los españoles, cuya fidelidad es notoria y extraordinaria. Por esto, aun cuando el Rey se lo propusiera, no lograría impedir que los extranjeros reciban sus encargos, pues los españoles con quienes tratan consentirían gustosos en perder sus propios intereses antes de arriesgar los entregados a su custodia.

»Es curioso ver, cuando la flota entra en aguas de Cádiz, a los que hacen de la defraudación un oficio y se ofrecen a entrar las mercancías o el oro sin pagar derechos al Rey. Sostienen su negocio como un banquero su banca; reciben el nombre de *metedores*, y a la vez que defraudan al Rey, cuidan escrupulosamente cuanto los particulares que recurren a su astucia les confían, y hacen con ellos un contrato, por el cual, mediante cierta suma, les garantizan todo el dinero en la ciudad a que han de llevarlo. Este comercio es tan seguro que ningún *metedor* falta jamás a su palabra. Podrían ser castigadas tales gentes por defraudadores de las rentas del Rey, pero acarrearía graves trastornos al comercio que así se allana, y de otro modo tropieza en graves inconvenientes; de manera que ni el Gobierno ni los jueces quieren darse por enterados, ni se proponen refrenar tales abusos una sola vez. Habría, sin embargo, un remedio aplicable para impedir que perdiera el Rey todo lo que ahora pierde: si se rebajaran los derechos de la Corona, que son excesivos; lo que se llevan los *metedores* lo recaudaría la Contratación, porque los comerciantes prefieren, si es la misma su ganancia, negociar sin fraude, con el que siempre hay algún riesgo, y puede la Justicia multarles en un desafortunado viaje por lo que ganaron en diez. Pero en España, las autoridades, como el pueblo, lo quieren todo o nada.»

Algunos porqués musicales

Junto a las leyendas sólidas, monumentales, la música nos ofrece también pequeñas pero sorprendentes anécdotas de los humanos afanes y éxitos, vejaciones, locuras y rarezas, increíbles coincidencias.

Nos asombramos al enterarnos de que Schubert era el menor de catorce hermanos; Haydn, uno entre doce; Massenet, el menor de once; y Caruso, el decimonono entre veintiuno... Y, también, cuando leemos que Josef Matthias Hauer, compositor y teorizador musical, descubrió que existen 479.000.600 posibilidades melódicas en la música.

Nos maravilla saber que Antonio Stradivarius, *luthier* de Cremona, vivió hasta alcanzar la edad de noventa y tres años, y durante su vida construyó con sus propias manos 1.115 instrumentos; y que Ricardo Wagner planeó su más extensa obra, *El anillo de los Nibelungos*, sabiendo que le costaría cuarenta años de trabajo.

Perplejos, nos enteramos del misterioso relato de la desaparición de Enrico Tamberlick, el más gran tenor de la época de Rossini, quien, según cuentan, se convirtió en habilísimo, aunque anónimo armero en España; y de la súbita aparición de un gran director de orquesta americano, Leopold Stokowski, que hablaba con ostensible acento ruso, pero resultó ser la misma persona que de chaval, auténtico *cockney* londinense, durante cinco años había sido organista en la iglesia de St. James en Piccadilly.

Nos avergüenza mencionar hechos como la negativa con que Ana Paolova rehusó danzar una «disparatada insensatez» como *El pájaro de fuego* de Stravinski... o la frustrada tentativa de Bing Crosby de cantar la *particella* protagonista del *Rigoletto* de Verdi, con la compañía de Ópera de San Francisco.

Intentamos inútilmente encontrar respuesta apropiada a los eternos «porqués» de la música. ¿Por qué Bach, el más puro y grandioso de todos los compositores, a quien (según Schumann) «la música debe el mismo infinito agradecimiento que una religión debe a su fundador», por qué Bach había sido totalmente olvidado un siglo después de su muerte hasta el punto de que sus manuscritos eran utilizados como envoltorio en las tiendas de ultramarinos y en las carnicerías? ¿Por qué Louis Spohr, músico inteligente y de espíritu progresivo erró tan lamentablemente en su juicio sobre la *IX Sinfonía* de Beethoven llamándola «monstruosa, de mal gusto y tan trivial que no puedo comprender cómo un genio de la magnitud de Beethoven pueda haberla escrito»? ¿Por qué Chaikovski, cinco días después del estreno de su *Sinfonía Patética*, bebió aquel fatal vaso de agua contaminada por el cólera?

Y ¿por qué Rossini, durante los últimos cuarenta años de su vida, no escribió ninguna ópera más? Murió a los setenta y seis años, pero, después de haber compuesto su *Guillermo Tell* a la edad de treinta y siete, jamás volvió a escribir una nota para la escena. Las razones de esa retirada tan prematura han traído de coronilla a generaciones enteras de biógrafos. Después de un triunfo no superado por otro alguno en su propia brillantísima carrera, abandonó sus cargos oficiales, retiróse en su hogar, rehusó toda suerte de invitaciones y durante el resto de su vida permaneció apartado del teatro y de la ópera. ¿Por qué? Tal vez fuera por indolencia o indiferencia, tal vez por haber alcanzado un punto de saturación artística y económica, quizá por mal estado de salud, temor de un fracaso, celos de los rápidos progresos de Meyerbeer, o terror pánico de posibles críticas adversas.

Un día, su amigo Maffei preguntó descaradamente a Rossini:

—¿Por qué, Gioachino, por qué te has retirado?

—Escribía óperas —replicó el compositor—, cuando las melodías fluían abundantes en mí, cuando me perseguían..., pero un día me di cuenta de que ya no llegaban solas, sino que debía perseguirlas yo. ¡Y éste fue, amigo mío, el momento en que abandoné!

¿Por qué Schubert no terminó su *Sinfonía en si bemol menor*? Gracias a la intervención de Josef Hüttenbrenner, la Styrian Musik Gesellschaft de Gratz nombró a Schubert miembro honorario en 1823. Schubert escribió dando las gracias y prometió enviar a dicha sociedad, en prueba de reconocimiento, una sinfonía en la que precisamente estaba trabajando.

Un año después, Schubert entregó una partitura de música a Hüttenbrenner, rogándole que la enviara a Gratz. Josef, en lugar de enviarla directamente a la sociedad, la mandó a su hermano, el compositor Anselm Hüttenbrenner, funcionario de la misma. Sea cual fuese la razón, Anselm no entregó nunca el manuscrito de Schubert a la sociedad; guardóselo y lo metió entre sus propias composiciones.

Cuarenta años después, Josef Hüttenbrenner, tratando de despertar el interés del director Johann Herbeck hacia las composiciones de su hermano Anselm, mencionó que éste estaba en posesión de un tesoro: una sinfonía inédita, en si bemol menor, de Schubert. Herbeck fue a ver a Anselm:

—¿Qué es lo que cuenta su hermano sobre una sinfonía de Schubert, que dice estar en posesión de usted?

Hüttenbrenner se dirigió a una vieja arca y volvió con un montón de papeles. Herbeck miró la primera página:

—¿Me permite llevármela?

Así, treinta y siete años después de la muerte de Schubert, la *Sinfonía Inacabada* inició su carrera triunfal hasta convertirse en la composición orquestal más popular en el mundo entero.

¿Qué sucedió con el resto de la obra?

¿Había escrito Schubert los dos últimos movimientos y los había perdido después, como perdió tantos otros manuscritos en el bohemio desorden de su vida vienesa? ¿Encuéntranse todavía escondidos en alguna parte, esperando ser descubiertos un día? ¿Fueron robados por Anselm Hüttenbrenner, compositor mediocre y fracasado, para tratar de adornarse con plumas ajenas? ¿Tal vez Herbeck, músico distinguido y de exquisito gusto, los destruyó por considerarlos indignos de los tiempos precedentes?

¿No había Schubert terminado la obra porque nuevas ideas bullían en su cabeza y pensó que acabaría la composición más tarde, en momento oportuno? ¿O tal vez él mismo tuvo el sentimiento de que nunca de nuevo podría alcanzar y menos superar ese glorioso vuelo hacia las más altas regiones de la música sinfónica?

Estampas de la vida cortesana en 1679 (III)

«Se nota en Madrid general expansión y regocijo cada vez que llegan los tesoros aportados por la flota de Indias. Como aquí nadie se afana en ahorrar, ese oro abundante y que se obtiene sin trabajo se derrama por todo el mundo, y esos enormes caudales, que tanto esfuerzo representan, se distribuyen locamente y se agotan pronto. Los que ocupan altos puestos reciben sumas considerables; llaman a sus acreedores y les pagan con una magnificencia que tiene mucho de noble y generosa. No se observa en país alguno la extremada esplendidez que aquí es natural y constante, como lo es igualmente la firmeza, digna por todos estilos de admiración. Los españoles han resistido a serios bloqueos, muy largos y penosos, en los cuales, sufriendo las fatigas de la guerra, se alimentaban sólo de pan amasado con harina sin cerner y de agua estancada, cuando no hay en el mundo un pueblo más amante del agua corriente y cristalina. Se los ha visto sufrir las injurias del tiempo casi desnudos y sin descanso, entre las rocas; a pesar de lo cual, se mostraban más altaneros y briosos que cuando les rodeaban prosperidades y opulencias. Su notoria sobriedad, condición que los caracteriza, favorece mucho sus exaltaciones y les permite resistir, sin dolerse, hambres, cansancio y privaciones. Aunque se hallen en posición desahogada, comen poco, y casi nunca prueban el vino: la costumbre de no tener compañía en la mesa sostiene su frugalidad; el hombre come solo, y la esposa y la familia se arreglan como pueden sentados en el suelo, sobre un tapiz, conforme a los usos moriscos; y como, por añadidura, raras veces invitan a sus amigos para compartir con alegría el regalo de su despensa, falta la ocasión que les incite a ningún exceso. Por lo cual, dicen los españoles que comen para vivir, haciendo lo contrario de otros pueblos, que viven para comer.

»Muchas personas razonables encuentran exagerada esta constante afectación, que no consiente ninguna familiaridad en el trato y hace de la vida una constante ceremonia que no permite las naturales expansiones de un afecto. Su constante aislamiento les induce a extravagancias que llaman filosóficas; les hace reservados, sombríos, soñadores, tristes y celosos, cuando si tuvieran otra manera de vivir serían capaces de todo, porque disponen de condiciones admirables: vivacidad, ingenio, memoria, buen gusto, juicio sereno y paciencia sin límites. No se necesita más para conquistar sabiduría, para perfeccionarse, distinguirse y sobresalir entre todas las naciones civilizadas y cultas. Pero, lejos de aspirar a lo que tan fácilmente podrían obtener si quisieran, afectan una indolencia que llaman grandeza de alma, desprecian los negocios que proporcionan la fortuna, no se preocupan del porvenir, y sólo se conmueven con amores o celos que desbordan más de lo que la prudencia permite. Una sospecha les basta para herir de muerte a su esposa o a una manceba; su amor es siempre furioso, y las mujeres encuentran sus mayores goces en las torturas que tan absurdo amor les proporcionan; y aun a riesgo de sufrir grandes peligros, prefieren esos arrebatos que ver a sus amantes insensibles ante una sospecha de infidelidad, pues la desesperación es una prueba inequívoca del cariño apasionado. Y cuando ellas aman no son más comedidas que sus amantes, contra los que proyectan y ejecutan venganzas cada vez que alguno las abandona sin motivo. De modo que los amores apasionados tienen con frecuencia un desenlace funesto.

»Poco tiempo ha, una señora de noble alcurnia, quejosa de su amante, le citó a una casa en donde se había visto ya otras veces, y le reprochó su infame conducta. El caballero se defendía con tibieza, porque juzgaba merecidos los reproches, y la dama, segura de su razón, puso en manos del caballero un puñal y una jícara de chocolate envenenado, para dejarle en libertad de elegir el género de muerte que prefiriera. El caballero no se detuvo a implorar perdón; comprendió que su amada no cedería, y era más fuerte, sobre todo en aquel lugar donde sus criados la rodeaban. Y tomando la jícara de chocolate lo sorbió sin dejar ni una sola gota. Después, tranquilamente dijo: "Hubiera sido mejor con algo más de azúcar, porque la ponzoña que le añadisteis amarga mucho; tenedlo presente para cuando volváis a servir a un caballero estos brebajes." Las convulsiones le cortaron la palabra: era un veneno muy activo y la muerte no tardó en llegar. La dama, que le adoraba con locura, no se apartó de allí hasta que sintió el cuerpo helado.

»El embajador de Venecia, que es muy galante, estaba días atrás en su casa, cuando le advirtieron que una tapada pretendía verle, y que la tal señora se cubría de modo que no era posible reconocerla. Iba muy bien acompañada por dos escuderos y bastantes lacayos. El embajador la hizo entrar en su sala de audiencia, y la señora le rogó que mandara salir a todos los presentes. Cuando estuvieron solos, mostró al descubrirse su espléndida hermosura: "Yo soy de una ilustre casa —dijo— y me llamo doña Blanca de Guzmán; he atropellado cuanto la prudencia prescribe dominada por la pasión que me inspiráis, y vengo a deciros que me dejéis pasar en vuestra compañía esta noche." Al oír tan impúdicas palabras, el embajador comprendió que la supuesta dama era una bribona que se cubría con el nombre de una mujer digna para conseguir sus livianas pretensiones. Pero le contestó cumplidamente que si hasta entonces nunca le pesaron las obligaciones que le imponía el servicio de su república, en aquellos momentos lo hubiera preferido todo a ser embajador, porque su cargo le impedía gozar las gloriosas venturas con que le brindaba una bellísima señora. Pero como no era posible prescindir para sus goces de las tiranías de su cargo, que tanto le honraba, se veía en el trance de no consentir a persona tan distinguida tal exceso, porque su debilidad y su gusto podrían acarrearle deshonrosas reclamaciones. Y atento a lo dicho, rogaba a la señora enamorada que se retirase de aquel lugar. Al oír esto la dama, se enfureció de tal modo, que después de cubrir de injurias y reproches al embajador, se abalanzó a él para herirle con un estilete; pero él pudo evitar el intento; llamó a un criado y le dijo que dieran treinta o cuarenta escudos a la señora. La cual, en tan apurada situación, comprendió la generosidad de quien así la despedía cuando pudo vengar el atentado de que fue objeto, y confesó que realmente había querido engañarle; que jamás fue cosa distinta de una desgraciada envilecida; que había tomado el nombre de una dama principal con la idea de sacar mejor provecho de su aventura en una hora de cruel desesperación; que los escuderos y los pajes que a la puerta estaban eran sus amantes, quienes la hubieran golpeado bárbaramente si ella nada les llevase. Después de lo cual, tenía que pagar los gastos de aquella mentida ceremonia. Tanta gracia le hicieron al embajador estas razones, que mandó entregar a la dama otros cuarenta escudos, porque, según dijo, al repartir su ganancia entre tantos hombres honrados quedaría muy poco para ella. El dichoso fin de aquella torpe aventura le dio ánimos para repetirla con el embajador de Francia, el cual no estuvo tan cortés ni de tan plácido humor, y no fue poca suerte para la buscona y sus acompañantes poder escapar con el pellejo sano.»

Estampas de la vida cortesana en 1679 (IV)

«En la plaza Mayor, donde nos hemos detenido esta mañana para esperar la respuesta de un criado a quien mi prima envió con un mensaje cerca de allí, he visto a una mujer que vende rodajas de salmón y lo pregona desenfrenadamente. Molestaba con sus voces en elogio de la mercancía y por su insistencia en ofrecerla a todos los transeúntes. Al fin se acercó un zapatero (supe su oficio porque le llamaron señor zapatero) y pidió una libra de salmón (aquí se vende por libras todo, hasta la leña y el carbón).

»—No habéis recurrido al mercado —le dijo la vendedora— porque os figuráis que mi salmón es cosa de poco precio, y cuesta un escudo la libra.

»El zapatero, indignado de que así se pregonara su pobreza, dijo en tono colérico:

»—En verdad, hoy desconocía el precio del salmón; si hubiese ido barato necesitaba una libra; pero ya que va caro, dadme tres.

»Alargó la mano para soltar sus tres escudos y se la llevó después al sombrerillo para encajárselo hasta las cejas. (Las gentes de oficio llevan el sombrero de alas recogidas, y las personas de calidad lo usan muy ancho de alas.) Luego se retorció las puntas del bigote, y con la mano puesta en el puño de la tizona, cuya contera levantó el vuelo de la raída capa, tomó su compra y volvió a su tienda mirándonos altanero, como si hubiese realizado una heroicidad y fuésemos testigos de su valor. Pero lo más curioso del caso es que, a buen seguro, aquel hombre no tendría más dinero; gastaba en salmón el jornal de ocho días, y aquella genialidad orgullosa debió tener por consecuencia que la familia del bravo español ayunara una semana, después de cenar una noche abundante pesca. Tal es aquí la gente. Algunos caballeros cogen unas patas de gallina y las dejan colgantes de tal modo que asomen por debajo de la capa, como si efectivamente llevasen una gallina, y lo que suelen llevar es hambre.

»No se ve a ningún tendero que no vista de terciopelo, de raso y de seda, como el Rey; que no sea dueño de una descomunal tizona y la cuelgue de la pared con el puñal y la guitarra. Estas gentes trabajan lo menos posible, porque como ya lo hice notar, son perezosos por naturaleza; solamente una extremada penuria les obliga, y entonces no descansan ya ni en los días de fiesta. Pero cuando concluyen lo indispensable para cobrar lo que tanto necesitan, entregan su obra, y con el dinero se proporcionan otra vez una regalona holganza. El zapatero que tiene dos aprendices y sólo ha hecho un par de zapatos, les da un zapato a cada uno y les lleva delante como si fueran pajes. El que tiene tres se hace acompañar por los tres. Y cuando las circunstancias lo exigen, y el maestro ha de calzarlos con sus manos la obra que éstas cosieron, siente una humillación. Cuando no hay dinero y falta quehacer, con una turba de haraganes como él y con autoridad soberana, sentados al sol (que llaman lumbre los españoles), deciden los negocios del Estado y razonan los intereses de los príncipes. Con frecuencia tales discusiones dan lugar a disputas. Alguno de aquellos que se considera político más hábil que los demás pretende que su opinión domine la de todos; cada cual apoya la suya con más violencia, y, por último, resuelven a porrazos la cuestión.

»Estábamos hace dos días en casa del embajador de Dinamarca, cuando entraron a un infeliz que había sido gravemente magullado. Era un frutero, que afirmaba que el Gran Señor obraría con poquísima cordura si no mandaba estrangular a su hermano; y como esto llegó a oídos de un partidario del joven príncipe, después de discutir acaloradamente decidieron ventilar el asunto a fuerza de fuerzas y se golpearon los dos contrincantes hasta no poder más. Considero preciso advertir que todas esas gentes, cuando hablan de cuestiones políticas, dan a entender que no las ignoran; discurren con oportunidad y apoyan con buenas razones lo que afirman.

»Hay en la villa varias casas que son como academias, donde se reúnen muchas personas para jugar o para conversar. Los que juegan lo hacen muy honradamente, y cualquiera cantidad que se apunta de palabra, si el que la jugó la pierde, satisface su deuda antes de las veinticuatro horas; y ni una sola vez se prolonga el plazo ni se deja de cumplir el compromiso. Cruzan con la mayor naturalidad cantidades muy crecidas, y ni el perdidoso deja traslucir disgusto, ni el afortunado muestra la más insignificante satisfacción. El que gana paga el barato. Me parece que también está en Italia establecida esta costumbre, que consiste en repartir algo de las ganancias entre los que rodean al jugador, aun cuando no los conozca, y aquel a quien se le ofrezca el barato no lo puede rechazar, aun cuando sea cien veces más adinerado que quien lo reparte. También se le puede pedir al jugador ganancioso algún dinero, que nunca niega, y esa costumbre me parece injusta, pues al que gana se le reduce mucho la ganancia, y si vuelve a jugar y a perder ha de rascarse el bolsillo.

»Por lo demás, cuando se sabe de uno que hizo trampas, ya puede retirarse adonde no le conozcan, pues nadie que se considere honrado querrá tratarse con él; y si le sorprende una fullería con las cartas en la mano, le darán un vapuleo con las espadas y es posible que alguno le pinche para que sea mayor el castigo.

»Respecto a las conversaciones que se sostienen con frecuencia en las academias, donde se reúnen muchas personas ilustradas, debo decir que raras veces carecen de ingenio y sutileza.»

Anecdotario (VI)

Una noche el duque de Buckingham, el conde de Rochester y lord Dorset discutían sobre la elegancia del estilo y cada uno de los tres pretendía escribir con más elegancia y eficacia que los otros dos compañeros. Se hallaba presente en la discusión el poeta Dryden y los tres estuvieron acordes en escogerle como juez y sometieron a su examen un texto escrito en aquel momento. Dryden empezó a leer y se mostraba muy satisfecho tanto de la primera como de la segunda composición, pero cuando llegó a la tercera no pudo contener su entusiasmo y proclamó que el vencedor era lord Dorset, cuyo estilo era incomparablemente mejor que el de los otros dos.

—Juzgad vosotros mismos —dijo—. Vosotros dos habéis escrito con corrección e incluso con cierta elegancia, pero sólo lord Dorset ha conseguido conmoverme escribiendo lo que sigue: «El que suscribe, lord Dorset, pagará al poeta Dryden a la presentación de este documento la suma de quinientas libras.»

Una noche el compositor francés Teodoro Dubois había prometido asistir a una audición de un pianista aficionado desprovisto de todo virtuosismo, pero provisto de una considerable fortuna. Dubois llegó cuando el concierto había empezado y no le permitieron entrar en la sala.

—Pueden dejarme pasar, no haré ruido.

Pero el portero muy serio contestó:

—Piense, señor, que si abro la puerta querrán irse todos los que están ahí dentro.

El rey Francisco I de Francia quería hacer obispo de Tulle al docto sacerdote Pierre Duchâtel y le preguntó si tenía antepasados nobles. El sacerdote contestó:

—Noé en el arca tenía tres hijos; no sé precisamente de cuál de los tres desciendo.

Ni que decir tiene que fue nombrado obispo.

Charles Duclos fue un historiador y novelista francés, académico, nacido en 1704 y muerto en 1772. Por aquellos años en París se comentaba mucho la compra de un elefante con destino a los jardines públicos, y Duclos, un día en que sus amigos iniciaban una discusión de política, dijo:

—Amigos míos, hablemos del elefante, que es la única gran bestia de la cual se puede hablar libremente en estos días.

Se hablaba un día de la poca consideración que los poderosos tienen, en general, por los intelectuales. Duclos, interviniendo en la conversación, dijo:

—Es que tienen miedo de nosotros como los ladrones lo tienen de la luz.

Un día se bañaba en el Sena completamente desnudo. Y en esto cerca de donde estaba volcó un coche con una señora dentro. Duclos salió del agua con rapidez y, desnudo como estaba, ayudó a la señora a levantarse. Sólo dijo:

—Señora, perdone que no lleve guantes.

Un día en un círculo de amigos se hablaba de amor y de mujeres, y Duclos dijo:

—Todo el problema está en que nos enamoramos de las mujeres por lo que no son y las dejamos por lo que son.

El célebre actor Jean Gourgaud, más conocido con el nombre de Dugazon, de finales del siglo XVIII y muy célebre en el París de su tiempo, tuvo una discusión con su colega Desessart, que era enormemente grueso mientras Dugazon era delgadísimo. La discusión acabó en un duelo y cuando los dos contendientes se vieron frente a frente Dugazon dijo a su adversario:

—Así no podemos batirnos. Tengo demasiada ventaja sobre vos. Me ofrecéis una superficie demasiado grande para mis golpes; es necesario que igualemos las posibilidades.

Y tomando un pedazo de yeso dibujó sobre la panza de su adversario un pequeño círculo diciendo:

—Haremos esto: todos los golpes que se den fuera de este círculo serán considerados nulos.

Tanto el adversario como los padrinos se echaron a reír y el duelo terminó con un banquete en un restaurante próximo.

El célebre médico y cirujano francés Dupuytren debía casarse con la señorita Boyer. Todo estaba a punto y la familia de la novia con los invitados esperaba en la sala del ayuntamiento, donde debía celebrarse la boda. Esperaron una hora, dos y, finalmente, cansados de esperar se fueron. Dupuytren no apareció ni se excusó y la señorita, al cabo de poco tiempo, se casó con un tal Roux.

Todo el mundo acusó a Dupuytren de ingratitud y deslealtad, y él no hizo nunca nada ni dijo nunca nada para excusar su conducta. Pero tenía una excusa que le honra. La misma mañana de la boda había recibido una carta de su prometida en la que le confesaba que se casaba sólo para complacer a la familia, que no le amaba, y le suplicaba que renunciara al matrimonio, pues deseaba casarse con otro.

Un día en un salón se hablaba de espiritismo y una señora preguntó al doctor Dupuytren si creía en la manifestación de los difuntos. El doctor contestó:

—De ninguna manera; si creyera en eso hace tiempo que hubiese cambiado de oficio.

La Justicia

«En Madrid no hay ladrones mayores que los representantes de la Justicia, los cuales, impunemente, se apropian los derechos del Rey y le saquean de tal modo, que con frecuencia carece en absoluto de dinero. No se contentan con apoderarse de cuanto al soberano corresponde; también roban al pueblo, y aun cuando las leyes del país son muy severas y muy justas, nadie lo nota ni tiene que lamentarlo al caer bajo su peso, porque los encargados de aplicarlas no son los últimos en corromperlas. Dándole algún dinero a un alcalde o a un alguacil se consigue detener a la persona más inocente del mundo; y si mayor infamia se pretende, la veréis encerrada en oscuro calabozo, donde morirá de hambre, sin que hayan precedido judiciales diligencias, ni órdenes, ni decretos. Y cuando el atropellado recobra la libertad, es inútil que recurra contra el indigno servidor de la Justicia, pues tales hombres, que se hallan ya bien abroquelados en todas partes, aquí son invencibles, porque los buenos jueces andan muy escasos y los malos se auxilian mutuamente.

»Los ladrones, los asesinos, los envenenadores y las personas capaces de cometer los más horrorosos crímenes viven en Madrid tranquilamente, mientras no posean hacienda, porque, ya en ese caso, no faltará quien les inquiete para quitársela.

»Sólo se consuma la pena de muerte dos o tres veces al año. Los españoles se resisten a condenar a un criminal quitándole la vida, porque dicen: al fin y al cabo es un compatriota y un súbdito de su mismo Rey. Por esto, generalmente los presos acaban en las minas o en galeras; pero cuando algún miserable ha de morir para satisfacer a la Justicia, le pasean por las calles sobre un asno, cubierto con una hopa negra y encarado con la cola del animal. Al subir al patíbulo se le permite arengar al pueblo, que algunas veces le oye de rodillas, deshecho en lágrimas y dándose fuertes golpes en el pecho. Cuando el condenado acaba de hablar, el verdugo le ahorca. Y como estos casos de justicia no son frecuentes, aquí producen honda impresión.

»Por muy poderosos que sean los magnates, por mucho que sea su orgullo y mucha su pretensión, obedecen las menores órdenes del Rey con una exactitud y un respeto incomparables. A la primera indicación se ausentan, o vuelven y se van a las prisiones o al destierro sin pronunciar una queja. Sería imposible hallar sumisión más absoluta ni veneración más rendida que las profesadas por los españoles a su Rey, cuyo nombre se considera sagrado, hasta el punto de que basta decir "el Rey lo quiere" para convencer al pueblo de lo que más le desagrada; y en nombre del Rey se agobia con impuestos inverosímiles a los pobres habitantes de las dos Castillas. No sucede otro tanto en las demás provincias y reinos, donde blasonan de independientes; dicen que son libres y sólo pagan lo que bien les parece.

»Ya he indicado que se sigue con minuciosa exactitud en todo la política de Carlos V, sin tener en cuenta que los sucesos cambian con los tiempos, y siempre son distintos, aunque parezcan semejantes, y aunque se vean rodeados por las mismas circunstancias; así, lo que pudo fácilmente lograrse mientras corrían los años florecientes de un venturoso reinado, ni se debiera intentar cuando las desdichas aminoran su fortuna; pero la vanidad instintiva de los españoles no les permite ver su decadencia; su espíritu les engaña y olvidan que sus abuelos valieron mucho más. No es indispensable haberlos conocido para poder afirmarlo.»

Costumbres y esclavos

«Cuando llegué a esta Corte muchas damas principales me hicieron el honor de visitarme, según el uso establecido cuando se trata de personas extranjeras cuyo rango y conducta se conocen, pues aquí se atiende tanto a la segunda como al primero. Al devolverles yo la visita me hicieron regalos, y en alguna casa recibí más de una docena, porque hasta los niños de cuatro años quieren ofrecer su presente. Me han enviado bonitos canastillos de coral con flores delicadamente labradas; estos objetos se fabrican en Nápoles o en Milán; he recibido también cajitas de ámbar guarnecidas de oro y de esmaltes, unas con dulces, otras con guantes, ligas y medias de seda. Aquí usan las damas guantes cortos como los de los caballeros, pues también los abrochan sobre la muñeca, y además tienen los dedos una longitud extremada. Las medias se fabrican con pelo, es decir, seda cruda, y son tan cortas y tan estrechas que a veces ni para calzar a una nuñeca podrían servir. Las ligas están confeccionadas con cintas muy ligeras, muy claras, semejantes a las que usan las aldeanas en sus bodas, y llevan por uno y otro lado puntillas de Inglaterra. Me han regalado también muy bonitos vasos de tierra sigilada y otras mil chucherías. Si me ausentara de Madrid temporalmente, a mi regreso tendría que regalar a cuantas ahora me obsequian. Pero cualquier cosa alegra y satisface a esas damas: las agujas, las horquillas, las cintas de colores, y, sobre todo, las pedrerías falsas. Aunque tengan muchas joyas finas y preciosas, llevan por capricho algunas abominables, que no pasan de ser pedazos de cristal groseramente labrados, y en todo semejantes a lo que nuestros bohemios venden a las aldeanas que sólo han visto al cura de su pueblo y las ovejas de su rebaño. La más aristocrática dama se adorna con esos vidrios que nada valen, y que, sin embargo, adquiere a bastante precio. Cuando he querido saber por qué gustan de los diamantes falsos, me han dicho que por ser de tamaño mayor; así es que a veces los llevan como huevos. Y toda esa quincallería viene de Francia o de Italia, pues, como ya he dicho, es muy poco lo que se fabrica en Madrid.

»Son escasos los buenos pintores en esta villa, donde trabajan los flamencos, los italianos y los franceses, que vinieron seguros de hacer fortuna y jamás vieron cumplida su esperanza. La plata corre poco: yo apenas la he visto, y mi prima recibe abundantes cantidades en cuartos, moneda de cobre que, oxidada y mugrienta, sale del tesoro Real y la pesan para no contarla; se recibe o se envía en cestos de mimbre llevados al hombro por un faquín. Cuando llega el tiempo de los pagos, todos los habitantes de la casa no hacen otra cosa que contar cuartos. Para satisfacer una suma de diez mil libras, rara vez se incluyen doscientos escudos en plata o en oro.

»Hay aquí un considerable número de esclavos, turcos y moros, que se compran y venden a subido precio; algunos cuestan hasta cuatrocientos y quinientos escudos. Hace algún tiempo aún se conservaba el derecho de vida o muerte sobre los esclavos, y su dueño podía matarlos sin incurrir en responsabilidad, como se mata un perro; pero, al fin, se dieron cuenta de que tal barbarie no estaba en armonía con los preceptos de la religión cristiana, y se prohibió tan escandaloso abuso. Ahora el dueño puede pegar al esclavo hasta romperle las costillas, sin que nadie se lo recrimine; pero son pocos los que dan castigos tan brutales; y cuando un hombre libre pretende a su esclava y ella satisface sus apetitos, queda en libertad.

»Por lo que a los demás criados atañe, resultaría peligroso maltratarlos, porque se juzgan todos de tan limpia y linajuda estirpe como su dueño; y al considerar el castigo una ofensa, para vengarla serían capaces de matar a traición con puñal o con ponzoña. Hay ejemplos. Los que sirven para remediar su pobreza no consienten que se ofenda su infortunio, y no renuncian al honor que perderían si aguantasen un trato ignominioso y no lo vengaran.

»Hasta los pordioseros tienen orgullo, y cuando piden limosna lo hacen con altanería. El que se la niega debe mostrarse con ellos muy cortés, y decir, por ejemplo: "Perdonad, hermano, que no llevo moneda." Cuando se les rechaza sin tantos miramientos, razonan largo espacio para probar que no merecéis las gracias que de Dios recibisteis con vuestra buena salud o con vuestra fortuna, y os atosigan y persiguen sin dejaros en paz, con discretas palabras. Por el contrario, si les habláis cortésmente, al punto se retiran.

»Los españoles, que por naturaleza son bondadosos, a veces contraen matrimonio con sus esclavas; y cuando los dos contrayentes son esclavos, los hijos pertenecen al dueño de los padres; pero cuando los hijos de esclavos se casan, los hijos del matrimonio son libres. Cuando una esclava se desposa con un hombre libre, los hijos tienen la condición del padre. Acostumbran a servir muy bien, con una sumisión y un interés que no muestran los demás criados. Tengo una esclava de nueve años, más negra que el ébano, y que en su tierra natal sería un portento de belleza, porque su nariz es enteramente chata, sus labios extremadamente gruesos, y sus dientes admirables. Sólo habla en árabe y su nombre es Zaida. La hicimos bautizar, y esta nueva cristiana tenía tal costumbre de quedarse desnuda, que me costó mucho trabajo, cuando la compré, impedirle que se desnudara. Pero la otra tarde, mientras numerosas visitas llenaban nuestro salón, la niña Zaida se nos presentó con su cuerpecito negro completamente desnudo: su resolución me obligó a tomar otra, desagradable, pero necesaria: mandé que le dieran una serie de azotes para que comprendiese lo intempestivo de su conducta; y para que se acostumbre a ser algo razonable apelo a un recurso tan inhumano, porque no es posible convencerla con otros. Los que me la vendieron aseguran que Zaida es hija de una encopetada familia, y muchas veces ella, de rodillas a mis pies, llora y señala con el brazo extendido la dirección que hacia su patria conduce. Yo la enviaría con gusto, satisfecha de mi buena obra, si la criatura pudiera ser en su país cristiana; pero como esto es imposible, la conservo, y me duele que no sepa explicar sus ideas en un idioma de los que yo conozco, porque presumo que Zaida es inteligente: sus movimientos y la expresión de sus ojos lo acreditan. Baila danzas moriscas de tan agradable modo que nos entretiene muchísimo. Viste como las marroquíes: una saya corta de poco vuelo; camisa con amplias mangas de hilo fino rayado en colores, como las que llevan las bohemias; su corpiño no es más que un ajustador carmesí bordado en oro, que se cierra al costado con hebillas y botones de plata, y un manto blanco tejido con finísima lana de bastante amplitud para embozarse, después de cubrirse la cabeza con una de sus puntas. Resulta un traje muy vistoso. El cabello de Zaida, rizado como el vellón de un cordero, cortado en varias partes, forma dibujos: óvalos a los lados, un círculo atrás y un corazón sobre la frente. Compré a Zaida por ochenta escudos; mi querida hija le ha entregado, para que se lo cuide, el mono, regalo del obispo de Burgos. El mono y Zaida parecen hechos el uno para el otro, pues mutuamente se acompañan y se comprenden a las mil maravillas.»

Una curiosa historia

El 16 de diciembre de 1838, Hector Berlioz dirigió en París sus propias obras, entre ellas la *Sinfonía fantástica* y *Harold en*

Italia. Paganini, que asistió al concierto, acercóse al compositor al finalizar el mismo y, para mostrar su profunda admiración, arrodillóse frente a Berlioz, tomó su mano y la besó reverentemente. Al día siguiente Achillino, hijo de Paganini, visitó a Berlioz y le entregó una carta de su padre. La carta contenía una orden de pago al barón Rothschild para que hiciera efectiva al compositor la suma de 20.000 francos.

Emocionado hasta el fondo del alma por tan inaudita generosidad, Berlioz (según nos cuenta en sus memorias) visitó a Paganini, abrazóle y le manifestó su agradecimiento, pero el violinista rechazó modestamente tales manifestaciones. Aseguró a Berlioz que era él mismo, Paganini, quien estaba en deuda de gratitud por haber tenido la profunda satisfacción de prestar alguna ayuda a un tan grande compositor.

Este episodio sensacional y conmovedor, fue muy pronto la comidilla de todos los cafés y salones parisinos, pero la opinión general lo puso en duda desde el principio. La tacañería de Paganini era conocida en todo el mundo y la gente dudaba mucho que la música de Berlioz le hubiera emocionado hasta el punto de inducirle a desprenderse de tan considerable suma de dinero. Empezó a correr el rumor de que Paganini había actuado sólo como intermediario de una persona que deseaba guardar el anonimato; y pronto se supo que el bienhechor anónimo de Berlioz era Armand Bertin, propietario del *Journal des Débats*, periódico en cuya redacción trabajaba Berlioz como crítico musical.

Bertin, conociendo el carácter altivo y reservado del compositor y también sus dificultades económicas, imaginó esta estratagema para prestarle ayuda. Todo París elogió el tacto y la generosidad de Bertin, hasta que un día, una nueva historia descubrió el verdadero y no menos sensacional fondo del asunto. Durante muchos años Paganini fue violentamente atacado por la prensa de París y los señores Berlioz y Bertin, periodistas ambos cuya experiencia corría parejas con su falta de escrúpulos, emplearon este sistema para ejecutar sus designios inteligentemente concebidos y admirablemente realizados. Insinuaron al violinista, cuya fortuna era fabulosa, que ellos harían cesar la desfavorable campaña de todos los periódicos a condición de que pagara una buena suma por ello.

Paganini no tenía alternativa. Consintió en la descarada

maniobra (cosa que no era rara en aquellos tiempos) y los tres se reunieron para decidir el mejor camino de concluir el negocio. Puede presumirse, sin temor a equivocarse, que la solución final fue idea de Bertin, y hay que reconocer que ésta fue ingeniosa. Berlioz, un compositor discutido, lograba así enorme popularidad y se libraba para mucho tiempo de sus apuros económicos; Paganini, tipo dudoso, se libraba de los ataques de la prensa y disipaba los rumores relativos a su avaricia; y Bertin, chantajista notorio, aparecería como magnánimo aunque modesto mecenas del arte. ¡Bonito dividendo, hay que reconocerlo, para un capital de 20.000 francos invertido en una idea brillante!

De amores y amoríos

«En esta Corte hacen las gentes una vida muy particular y muy retirada. Al levantarse, de mañana, toman agua muy fría y el chocolate; a la hora de comer se sientan los hombres a la mesa, y, como ya indiqué, las mujeres y los niños comen sobre un tapiz en el suelo; y esto no se hace por conservar etiquetas ni respetos; se hace porque la principal señora de cualquier casa no gusta de sentarse en una silla, falta de costumbre, pues hay españolas que nunca se han acomodado sobre un mueble de tal naturaleza. La comida es ligera y se come poco; lo mejor que aquí se ofrece son los pichones, las gallinas y el cocido, que de veras considero excelente; pero al más encopetado señor no le sirven más que un par de pichones y guisadillo insoportable con mucho ajo y azafrán; luego, ensalada, y de postre algo de fruta. Una vez levantada la mesa, todos los de la casa se retiran a sus aposentos para desnudarse y dormir. Ponen sobre los colchones pieles de vaca para sentir menos el calor, cuando éste aprieta mucho. A esa hora nadie circula por las calles, se cierran las tiendas, el comercio se paraliza y todo parece muerto. A las dos en invierno y a las cuatro en verano se restablece la vida: se visten las gentes, se abren las puertas, y quien tiene recursos golosea confituras y toma chocolate y agua helada, después de lo cual va cada uno adonde le llaman sus obligaciones, su conveniencia o su entretenimiento. A las once de la noche, o a las doce, se retiran a sus casas los que viven decorosamente; se acuestan la mujer y el marido, y una doncella tiende sobre la cama los manteles para que los enanos y las enanas puedan servir la cena, que suele ser aún más frugal que la comida, limitándose a cualquier ave guisada o a un pastel que abrasa la boca, por estar más relleno de pimienta que de carne. La señora bebe agua solamente y el señor bebe poco vino. Terminada la cena, cada uno duerme como puede.

»Los que no están casados o hacen poco aprecio de sus mujeres, después de haberse divertido en el Prado, adonde van medio desnudos y casi tumbados en sus carrozas, en las últimas horas de la noche cenan bien y montan a caballo. Se hacen acompañar por un escudero, que va generalmente a la grupa, única manera de que su señor no le pierda pronto de vista, pues en las noches oscuras, como las calles tampoco están alumbradas y los caballos trotan largo, no hay otro medio posible de que amo y criado sigan juntos. Además, libres y rodeados de tinieblas, la mayoría de los lacayos emprenden la fuga, pues no pecan de valientes. El paseo nocturno se dedica siempre a una dama; cada caballero habla con la suya a tales horas, y no faltaría una vez a su cita ni a cambio de un imperio. Generalmente se interpone una celosía entre los amantes, pero a veces consiguen los caballeros trasponer las tapias del jardín y hasta llegar al retiro de su amada. Su pasión es tan violenta, que ningún peligro parece grande cuando se afronta para realizar sus deseos. Los amantes llegan a verse de noche hasta en el mismo lecho donde ronca tranquilo el esposo, y, según dicen los que tales amores me confían, se ven así durante algunos años en silencio tan absoluto que no se atreven a pronunciar ni una sola palabra. Nunca se amó en Francia como estas gentes aman, y sin contar los cuidados, las atenciones, las delicadezas y la constancia, que muchas veces les ocasiona la muerte, me admira más que todo en los finos amores castellanos la fidelidad y el secreto. Nunca se vanagloria un caballero de haber recibido favores de una dama, y todos hablan de sus queridas con la misma consideración que si de la Reina tratasen. Así las damas no desean agradar a otro que a su amante, porque de su amante reciben cuanto amor y cuanto respeto pudieran apetecer. Una mujer sólo vive para el hombre a quien ama, y aun cuando sólo de noche le ve, durante todo el día busca ocasiones de consagrar a su recuerdo muchas horas, unas veces con su presencia, otras de conversación con alguna amiga fiel, o en acecho constante detrás de la celosía para verle pasar. En una palabra, después de lo que averiguo respecto a los amores de los españoles, me veré obligada por completo a suponer que Amor nació en España.

»Mientras los caballeros, en compañía de sus amadas, gozan las ocasiones que la oscuridad les ofrece, los lacayos guardan los caballos a prudente distancia de la casa. Pero con frecuencia ocurre un desagradable incidente: por carecer casi todas las casas de un lugar a propósito para verter inmundicias y basuras, a cierta hora de la noche los vecinos arrojan por las ventanas de sus habitaciones aquello que no me atrevería a nombrar aquí; de manera que un enamorado español que se desliza por la calle sin hacer ningún ruido después de abandonar su caballo, puede sentirse bañado alguna vez de un modo lamentable, y aun cuando le impregnen riquísimos perfumes, el que a última hora se derrama sobre su cuerpo se deja sentir más que todos, le obliga, mal que le pese, a volver a su casa, mudarse de ropa y salir de nuevo, a riesgo de llegar tarde a la cita.

»Si muere un caballo, un perro, una gallina o cualquier animal, se le deja en medio de la calle para que allí se pudra.

»Además de los medios referidos por los cuales pueden los caballeros acercarse a sus amadas, quedan otros varios. Como se visitan las damas con gran frecuencia, no les es difícil, una vez cubiertas con el manto para ir de visitas, entrar donde sus amantes las aguardan. Esto es tanto más posible cuanto que las amigas confían mucho unas en otras; y aun después de reñir, y aun cuando lleguen a odiarse, jamás descubren un secreto amoroso. Merece ser muy elogiada su discreción; pero es cierto que si ésta no fuese tan absoluta se multiplicarían las tragedias, porque, ya lo dije, aquí se mata por una sencilla sospecha.

El ingenio en la historia y en la literatura (V)

Como todos mis libros éste es un centón de anécdotas y frases que me parecen útiles o por lo menos agradables al lector; es un libro hecho de libros producto de lecturas. He ido recogiendo en fichas todo lo que me ha parecido interesante primero para mí y luego, cuando ya mayor empecé a escribir, interesante para el lector.

Un autor italiano, G. Giusti, escribió:

Il fare un libro è meno che niente
se il libro fatto non rifà la gente.

Lo que, mal traducido, viene a decir que hacer un libro es menos que nada si el libro hecho no modifica la gente. Este que tienes en tu mano, amigo lector, no intenta modificar a nadie ni en bien ni en mal y por ello es muy probable que este volumen sea menos que nada. De todos modos abrigo la pequeña esperanza de que, si no modificarlo, distraerá al lector.

Éste es un libro que sigue al pie de la letra el reproche que hace Chamfort, quien dice que la mayor parte de los libros de hoy parecen ser hechos en un día con los libros leídos el día anterior. Éste me ha costado más de un día para hacerlo y muchos años para recopilar lo que aquí está impreso.

El mismo Chamfort afirma que lo que hace el éxito de multitud de obras es la estrecha relación que hay entre la mediocridad de las ideas del autor y la mediocridad de las ideas del público. Esto sí que en verdad no puede aplicarse a este libro, porque he escogido lo más exquisito de los mejores autores y no me pasaría por las mientes que mis lectores formen parte de un regimiento de mediocres.

Escribo este libro con amor, y el mismo Chamfort dice que las obras hechas con placer son frecuentemente las mejores, como los hijos del amor son los más hermosos.

Todo esto viene a cuenta para justificar las citas que a continuación se copian para mejor delectación del lector.

Hoy en día tienen gran éxito estos *bestsellers* que hablan de amor y lujo mezclado con cantidades industriales de sexo, y ello me recuerda la frase de Roland Cailleux: «Me ha asombrado siempre que los escritores más sinceros, los más cínicos, los que os cuentan con impudicia sus aventuras sexuales o sus bajezas no publican nunca sus libros de caja.»

Un buen libro es aquel que se abre con expectación y se cierra con provecho, y unos libros se prueban, otros se saborean y poquísimos son mascados y digeridos. Esto dice Bacon, que añade que no se debe leer para contradecir o refutar ni para creer o aceptar de pronto ni para encontrar argumentos de charlas o conversaciones, sino para pesar y valorar.

Un fabulista francés decía que leer no basta, sino que es necesario digerir lo que se lee. Soy lector incansable, pero un autor alemán previene diciendo: algunos que han consumido muchos libros se vanaglorian frecuentemente de su fuerza espiritual, pero se trata solamente de corpulencia espiritual. Byron dice, para inmodestia de los autores, que es agradable ver impreso el propio nombre; un libro es siempre un libro aunque no contenga nada.

Alabado sea Dios por los libros. Son la voz de los que están lejos y de los muertos y nos hacen herederos de la vida espiritual de los siglos pasados. Se debe leer mucho y comprar libros; aparte de un placer es el deber de todo aquel que quiere no ser un mulo de carga toda su vida. Ello no quiere decir que no haya gente con biblioteca sobre la cual se podría escribir: «Para uso externo», como en algunos específicos farmacéuticos.

Una casa sin biblioteca es una casa sin dignidad y el destino de muchos hombres depende de que haya habido una biblioteca o no en su casa paterna.

Un escritor italiano, Carlo Dossi, tenía por costumbre no escribir su nombre en los libros que compraba hasta después de haberlos leído, porque era entonces cuando consideraba que podía llamarlos suyos.

«No hay libro tan malo del que no se pueda sacar alguna parte buena.» Esta frase de Plinio *el Joven* me consuela pensando que algo bueno puedan tener los libros que escribo, aunque deba reconocer con Marcial que algunas cosas son buenas, otras mediocres y, las más, malas. Pero sin movernos de los clásicos recordemos a Terenciano Mauro, que afirma que por los lectores los libros tienen su destino. Esta frase se cita muchas veces en latín y mutilándola; el texto exacto es «*Pro captu lectoris habent sua fata libelli*», y se atribuye erróneamente a Horacio.

Los libros deben comprarse y leerse, pero no prestarse, pues como dice un célebre pareado:

Libro prestado
perdido o estropeado.

Se deben leer todos los libros, hasta los diccionarios, pues como dice Anatole France, un diccionario es el universo por orden alfabético, es el libro por excelencia, todos los demás están allí dentro; sólo es menester sacarlos fuera.

Montesquieu decía que el estudio había sido para él un soberano remedio contra los disgustos de la vida y que no había tenido nunca uno sin que no hubiese pasado tras una hora de lectura. Por su parte san Francisco de Sales, en su maravilloso libro *Introducción a la vida devota*, escribe: «He buscado el reposo en todas partes y sólo lo he encontrado en un rincón con un pequeño libro.»

Incluso el machismo ha tenido algo que decir respecto al libro. Así los Goncourt, en su *Diario*, escriben que el hombre muchas veces pide a un libro la verdad, la mujer le pide siempre ilusiones. No sé si eso será verdad, pero los libreros me han dicho que los célebres culebrones literarios de amor, lujo y sexo son comprados casi exclusivamente por mujeres.

Cuando la lectura os eleva el espíritu y os inspira sentimientos nobles no busquéis otra regla para juzgar el libro: es un buen libro hecho por un artista.

Unos versos de un autor inglés recuerdan: «¿Qué son mis libros? Son mis amigos, mis amores, mi iglesia, mi taberna y mi única riqueza.»

No todo debe considerarse bueno cuando nos referimos a los libros. En sus *Cartas persas* Montesquieu escribe: «Nada ha sido peor imaginado. La naturaleza había dispuesto, sabiamente, que las estupideces de los hombres fuesen pasajeras y he aquí que los libros las hacen inmortales.»

El viejo Horacio en su *Arte poética* nos dice que todo lo ha hecho quien une lo útil a lo ameno, deleitando al lector al tiempo que le enseña.

Petrarca en uno de sus libros dice que los libros conducen a algunos a la sabiduría y a otros a la locura. Buen ejemplo de ello lo tenemos en nuestro Don Quijote, que se pasaba las noches leyendo de claro en claro y acabó secándosele el cerebro. Y es que como dice san Agustín, «Teme al hombre de un solo libro», es decir, al hombre que sólo lee un tipo de libros, como hacía Don Quijote con los de caballería.

Para terminar digamos que hay dos clases de escritores de verdad: los que piensan y los que hacen pensar.

BIBLIOGRAFÍA

ALMENDROS, Carlos: *Todo lo básico sobre el flamenco.*
BASTÚS, Joaquín: *La sabiduría de las naciones o los evangelios abreviados.*
CAREY, John Maruejol: *Florence-Reportages.*
COURAU, Robert: *Histoire pittoresque de l'Espagne.*
D'AULNOY, condesa: *Un viaje por España en 1679.*
DELEITO Y PIÑUELA, José: *La mujer, la casa y la moda en la España del rey Poeta.*
GRUN, Bernard: *Vida privada de grandes músicos.*
PALAZZI, Fernando: *Enciclopedia degli Aneddoti.*

ÍNDICE ONOMÁSTICO

Los números en cursiva remiten a las páginas de ilustraciones.

ESTE LIBRO HA SIDO IMPRESO
EN LOS TALLERES DE
HUROPE, S. L.
RECARED, 2-4. BARCELONA